KB204278

태양을 삼킨 섬

믿음이란 한 알의 밀알이 땅에 떨어져 죽음으로 많은 열매를 맺음과 같이 진리의 열매를 위하여 스스로 죽는 것을
뜻합니다. 눈으로 볼 수는 없으나 영원히 살아 있는 진리와 목숨을 맞바꾸는 자들을 우리는 믿는 이라고 부릅니다.
「믿음의 글들」은 평생, 혹은 가장 귀한 순간에 진리를 위하여 죽거나 죽기를 결단하는 참 믿는 이들의, 참 믿는 이들을
위한, 참 믿음의 글들입니다.

이판일·이인재 부자와
임자도의 순교자들 이야기

태양을
삼킨

섬

글 · 유승준

사진 · 김혜경

홍성사

차례

추천의 글   007

프롤로그_   012
        기나긴 남도와의 인연

제1장 **바닷속의 사막**   018
        24번 국도가 시작되는 곳 | 임자도의 해맞이 1번지 | 새벽마다 전장포를
        찾는 까닭 | 운무에 휩싸인 황금 들녘 | 상상을 초월하는 대파 밭 풍경
        | 낙조가 천하절경인 대광해수욕장 | 사막 지형과 사랑의 꽃 튤립

제2장 **마르지 않는 눈물**   076
        유배지에서의 한 세월 | 옛날이 그리운 하우리 어부들 | 타리파시의
        쓰라린 기억들 | 아득한 전설이 된 은빛 해변 | 한날한시에 세상을 떠난
        일가족 12인의 묘소 | 민족진영 인사 992명을 추모하기 위해 세워진 탑
        | 임자진리교회 48인 순교기념탑

제3장 **예수쟁이 이판일**   124
        유교적 가치관을 굳게 지키며 살아온 촌부 | 주량으로 당할 사람이 없던
        말술의 호인 | 한 많은 여인 문준경과 의에 주린 남자 이판일 | 담뱃대를
        부러뜨려 아궁이 속에 내던지다 | 주일에는 예배드리고 밥 먹는 일 외에
        어떤 일도 하지 말라 | 하나님 공경의 또 다른 이름은 효를 다하는 것 |
        잔혹한 고문 속에 피어난 해맑은 웃음

제4장 **짧고도 길었던 그날 밤**   176

아따, 정 가실라믄 우리덜 다 데불고 가시오 | 죽음을 각오한 밀실
예배 | 목포 정치보위부로 끌려간 이판일과 이판성 형제 | 불길 속으로
걸어 들어간 문준경과 이판일 | 1950년 10월 4일 밤, 지상에서의
마지막 예배 | 달빛 아래 이어진 순교자들의 행진 | 아그들아, 예수 믿는
사람덜답게 당당허니 죽자구나

제5장 **아버지의 이름으로**   226

역사와의 대화, 누가 순교자인가? | 국군과 함께 임자도로 들어온
큰아들 이인재 | 아들아, 나가 그들을 용서했응께 너도 그들을
용서하그라 | 순교 현장이 바라보이는 곳에 기념 예배당을 짓다 | 부모
은공 기억하라, 1주기 추모가 | 사랑과 평화를 전파하는 목사가 되다 |
좋은 것은 남을 주고 안 좋은 건 내가 갖고

제6장 **태양의 섬, 임자도**   278

내 아버지 추모가, 19주기 40일 금식기도 중에 | 아버지가 순교한
교회에서 은퇴하다 | 화재로 전소된 돌 예배당 | 다시 탄생한 붉은 벽돌
예배당 | 온 마을에 울려 퍼진 성탄절 새벽송 | 문준경의 수양딸 백정희
전도사와 재원교회 | 검붉은 동백꽃이 바람에 뚝뚝 떨어지고

에필로그   331

이름 없이 빛도 없이 살다간 이 땅의 순교자들을 위하여

부록   337

임자도 일대 상세 지도 | 임자도 일대 교통 안내 | 임자도 일대 여행 정보
참고문헌 | 도움주신 분들

"아들아, 나가 그들을 용서했응께 너도 그들을 용서하고, 원수를 사랑으로 갚어라."

할머니 남경엽 집사, 아버지 이판일 장로, 어머니 임소애 집사 등 사랑하는 가족 열세 명이 한순간에 죽임당한 후, 끓어오르는 분노를 억누를 길이 없을 때에 들려온 아버지의 음성. 이 책은 원수에게도 용서를 베푼 순교자 가족 이야기입니다.

주기철 목사, 손양원 목사, 문준경 전도사 등 순교자에 대한 책은 참 많지만 순교자 이판일 장로와 그 가족들은 대부분 그리스도인들에게 생소합니다. 세상은 언제나 1등만 기억한다 할지라도, 하나님께서는 1등만이 아니라 2등, 3등, 마지막 등수까지도 순교하기까지 믿음의 길을 달려간 사람들을 다 기억하고 계심을 보여 주는 이 책은 신앙보고서와도 같습니다. 이판일 장로, 그는 표면적으로는 평범한 촌부처럼 보일지라도 실상은 신앙의 거인, 보통 사람이라는 그릇에 담긴 위대한 신앙인임이 또렷하게 드러납니다. 그는 그리스도인들의 표상입니다. 하나님을 믿는 사람들이 어떻게 하나님을 존중하고 예배해야 하는지, 하나님께서 사랑하시는 사람들을 어떻게 섬겨야 하는지 보여 주는 샘플이자 모델입니다. 이판일 장로가 살았던 시대와 비교할 수 없이 좋은 환경에 살면서도 그와 같이 살지 못하는 우리를 반성하게 할 뿐 아니라, 그와 같은 삶을 살고 싶은 소망과 용기도 갖게 해줍니다.

《태양을 삼킨 섬》은 증도와 임자도를 반복해서 찾았던 저자의 오랜 결실이기에 《천국의 섬, 증도》에 이은 2부작과도 같고, 임자도에 대한 저자의 이력서와도 같습니다. 아름다운 사진과 함께 24번 국도가 시작되는 임자도 풍광 이야기와 청정해역의 양파, 들깨, 대파 이야기, 임자진리교회 건축 이야기 등을 읽노라면 금방이라도 임자도로 달려가고 싶은 마음이 드는 것은 덤이라 할 수 있습니다.

_정한조 목사(한국기독교선교100주년기념교회 목사로 경기도 용인시에 소재한 한국기독교 순교자기념관을 맡아 사역하고 있다)

기왕이면 감동의 여운을 끊기 싫어 날을 잡아 단숨에 읽었습니다. 책을 열자마자 손에 잡힐 듯 펼쳐지는 임자도의 풍광에 압도되었다가 어느 순간 숨가쁜 반전이 시작되었습니다. 가슴 저미는 처연한 사연을 간직한 임자도의 낙조와 동백은 마치 순교의 아름다운 피를 예정하신 창조주의 섭리였을까요? 저널리즘 작가답게 치밀한 현장 취재와 자료 연구에 이은 구수한 남도 사투리는 과거의 역사를 오늘 살아 있는 현장으로 재현해 냈습니다.

주인공 이판일 장로의 신앙이 '직진의 영성'이라면, 아들 이인재 목사의 믿음은 '곡선의 영성'이라고 할 수 있을까요? 한 치의 주저함도 없이 달려간 아버지의 순교는 아들의 아름다운 용서로 인해 더욱 빛났습니다. '용서는 순교의 또 다른 이름'이라는 사실이 깨달아지는 순간, 깊은 감동에 전율했습니다. 일제강점기와 6·25전쟁, 좌우익의 사상 대립 등 참혹한 민족의 역사를 관통하며 오로지 하나님 사랑과 이웃 사랑으로 빚어낸 부자의 빛나는 유산은 책을 덮는 순간까지도 벅찬 여운으로 밀려왔습니다.

올 여름 임자도를 찾는 꿈을 꾸게 된 것은 저만의 수확인지도 모릅니다. 이 시대를 아파하는 모든 성도들에게 한 편의 다큐멘터리 영화 같은 이 책을 강력히 추천합니다.

_권혁만 감독(KBS PD로 손양원 목사와 주기철 목사를 다룬 다큐멘터리를 제작·방영했으며, 이를 영화로 만들어 〈그 사람 그 사랑 그 세상〉, 〈일사각오〉라는 이름으로 개봉했다)

작은 잘못은 가해자가 피해자를 찾아가지만 씻을 수 없는 잘못은 피해자가 가해자를 찾아가는 법입니다. 1956년 중남미 에콰도르 '와오다니족'에게 짐 엘리엇을 비롯한 다섯 명의 선교사가 찾아갔다가 원주민들의 창끝에 무참히 죽임을 당했습니다. 이 사건은 '선교사 대학살 사건'이라는 제목으로 〈라이프〉를 통해 전 세계에 알려졌습니다. 놀라운 일은 그 후에 일어납니다. 피해자 가족이 지속적으로 원주민촌에 들어가 그들을 섬기며 화해를 요청한 겁니다. 그 결과 지역 주민의 90퍼센트가 복음화되었습니다. 제가 1999년 미국 국가기도회에 참석했을 때입니다. 함께 자리한 에콰도르 대통령이 자신은 선교사를 죽인 살인자의 후손인데, 예수님의 은혜와 선교사 가족의 돌봄으로 공부해 대통령이 되었다고 간증한 것입니다.

대한민국 전남 신안군 임자도에서는 6·25전쟁 때 좌우익 갈등으로 주민의 약 23퍼센트에 달하는 사람들이 목숨을 잃었습니다. 그러나 전쟁 후에는 일절 보복이 없었습니다. 그 중심에 이인재라는 인물이 있었습니다. 가족 열세 명이 모두 살해당했지만 예수 그리스도의 십자가 사랑으로 용서하여 살

인자들을 처단하는 즉결 재판을 막아 죽음 직전에 처한 그들을 건져냈습니다. 그리고 마을 이장이 되어 살인자들과 부역자들을 보호했고, 논을 팔아 가해자가 많았던 마을에 교회를 건축해 설립했습니다. 그 결과 가해자들 가운데 장로가 세워지고, 그 후손들 중에서 목회자들이 배출되었습니다. 이것이 바로 용서의 능력입니다.

저자는 숱한 발품을 팔아 쓴《태양을 삼킨 섬》에서 아버지 이판일 장로를 적색 순교로, 그 아들 이인재 목사를 백색 순교로 묘사합니다. 피 흘려 죽는 순교와 순교적 삶을 살아낸 모습을 더불어 그려 내려는 시도입니다.《태양을 삼킨 섬》은 한번 집어 들면 좀처럼 책을 내려놓지 못하게 만드는 마술적 흡인력이 있습니다. 작가적 상상력과 섬세하고도 서정적인 남도 묘사는 책 읽는 재미를 더해줍니다. 이 귀중한 산물이 더 많은 독자들의 손에 들려지기를 소원합니다. 더불어 한반도에 다시는 전쟁이 일어나지 않기를 모든 독자들과 함께 간절한 마음으로 기도합니다. 끝으로 6·25전쟁 당시 가해자 편에 섰던 사람들과 그 후손들에게도 하나님의 치유와 위로가 있기를 조심스러운 마음을 담아 소원해 봅니다.

_김헌곤 목사(6·25전쟁 중에 전북 정읍시 두암교회에서 가족과 함께 순교한 윤임례 집사의 손자로 전남 신안군 증도에 위치한 문준경전도사순교기념관 관장으로 섬기고 있다)

흔히들 사위가 물에 둘러싸인 육지를 섬이라고 합니다. 그런 섬이 무려 1천여 개나 모여 있는 곳이 신안군입니다.《천국의 섬, 증도》를 통해 신안군 증도를 널리 알려준 저자를 일찍이 알고 있던 터라 임자도를 소개한《태양을 삼킨 섬》의 출간 소식이 무척이나 반가웠고, 읽는 내내 마음의 울림에 이끌려

쉽게 손에서 내려놓을 수가 없었습니다.

임자도는 과거 좌우익 이념의 갈등이 밀물과 썰물처럼 반복되어 수많은 양민이 까닭 모를 피를 흘린 안타까운 사연을 간직한 섬입니다. 그때 그곳 대지를 뜨겁게 달구던 태양처럼 따뜻하게 상처의 아픔을 보듬은 이판일 장로 일가와 임자진리교회 순교자들의 삶을 재조명한 《태양을 삼킨 섬》은 사유(私有)의 많고 적음으로 성공의 척도를 저울질하는 작금의 세상에 희생과 헌신의 깊이를 일깨워주고 싶은 저자의 정신적 소산물일 것입니다.

책을 부둥켜안고 읽는 내내 증도의 문준경 전도사와 임자도의 이판일 장로가 쌍곡점을 이루며 머릿속에서 한동안 가시지 않았습니다. 두 인물이 남도 기독교의 큰 유산이라는 것을 반증하고 있기 때문일 것입니다. 덧붙여서 글을 쓰고 사진을 찍기 위해 임자도 구석구석 거친 길을 누비고 다녔을 저자와 사진작가의 고단함에 박수를 보내 드립니다.

_고길호 군수(전라남도 도의회 의원을 거쳐 제24대 신안군수를 역임한 뒤, 2014년부터 제27대 신안군수로 일하고 있다)

기나긴 남도와의 인연

부여에서 태어나 서울에서 학교를 다닌 나는 성인이 되어서도 남쪽
바다는 물론 남도 땅을 직접 둘러볼 기회가 없었다. 처음 남도에 발
을 들여놓은 것은 군인이 되어서였다. 대학을 다니다 군에 입대한 나
는 조치원에서 훈련을 받았는데, 퇴소 전날 밤 느닷없이 전투경찰로
차출되어 남도의 중심인 광주로 향하는 열차에 오른 것이다. 제5공화
국 당시 광주에서 전투경찰로 근무한다는 것은 강원도 최전방 GOP
에서 근무하는 것보다 훨씬 더 힘겹고 괴로운 일이었다. 내 기억으로
1년 365일 단 하루도 데모가 없는 날이 없었고, 거의 매일 몸에 있는
액체가 전부 빠져나가듯 눈물 콧물을 다 쏟아야만 겨우 쪽잠이라도
잘 수가 있었다. 이쪽에 선 사람들이나 저쪽에 선 사람들이나 모두가
다 슬픈 청춘들이었다.

대학을 졸업하고 출판사에 취직해 회사에서 발행하는 여성 잡지의
여름 별책 부록을 만들기 위해 남도를 다시 찾았다. 제대한 지 꼭 10
년 만이었다. 도로부터 건물까지 광주는 참 많이도 달라져 있었다. 바
캉스를 떠나기 좋은 산과 계곡, 바다와 섬, 명승지와 유원지 등을 두
루 소개하는 책을 만들어야 했기에 발이 부르트도록 돌아다녀야 했

다. 차도 없고 운전도 할 줄 몰랐던 나는 커다란 배낭 속에 옷가지와 세면도구, 노트북 컴퓨터를 넣어 가지고 다녔다. 요즘 노트북 컴퓨터는 부피도 작고 무게도 가벼운 것들이 많지만 그때는 그것만으로도 큰 짐이 될 만큼 무게와 부피가 엄청났다. 남도에는 명소가 워낙 많은 까닭에 취재기자와 사진기자가 여러 팀으로 나뉘어져 분주히 움직였지만 한 사람이 소화해내야 할 일의 양이 너무 많았다. 새벽부터 저녁까지 배낭을 메고 버스와 택시를 갈아타며 산과 계곡을 오가다 숙소로 돌아오면 밥숟가락을 놓자마자 기절한 것처럼 쓰러지기 일쑤였다. 그날 취재한 정보들을 노트북 컴퓨터에 옮겨야 했지만 간절한 바람과 달리 내 몸은 말을 듣지 않았다. 영암, 화순, 진도, 장성, 함평, 나주 등을 한 달 가까이 떠돌다 서울로 올라온 나는 온 몸이 빨갛게 익어 있었다. 별책 부록은 무사히 출간되었고, 그해 여름 선보인 여성 잡지 바캉스 부록 가운데 최고였다는 찬사를 들었지만 나는 한동안 남도 땅을 다시 밟고 싶지 않았다.

　하지만 내 의지와 무관하게 나는 계속해서 남도와 관련된 일들을 맡아 진행하게 되었다. 순천 낙안읍성을 취재하기도 했고, 강진과 해남과 무안 일대를 돌며 청자 문화를 탐구해 책을 내기도 했으며, 각계각층의 명사들과 함께 남도의 맛과 멋을 두루 소개하는 고급스러운 무크지를 펴내기도 했다. 그러면서 나는 시나브로 남도의 깊고 깊은 매력에 흠뻑 빠져들고 말았다. 아스라한 섬진강의 은빛 물결과 지리산을 노랗게 물들이는 산수유, 눈에 물감을 칠한 듯 황홀한 광양의 매화와 핏빛보다 더 붉은 백양사의 단풍, 대나무 향 가득한 담양의 죽통밥과 아련한 유배문화를 간직한 흑산도 삭힌 홍어의 알싸한 맛에 이르기까지 남도는 그야말로 끝을 알 수 없는 신비의 땅이었다. 남도 판소리 명창의 서편제 한 가락을 처음 듣던 날의 충격은 아직도 잊을 수가 없다. 애절한 여인네의 청아한 소리는 공기의 저항을 뚫고 내 온몸의 피부와 혈관을 직선으로 파고들어 광풍처럼 휘저어놓았다. 나는 무엇엔가 홀린 듯 한동안 아무 말도 할 수 없었다. 우리 소리의 아름다움에 흠뻑 취한 날이었다.

바쁜 일상에 빠져 지내던 내가 어느 날 문득 설레는 가슴으로 남도에 내려온 것은 문준경이라는 한 여인 때문이었다. 그녀는 한국 개신교 역사에서 보기 드문 여성 순교자로서 수많은 섬들로 이루어진 신안 일대를 누비며 복음을 전하고 교회를 개척해 섬마을의 어머니로 불리던 전도부인이었다. 그녀 덕분에 신안군은 전국에서 예수 믿는 사람들이 가장 많이 사는 지역이 되었다. 특히나 그녀가 목회의 터전으로 삼았던 증도는 주민의 무려 90퍼센트 이상이 그리스도인이라고 했다. 나는 우연히 이런 사실을 알게 된 뒤 내 두 눈으로 직접 확인해 보고 싶어 아내와 함께 머나먼 섬 증도를 찾았던 것이다. 지금으로부터 꼭 10년 전의 일이다. 처음 방문한 증도에서 그야말로 잘 짜인

각본처럼 우연히 여러 사람들을 만나게 되었고, 증도와 증도 사람들을 취재해서 책을 펴내는 일이 일사천리로 진행되었다. 주말마다 5시간 이상 차를 몰고 내려가서 다시 배로 옮겨 타고 증도에 들어가 구석구석을 돌며 사진을 찍고 사람들을 만나 인터뷰하는 일은 몹시도 고된 일이었지만 우리는 힘든 줄도 모르고 일에 매달렸다. 누가 우리를 그리로 이끌었으며, 우리는 무엇에 그리도 사로잡혀 있었던 것일까? 그렇게 해서 만들어진 것이 바로 《천국의 섬, 증도》라는 책이었다. 그 뒤 증도는 슬로시티로 지정되었고, 예쁜 다리가 놓여졌다. 증동리교회 옆에 문준경전도사순교기념관도 건립되었다. 증도는 전국적으로 유명한 관광 명소가 되었으며, 기독교인들에게는 꼭 가봐야 할 대표적 순교 유적지가 되었다. 처음 증도를 찾았을 때 상상조차 하지 못한 일들이었다.

　그러나 이런 상전벽해를 지켜보면서 늘 마음 한 편에 아쉬움으로 남아 있던 건 임자도였다. 증도에 문준경 전도사가 있었다면 임자도에는 이판일 장로가 있었다. 문준경 전도사에 초점을 맞추다 보니 이판일 장로에 관한 이야기를 다하지 못했던 것이다. 증도와 문준경 전도사가 사람들의 관심과 조명을 받으면 받을수록 임자도와 이판일 장로에 대한 나의 채무감은 커져만 갔다. 10년 전 임자도에 처음 들어갔을 때의 황망했던 기억은 아직도 또렷하다. 임자진리교회 48인 순교기념탑은 낡아서 녹물이 흐르고 있었고, 배교를 거부하며 당당하게 죽음의 길을 걸어간 순교자들이 묻혔던 땅은 대파 밭 사이에 초라하게 방치되어 있었으며, 이판일 장로 열세 명의 가족묘는 아무런 표식도 없이 잡초만 무성했다. 이판일 장로와 가족들 그리고 임자진리교회 순교자들이 남겨준 참 믿음의 흔적들은 한국 교회의 고결한 역사임에도 불구하고 이토록 관심에서 멀어져 있었던 것이다. 아버지의 적색 순교를 본받아 이판일 장로의 아들 이인재 목사가 보여준 백색 순교의 삶은 오늘날 그리스도인들에게 그 무엇보다 강렬한 영적 메시지를 전해주고 있었지만 우리는 이에 너무도 무관심했던 것이다.

그러던 차에 돌연 남도와의 인연이 새롭게 이어졌다. 기독교대한성결교회 총회본부 교육국으로부터 이판일 장로와 임자도 순교자들에 대한 책을 만들어보자는 연락이 온 것이다. 마침 하던 일을 마무리하고 손이 빌 때였다. 나는 흔쾌히 수락했다. 오랜 숙원을 이룬 듯 벅찬 감동이 밀려왔다. 보이지 않는 손, 그렇지만 결코 짧지 않은 손, 예수 그리스도의 손길이 아니라면 어떻게 이런 일들이 차곡차곡 준비되고 진행될 수 있겠는가? 나는 주말마다 아내와 함께 차를 몰아 지도읍 점암선착장을 향해 내달렸다. 증도와 달리 아직 연도교가 놓이지 않아 임자도를 가려면 마지막 배 시간에 맞춰야 했다. 그런데도 고달프거나 지치지가 않았다. 임자도는 알면 알수록 묘한 흥미를 불러일으키는 곳이다. 사람 사는 이야기와 비릿한 바닷가 정취가 넘쳐나는 곳

이다. 그곳에 순결한 그리스도인으로 살다가 온 가족과 더불어 기쁨
으로 순교의 길에 들어선 의로운 예수쟁이 이판일이 있었다. 이 책은
그에 관한 기록이자 한국 교회와 역사에 대한 증언이다. 이 기록과 증
언이 길지 않은 미래에 또 어떤 파장을 일으킬까를 생각하면 기대가
샘솟는다. 남도와 나의 인연이 어디까지 이어질지를 가늠하면 심장의
박동이 빨라진다. 각지에서 도움을 주신 많은 분들과 인터뷰에 응해
주신 어르신들 그리고 총회본부 교육국과 역사편찬위원회 관계자들
께 머리 숙여 감사 인사를 드린다.

2017년 여름

임자도에서

유승준

제1장

바닷속의
사막

24번 국도가
시작되는 곳

   길은 늘 새롭다. 같은 길이라도 어제 갔던 길과 오늘 가는 길은 다르다. 보이는 것, 떠오르는 것, 내딛는 발걸음이 동일하지 않다. 그래서 길 위로 나설 때면 긴장하지 않을 수 없다. 갈라지고 합쳐지길 반복하며 길은 계속 이어졌다. 서해안고속도로에서 무안군 해제면을 지나면 신안군 지도읍 사거리에 다다른다. 왼쪽 길은 증도로 가는 길이고, 직진 길은 임자도로 가는 길이다. 곧바로 차를 몰아 감정리에 이르면 길고 길었던 길이 끝난다. 바다다.

   "여기서부터 국도 24호선이 시작됩니다."

   길이 끝나는 줄 알았는데, 시작되는 곳이라는 푯말이 보인다. 끝은 언제나 새로운 시작이다. 24번 국도는 전라남도 신안군 지도읍 감정리에서 울산광역시 남구에 이르는 453.7킬로미터의 길이다. 광주광역시를 우회해 전라남도 서북부와 전라북도 남부를 거쳐 경상남도 북부를 동서로 관통하여 울산광역시까지 이어진다. 426.3킬로미터의 경부고속도로보다 길다.

   감정리 점암부락에 있는 선착장이 점암선착장이다. 임자도는 물론

이에 딸린 수도와 재원도를 가려면 이곳에서 배를 타야 한다. 차를 대고 가만 지켜보면 24번 국도는 바닷속까지 연결되어 있다는 걸 알 수 있다. 사람과 차를 실어 나르기 위해 섬과 뭍을 부지런히 오가는 철부도선이 정박하기 위해서는 바다로 이어진 포장도로 끝에 배를 대야 한다. 국도는 바다 밑으로 이어져 섬과 섬을 연결하고 있는 셈이다. 눈에 보이는 길만이 길이 아니다.

2014년 4월 16일 남도의 한쪽 바다에서 일어났던 세월호 침몰 사고로 인해 섬과 섬, 육지와 바다를 이어주는 선착장 풍경은 많이 달라졌다. 섬으로 들어가든 나가든 여객선을 탈 때마다 매표소에 들러 승선하는 사람 전원의 신분증을 제시하고 확인을 받아야만 승선권을 발매할 수 있게 된 것이다. 신분증을 갖고 있지 않은 사람들을 위해 무인민원발급기까지 가져다 놓았다. 주민등록등본이나 초본을 발급받아 신분 확인을 한 후에야 배에 오를 수 있다. 임자도에서 점암선착장으로 나올 때만 차량과 승선 인원에 따른 요금을 지불하면 됐던 예전에 비하면 상당한 변화다. 엄격해진 선박 운항 관리가 당연한 것이긴 하지만 세월호 침몰 사고에 따른 후속 조치라 생각하니 바람에 출렁이는 바다 물결이 왠지 서러워 보였다.

점암선착장에서 임자도의 관문인 진리선착장까지는 약 4킬로미터 거리로 20여 분 남짓 걸린다. 여객선 2층 난간에서 사방을 둘러보면 크고 작은 섬들과 지도읍 감정리에서 수도를 거쳐 임자도로 이어지는 연륙교를 건설하기 위해 세워둔 커다란 콘크리트 기둥들이 한눈에 들어온다. 오는 2020년 임자대교가 완공되면 점암부락에서 수도를 거

여객선 위에서 바라본 수도.
옅은 해무 사이로 노란 유채꽃과 막 새순이 돋아난 연둣빛 들녘이 보인다.

쳐 임자도까지 언제든 차를 타고 오갈 수 있게 된다. 바닷속으로 이어지던 24번 국도가 수면 위로 드러나며 수도와 임자도까지 뻗어 나가게 되는 것이다. 그때쯤이면 수없이 많은 배가 드나들던 점암선착장과 진리선착장도 그 수명을 다하게 되리라. 더 이상 배가 오가지 않는 항구는 이내 사람들의 기억 속에서 사라져 버리게 마련이다. 바다는 그렇게 세월을 먹고 기억을 삼킨다.

임자도로 향하는 여객선은 하루에 몇 번 잠시 기항하며 쉬었다 간다. 점암부락과 임자도 사이에 있는 작은 섬 수도에 들르기 위해서다. 임자면에 딸린 이 섬은 물이 맑고 풍부하다고 해서 수도(水島)라 불리게 되었다. 현재 15가구 스물다섯 명의 주민들이 살고 있는데, 약간의 논과 밭에서 농사를 짓기도 하고, 김 양식과 더불어 틈틈이 앞마당 같은 바다에서 민어, 병어, 부서 등의 물고기를 잡아 생활하고 있다. 불과 30년 전만 해도 500명이 넘는 주민들이 살았고, 학생들만 75명가량이었다고 하니 가늠이 되질 않는다. 마을 입구에 자세히 봐야 알 수 있는 예배당이 있다. 수도길 14번 수도교회다. '만민이 기도하는 집'이라는 성구에 주목하지 않으면 그냥 지나치기 십상이다. 이 작은 섬에서도 6·25전쟁 당시 사상적 대립으로 많은 희생자가 나왔다고 한다. 국토 곳곳에 스민 슬픔과 눈물을 어찌 다 헤아릴 수 있겠는가.

"아따, 겁나게 오랜만일세. 별일 없었능가?"

배가 부두에 안착하면 여기저기 반가운 얼굴들의 상봉이 이어진다. 육지에서 이토록 가까운 섬을 예전에는 목포에서 6시간 동안이나 배를 타고 오가야 했다. 1975년 무안군 해제면과 신안군 지도(智島)를 연결하는 연륙교가 개통되면서 지도는 육지가 되었고, 이후 지도읍에서 임자도로 직접 들어가는 페리호가 운항되어 오가는 시간이 엄청나게 짧아졌다. 찾는 이가 별로 없던 지도는 다리 하나로 인해 증도와 임자도를 가려면 반드시 거쳐야 하는 교통의 요지가 되었다. 연륙교가 놓이기 전 임자도 전장포항에서 생산되는 새우젓은 목포행 정기 여객선에 실려 오랜 시간 바닷길을 달려야만 육지 사람들의 밥상 위에 오를 수 있었다.

신안군 최북단에 위치한 임자도는 신안군에서 자은도 다음으로 큰 섬이다. 임자(荏子)란 들깨를 가리키는 한자어다. 임자도는 섬 전체가 모래언덕으로 되어 있어 꼭 깨를 쏟아놓은 것처럼 보이기도 하고, 지도를 놓고 보면 주변 섬들과 어우러진 모습이 마치 바다 위에 깨를 뿌려놓은 것 같아 임자도라 칭했다고 전해진다. 하지만 실제로 임자도 토질은 사질토라 들깨가 많이 생산된다. 여름에 가면 작은 입술 모양의 앙증맞은 들깨 꽃들을 볼 수 있고, 가을철 수확기에 가면 길가에 널어놓은 들깨에서 풍겨오는 고소한 냄새를 만끽할 수 있다.

본래 임자도는 지금처럼 하나가 아니었다. 남쪽의 대둔산, 삼각산, 함박산, 불갑산, 벙산과 북쪽의 삼학산이 각각 섬처럼 분리되어 있었다. 그래서 여섯 개의 섬으로 이루어져 있다 하여 육섬이라고 불렸다. 전체 면적의 절반가량이 네덜란드처럼 해수면 아래로 가라앉아 있던 섬이다. 섬과 섬을 갈라놓은 바다는 만조 때 절정을 이루었다가 간조 때 질퍽이는 개펄을 드러냈다. 사람들은 개펄 위에 돌을 쌓아 징검다리를 만들었다. 이런 길을 노두 길이라고 한다. 일제강점기 때 임자도

풍경을 찍은 사진을 보면 주민들은 노두 길을 건너거나 배를 타고 섬과 섬 사이를 건너다녔음을 알 수 있다. 그러던 것이 북쪽에서 불어오는 세찬 바람과 거센 파도 등에 의해 모래가 운반되어 쌓임으로써 자연스럽게 북부와 남부가 연결되었다. 이에 더해 주민들이 돌을 져 날라 섬 사이에 둑을 쌓아 개펄을 메움으로써 마침내 임자도가 하나의 섬으로 거듭나게 된 것이다. 그 세월이 무려 150여 년이라고 한다. 임자도는 조상들의 땀과 피로 이루어진 대역사의 현장이다. 들깨처럼 여기저기 흩어져 있는 섬이 아니라 들기름처럼 끈끈하게 뭉쳐 자신을 불사르는 응집과 결집의 섬이 바로 임자도다.

임자도 턱밑에 자리한 증도와 임자도를 비교해 보는 일은 꽤 흥미롭다. 면적은 임자도가 증도보다 40퍼센트 정도 넓고, 해안선은 70퍼센트 정도 길다. 주민 수는 2013년 기준으로 증도가 1,600여 명, 임자도가 3,500여 명이니 두 배 이상 차이가 난다. 옛날 파시가 한창일 때 임자도 인구가 수만 명에 달했다 하니 규모로는 견주기 어렵다. 증도는 예로부터 물이 귀해 물이 '밑 빠진 시루'처럼 스르르 새어 나간다는 의미에서 시루섬이라고 불렸다. 따라서 한자로 '시루 증(甑)' 자를 써서 증도(甑島)라 한 것이다. 그러다가 앞시루와 뒷시루 그리고 우전도라는 세 개의 섬이 간척을 통해 하나로 합쳐짐으로써 '더한 섬'이라는 뜻의 증도(曾島)가 된 것이다. 반면 임자도는 섬 곳곳에 '물치' 또는 '모래치'라 불리는 물이 고인 큰 웅덩이, 즉 오아시스가 있었다. 임자도는 중동에서나 볼 수 있는 사막 지형으로 아무 데나 1미터 이상 모래땅을 파면 금방 물이 고여 오아시스가 된다. 물이 흔한 섬인 것이다. 이 때문에 임자도에서는 논농사도 잘되고 밭농사도 잘된다. 모래 땅에 물 빠짐이 좋아 튤립도 잘 자라고 대파도 잘 자란다. 이웃한 섬 이지만 대비되는 게 많아 알면 알수록 감흥이 새롭다.

임자도의
해맞이 1번지

어느 섬이든 며칠 묵을 작정으로 들어갔을 경우 제일 먼저 하는 일은 일출과 일몰 풍경이 가장 아름다운 곳을 찾는 것이다. 나라 땅 어디에서든 뜨는 해와 지는 해는 한 가지로 동일하지만 주변 상황에 따라 그 모양이나 감동은 천양지차인 까닭이다. 흔히 동해는 일출이, 서해는 일몰이 장관인 것으로 알려져 있지만 동해에도 황혼이 찾아들고, 서해에도 여명이 밝아온다. 의외로 현지인들도 잘 모르는 명소가 숨어 있다. 주민들에게 섬은 생계와 생활의 터전일 뿐 관광지가 아니기 때문이다. 임자도에서 해 뜨는 광경이 아름다운 곳은 어디일까?

진리선착장에서 바라본 아침 해는 크고 선명하다. 수도 오른쪽 바다 위로 순식간에 떠오르는 태양은 손에 잡힐 듯 가깝다. 이른 시간 뭍으로 나가기 위해 배를 기다리며 맞는 일출은 상서로운 기운으로 가득하다. 임자도의 중심인 진리를 지나 임자초등학교 조금 못 미쳐 오른쪽으로 난 포장도로를 따라 계속 가다 보면 굽이굽이 산길 중턱쯤에 의자가 놓인 작은 전망대 하나가 나타난다. 차 몇 대는 충분히 댈 수 있을 만큼 너른 땅이다. 여기서 바라보는 일출도 그만이다. 시

전장포의 분주한 아침. 일출과 더불어 새우잡이 배가 들어온 까닭이다.

커먼 게르마늄 개펄 위로 이글거리며 전진하는 붉은빛을 맞이하는 일은 벅찬 감격이다. 이런 장관을 오롯이 담아낼 수 있는 건 카메라가 아니라 가슴이리라.

전망대에서 산 아래쪽으로 한참을 직진하면 도찬마을과 광활한 대파 밭을 지나 어디선가 비릿한 내음이 풍겨오는 괘길마을에 이른다. 임자도에서 해가 제일 먼저 뜬다고 해서 괘일(掛日)이라 부르다가 일제강점기 때 괘길(掛吉)로 바꿔 부르게 되었다고 전해진다. '해가 제일 먼저 떠서 걸리는 마을'이든 '좋은 일이 많이 일어나 걸리는 마을'이든 모두 길한 이름이니 그만큼 풍요로운 고장일 것이다. 이곳 바닷가가 그 유명한 전장포다. 마을 입구 버스 정류장 옆에 세워진 커다란 돌 노표 아래에는 이 마을이 생겨난 내력이 구구절절 적혀 있다.

'우리 마을은 1860년경 지도에서 거주하던 박와갈 님이 건너와서 새우잡이를 시작했고 마을 앞 모래사장이 평평한 마당 같다고 하여 앞장불이라고 불렀다. 특

산물은 전국의 60퍼센트를 차지하는 새우젓을 비롯하여 병어와 민어가 유명하다.'

전장포(前場浦)란 마을 앞 모래사장의 모양새가 평평한 마당 같다고 해서 붙여진 이름이다. 마을 안으로 들어서면 주소를 알려주는 푯말만 새것일 뿐 집이며 포구 여기저기 흩어진 시설과 어구들은 손때 묻은 낡은 것들이다. 우리나라 최대의 새우젓 산지라고 하기는 왠지 을씨년스러운 분위기다. 1980년을 전후해서 새우파시가 절정을 이루었을 때는 250여 가구에 2,100여 명의 주민들이 거주하기도 했다지만 지금은 100여 가구에 230여 명의 주민들이 수십 척의 어선으로 명맥을 유지하고 있을 뿐이다. 파시(波市)란 바다 위에서 열리는 생선 시장으로 특정 수산물을 어획하는 어장에서 어선과 상선 사이에 어획물의 매매가 이루어지는 곳을 가리킨다. 임자도 전장포의 새우파시와 하우리 앞 뭍타리와 섬타리에서 펼쳐지던 민어파시, 그리고 영광군 법성포 앞바다 칠산탄과 연평도의 조기파시, 거문도와 청산도의 고등어파시, 추자도의 멸치파시, 대흑산도의 고래파시 등이 대표적으로 알려져 있다.

옛 명성에는 미치지 못하지만 아직도 전장포 새우는 전국 최고의 품질을 자랑한다. 영양분이 풍부한 서해안 개펄과 바닷속에 있는 모래에 산란을 하고 성장하는 특성을 가진 둥근돗대기새우와 돗대기새우가 여전히 많이 잡히기 때문이다. 둥근돗대기새우는 살아 있을 때 반투명으로 입 주위에 붉은색을 띠며 몸집이나 빛깔이 곱디고운 임자도 모래처럼 뽀얗게 빛나기에 백화새우라고도 불린다. 요즘도 음력

오뉴월이면 항구는 사람들로 북새통을 이룬다. 포구에 새우잡이 배들이 가득하고 싱싱하게 펄떡이는 백화새우가 지천인 때라서 그렇다. 이 무렵 가장 비싼 오젓과 육젓이 잡힌다. 새우젓은 육젓을 최고로 친다. 살이 올라 탱글탱글하고 감칠맛이 나는 육젓은 가을철에 잡히는 추젓에 비해 두 배의 가격으로 팔려 나간다.

새우를 잡는 어선으로는 주로 멍텅구리배가 이용되었다. 우리 고유의 배로 서해안에서 수백 년 동안이나 사용되던 멍텅구리배는 다른 배가 끌어주지 않으면 스스로 움직일 수 없어 멍텅구리라는 불명예스러운 이름을 갖게 되었다. 멍텅구리배는 주로 젓갈을 담는 젓새우 잡는 배를 가리킨다. 스스로 물길을 가르며 이동하지 못하는 새우는 조류에 따라 이동하기 때문에 새우가 지나는 길목에 닻을 내리고 기다렸다가 잡았다. 배의 규모는 10톤에서 16톤가량으로 직사각형 상자 모양의 투박한 형태였고, 그물을 끌어올리기 수월하게끔 앞쪽이 뭉툭하였다. 안전상의 문제로 모두 사라져 버렸지만 한창 호시절일 때 멍텅구리배는 돈을 하도 많이 벌어서 돈배라고 불렸다 한다. 멍텅구리배 한 척만 가지고 있으면 100명이 먹고살 정도로 수입이 좋았던 때가 있었다. 지금은 주로 닻배가 새우를 잡는다. 닻배란 기다란 장막처럼 생긴 자망을 해저에 닻으로써 고정시켜 생선을 어획하는 배를 가리킨다.

바로 이 전장포항이 임자도의 해맞이 1번지다. 한여름에도 긴소매 옷을 껴입어야 할 정도로 싸늘한 바닷바람을 맞으며, 향방 없이 날갯짓하는 갈매기 떼 사이로 한동안 시선을 고정하다 보면 지도읍 동남향 방향으로 뜨거운 태양이 불끈 솟아오른다. 날씨 변화에 따라 그 모습도 각양각색이지만 파란 하늘에 흰 구름이 뚜렷한 날이나 약간 안개가 낀 날 혹은 눈발이 조금 흩날리는 날의 운치는 비할 데 없는 진풍경이다. 배가 닿는 부두 가까이에는 황동 브론즈로 제작한 새우 조형물이 세워져 있다. 긴 수염을 하늘 높이 치켜세우고 온몸을 웅크린 채 이곳이 새우의 고향임을 알리는 상징물이다. 붉게 타오르는 아침 해가 금빛 새우와 만나 광채를 발하면 탄성이 절로 난다. 게다가 새우 조형물 아래 기단에 새겨진 곽재구 시인의 시 '전장포 아리랑'을 따라 읊다 보면 먼 옛날 절해고도로 유배 온 선비의 심정이 조금은 헤아려 질 것도 같다. 남도에서 태어난 시인은 1985년에 이 시를 발표했다. 그 즈음 전장포는 어떤 모습이었을까. 그는 전장포를 몇 번이나 와 본 뒤에 이 시를 쓸 수 있었을까. 시인은 전장포에서 해를 맞으며 무슨 생각을 했을까. 얼마나 많은 눈물을 흘렸을까….

전장포의 상징인 황동 브론즈 새우 조형물.

아리랑 전장포 앞바다에

웬 눈물방울 이리 많은지

각이도 송이도 지나 안마도 가면서

반짝이는 반짝이는 우리나라 눈물 보았네

보았네 보았네 우리나라 사랑 보았네

재원도 부남도 지나 낙월도 흐르면서

한 오천 년 떠밀려 이 바다에 쫓기운

자그맣고 슬픈 우리나라 사랑들 보았네

꼬막껍질 속 누운 초록 하늘

못나고 뒤엉긴 보리밭길 보았네

보았네 보았네 멸치 덤장 산마이 그물 너머

바람만 불어도 징징 울음 나고

손가락만 스쳐도 울음이 배어나올

서러운 우리나라 앉은뱅이 섬들 보았네

아리랑 전장포 앞바다에

웬 설움 이리 많은지

아리랑 아리랑 나리꽃 꺾어 섬그늘에 띄우면서

새벽마다
전장포를 찾는 까닭

운이 좋으면 새벽녘 해맞이하러 전장포에 나갔다가 새우를 가득 싣고 돌아오는 어선을 만날 수도 있다. 미리 어촌계나 이장에게 물어 어느 새벽 새우잡이 배가 들어오는지 가늠해 볼 수 있지만 일기 변화에 따라 예측불허이니 당일 포구에 나가 봐야만 아는 일이다. 배가 들어오는 날은 어스름부터 어부들과 아낙네들의 발걸음이 분주하다. 새우를 분류하고 손질해 저장하려면 기민하게 움직여야 하는 까닭이다. 어선이 부두에 정박하면 아직 채 가시지 않은 거미로 인해 환하게 전등을 켜고 작업을 해야 한다. 촘촘한 그물 안에는 새우들이 종류별로 그득하다. 어부들은 새우를 네모난 플라스틱 상자에 옮겨 담아 물이 가득한 커다란 함지박에 넣고 토렴하듯 흔들기를 반복한다. 수백 번에 걸쳐 깨끗하게 씻긴 새우들은 별도의 상자에 담긴다. 이 과정이 수도 없이 이어진다. 팔이 얼마나 저리고 아플까 측은하다.

"지금 이게 어떤 작업인가요?"

"뻘 빼는 일이지라. 잘 빨아야 깨끗해징께."

새우 몸에 붙어 있는 거무스름한 개흙과 모래 등의 이물질을 바닷

맛과 명성에서 전국 최고로 꼽히는 전장포 새우. 투명하고 고운 빛깔이 싱그럽다.

물로 털어내는 일인 것이다. 깨끗이 목욕을 마친 새우들은 상자에 담겨 미리 부둣가에 대기하고 있던 어부에 의해 리어카로 운반된다. 그다음은 마을 앞 정자에 옹기종기 모여 앉은 아낙네들 차례다. 새우가 아닌 것을 골라내고, 새우 중에서도 젓갈을 담는 작은 젓새우와 국에 넣어 먹는 큰 국새우를 가른 뒤 품질이 좀 떨어지거나 상처가 난 것들을 솎아낸다. 일일이 손으로 해야 하는 일이라 고되기 그지없을 텐데도 구성진 노래까지 불러가며 쉴 새 없이 움직인다. 단연 한두 해 해본 솜씨가 아니란 걸 금방 알 수 있다. 배 위에서 그물 바닥에 남아 있는 새우들을 전부 긁어모아 마지막 뻘 빼는 작업을 할 즈음이면 슬그머니 먼동이 튼다. 램프의 밝은 조명 아래 막바지 작업에 여념이 없는 어부들의 땀방울 맺힌 구릿빛 피부 위로 아침 해의 따사로운 빛줄기가 피어오르는 장면이야말로 전장포에서 경험할 수 있는 최고의 순간이다. 생명의 신비라고 할까, 생활의 엄숙함이라고 할까, 산다는 게 이런 거구나 하는 강렬한 느낌으로 충만한 시간이다. 이래서 새벽이면 늘 전장포를 찾지 않을 수가 없는 것이다.

"돈 없으면 전장포에 가 새우젓이나 먹지."

예전 사람들은 농담 반 진담 반으로 이런 이야기를 했다고 한다. 돈 없으면 집에 가서 빈대떡이나 부쳐 먹는 건 육지 사람들이고, 섬사람들은 짜디짠 새우젓으로 허기와 빈궁을 달랬던 듯싶다. 전장포 새우는 그냥 먹는 게 아니라 새우젓을 담가 먹는다. 젓갈은 김치, 장과 더불어 우리나라 대표적인 발효음식이다. 젓갈의 섬답게 전장포 중앙에는 '전장포 젓갈 판매장'이 들어서 있다. 마을에서 운영하는 공동판매장이다. 줄지어 늘어선 젓갈가게마다 새우젓을 비롯해 밴댕이젓, 병어젓, 꼴뚜기젓, 황석어젓 등이 잔뜩 쌓여 있다. 점포마다 문은 열려 있는데, 안에 주인장은 보이지 않는다. 무인판매장인가 싶어 두리번거렸더니 등 뒤에서 걸쭉한 아주머니 목소리가 들려온다. 뒤돌아보지 않아도 대번 주인장이란 걸 알아차렸다.

"공동판매장 문은 다 열어둬라. 아, 와서 사고 잡으믄 바로 전화를 항께라."

가게 문을 활짝 열어두고 제 볼일 다 보더라도 누가 와서 훔쳐가는 일이 없다는 것이다. 사 갈 사람이 문 앞에 적어 둔 번호로 전화를 하면 그때서야 어슬렁어슬렁 주인장이 나타난다. 스마트폰이나 인터넷으로 주문하면 전국 어디든 택배가 가능하니 더욱 그렇다. 속 편한 장사다. 성어기나 배가 들어올 때를 제외하면 마을은 늘 조용하고 차분한 것처럼 보인다. 하지만 주민들은 하릴없이 시간을 보내거나 한가로이 소일하지 않는다. 논일 밭일 또한 새우잡이 못지않은 주요 소득원이다. 새우젓 맛처럼 아릿하고 짭조름한 마을인 것이다. 새우 조형물 앞에는 넓적한 비석 하나가 세워져 있다. 새우젓 토굴에 대한 설명이다.

조선시대에는 전장포 새우젓을 한양 마포로 실어갔으며, 마포독(옹기)이라는 가마터가 현존하고 있다. 임자도 근해에서 잡은 새우를 뭍으로 가져가 젓갈을 담그면 신선도가 떨어져 맛이 좋지 않았기에 주민들은 전장포 현지에서 천일염을 사용하여 도찬리 솔개산 기슭에 4개의 토굴

새우젓을 저장해 두던 토굴. 바위를 뚫어 만든 커다란 동굴이다.
관광객들을 위해 개방해 두었을 뿐 지금은 사용하지 않는다.

을 만들어 숙성시켰다고 한다. 현재 남아 있는 토굴은 길이 100M, 높
이 2.4M, 너비 3.5M 규모이며, 말굽모양이며, 근대문화유산이면서 새우
젓의 고장 신안군 임자도 주민들의 생활사와 관련된 소중한 유산이다.

저장시설이 발달하지 않은 옛날에는 토굴을 파서 옹기 안에 새우젓
을 저장했던 것 같다. 신안 특유의 천일염을 넣어 잘 발효된 새우젓을

옹기 채로 배에 실어 한양 마포나루로 이동시켰던 것이다. 마포나루는 전국 각지의 농산물과 해산물 등이 뱃길을 이용해 운반되어 도성인 한양으로 들어가던 통로였다. 따라서 최상품의 전장포 새우젓도 이런 경로를 통해 한양 사람들의 입맛을 사로잡았던 것이다. 그 새우젓 독을 마포독이라고 불렀다. 지금은 새우젓과 아무런 관계가 없는 마포구에서 해마다 가을이면 성황리에 새우젓축제를 개최하는 건 이런 역사적 배경 때문이다. 새우젓 독을 가득 실은 황포돛배가 마포나루에 입항하는 장면과 관리들이 새우젓을 검수하는 장면 등을 재현하는 한강 마포나루 새우젓축제는 해마다 수십만 명의 관광객이 모여들 정도로 인기를 끌며 대표적인 서울의 축제로 자리를 잡았다.

"새우젓 토굴 있는 곳을 가려면 어떻게 해야 합니까?"

"마을 입구 버스 정류장 근처에 보면 안내판이 보일 것이오. 거 따라 쭉 가면 되지라."

"요즘도 토굴 안에 새우젓을 저장하나요?"

"시방은 온도가 맞지 않아 못한당께. 저온창고가 저래 잘되야 있는디 뭐땀시 토굴에 저장을 한당가? 토굴은 관광객들이나 보러 가는 것이제. 함 가보시오. 볼만 헐 팅께."

할머니 설명대로 버스 정류장 뒤쪽에 '전장포 새우젓 토굴 가는 길'이라는 문구가 큼지막한 돌 판에 새겨져 있었다. 안내판이 지시하는 좁은 길을 따라 한참을 가다 보면 두 갈래 길이 나온다. 왼쪽으로 길을 잡아 조금만 더 가면 바위로 이루어진 솔개산 기슭에 동굴이 나란히 자리하고 있다. 앞에는 아담한 정자 하나가 만들어져 있고, 차를 여러 대 댈 수 있을 만한 너른 공간이 보인다. 굴 앞에는 '1호 토굴', '2호 토굴', '3호 토굴', '4호 토굴'이라고 쓰인 푯말이 붙어 있다. 두 개는 철문으로 닫혀 있고, 두 개는 관광객들을 위해 개방되어 있다. 실상은 토굴이 아니라 바위를 뚫어 만든 동굴이었다. 높이가 2.4미터니까 아무리 키 큰 사람이라도 넉넉히 서서 들어갈 수가 있다. 깊이가 100미터인데 끝이 보이지 않는다. 손전등을 켜고라도 갈 수 있지만 어두컴컴하고 으스스해서 왠지 가기가 꺼려진다. 옛날에는 이처럼 서늘한 온도를 유지하는 굴속에 새우젓 옹기를 촘촘하게 쟁여 놨을 것이다. 그걸 다시 배로 지고 날랐을 걸 생각하니 그 고단함이 어느 정도였을지 짐작조차 되지 않는다.

토굴을 지나 바닷가 쪽으로 걷다 보면 왼편으로 대파 밭 너머 나지막한 전장포교회가 바라다 보인다. 오른쪽 오솔길을 따라가면 반달 모양의 해변이 등장한다. 활처럼 길게 휜 모래사장이 눈부시다. 제주도 해변에서나 보았음직한 현무암 같은 갯바위들이 기기묘묘하게 둘러서 있다. 바위틈 사이로 하얀 눈송이처럼 고개를 빼꼼히 내민 해국들이 보인다. 주변 언덕 위의 푸르른 소나무와 어우러져 해국의 자태가 더욱 요염하다. 지평선 너머 북쪽으로 희미하게 보이는 섬이 하낙월도와 상낙월도다. 신안군 가장 북쪽에 위치한 임자도에서 영광군에 속한 낙월도는 이처럼 손에 잡힐 듯 가까이 있다. 달이 지는 쪽에 있다 하여 진달이라고 불리다가 한자어로 표기하면서 낙월도(落月島)가 되었다고 한다. 장엄하게 해가 뜨는 섬과 아련하게 달이 지는 섬이 지척에 마주하고 있으니 이 또한 묘한 인연임에 틀림없다.

바닷가 바위틈에 소담스럽게 피어난 해국.
매서운 바람을 견디며 마른 암벽에 뿌리를 내린 꽃답게 꽃말이 '기다림'이다.

운무에 휩싸인
황금 들녘

임자도는 사방이 바다인 섬이지만 전장포와 하우리에서 어업에 종사하는 주민들과 천일염을 생산하는 염전에서 일하는 일부 주민들을 제외하면 85퍼센트에 달하는 주민들이 농업에 종사하고 있다. 어촌인 듯 보이나 실은 농촌인 셈이다. 물이 풍부하고 땅이 비옥하며 기온이 온화하니 쌀과 보리는 물론 들깨와 양파 등 밭작물도 잘 자란다. 섬 여기저기를 돌아다니다 보면 남도 특유의 붉은 흙을 자주 볼 수 있다. 뭘 심어도 기다렸다는 듯 쑥쑥 잘 자랄 것만 같은 기름진 흙이다. 섬 사람들이 워낙 부지런한 탓에 사시사철 노는 땅이 없다.

"워메, 할망구 사진은 뭣에 쓸라꼬 찍을라 카요? 잘 나와야 헐 틴 디…."

"무슨 일 하시는 건가요?"

"보면 모르요? 고추 말린 거 거두는 일이제. 오늘 다 끝내야 되니께 급허지라."

"손 아프실 텐데 장갑 끼고 하시지…. 왜 장갑을 안 끼세요?"

"둔해서 못써. 아파도 이래 해야 정확허니 빠르제."

광산마을 앞 너른 밭에서 말린 고추를 수확하는 할머니들.
손이 트는 것도 아랑곳하지 않고 맨손으로 작업하는 촌로들의 입에서는
구수한 입담이 쉴 새 없이 흘러나왔다.

대광해수욕장 가는 길 왼편 산자락 밑에 자리한 광산마을 들녘에서는 할머니들이 삼삼오오 모여 앉아 가을볕에 말린 고추를 부지런히 수확하고 있었다. 부엌에 숟가락 젓가락이 몇 개인지 서로 훤히 꿰뚫고 있을 법한 사이인데도 무슨 할 말이 그리도 많은지 이야기보따리가 끊이질 않는다. 얼핏 들으니 시어머니 험담도 섞여 있다. 나이가 아무리 많아도 며느리는 며느리다. 이들의 작업을 돕는 건 산 중턱에서 흘러나오는 라디오 소리다. 기다란 막대기 끝에 스피커를 달아 논과 밭에서 일할 때 주민들이 다 들을 수 있도록 라디오를 틀어준다. 아나운서의 입담과 유행가 노랫가락이 고된 피로를 풀어주는 청량제다.

광산마을은 1560년 충주박씨 박길원이 이주해 와 형성된 마을이라고 한다. 마을 뒷산에 황금이 묻혀 있다고 해서 금강산으로 부르다가 무안군에 속해 있을 때 광산(光山)으로 개칭하였다. 그래선지 마을 곳곳에 유난히 돌이 많았다. 금을 캐려고 산을 파헤치다 나온 돌일지도 모른다는 생각이 들었다. 그 돌들로 차곡차곡 쌓아올린 담장이 너무 아름다웠다. 그 어떤 값비싼 재료로도 이토록 자연스러운 담장을 만들지는 못할 것이다. 탐스럽게 열린 홍시와 어우러지면 이만한 가을 풍경도 없을 것 같았다. 특이한 것은 어느 마을을 가더라도 집집마다 남편과 아내의 이름이 나란히 적힌 문패를 걸어두었다는 것이다. 서울에서는 찾아보기 힘든 장면이다. 남녀평등을 구체적으로 실천하고 있는 곳은 많이 배운 사람들이 모여 사는 수도권이 아니라 바다와 토지를 생명처럼 여기며 거칠게 살아온 외진 섬마을이었다.

양파가 우리나라에 들어온 것은 조선시대 말엽으로 추정된다. 양파는 비교적 서늘한 기후를 좋아하고 내한성이 강한 작물이어서 보통 가을에 파종해 겨울을 난 뒤 초여름에 수확한다. 무더운 여름철에는 재배가 쉽지 않지만 고랭지에서는 여름에도 온도가 서늘한 기후를 이용해 재배가 가능하다. 봄에 씨를 뿌리는 양파는 3월 상순에 파종해 5월 상순에 모종을 심고 여름에 생장하여 9월에 수확할 수 있으며, 가을에 씨를 뿌리는 양파는 10월에서 11월에 모종을 심어 겨울과 봄을 지내고 초여름에 수확한다. 따라서 해마다 봄철이 되면 품귀현상이 나타나기 때문에 8월에 파종해 4월부터 수확할 수 있는 조생종을 재배하기도 한다.

고대 이집트에서부터 먹기 시작했다는 양파는 각종 비타민이 함유되어 있어 동맥경화나 고혈압을 예방하고 피로를 회복시키는 작용을 해 식재료로 인기가 높다. 흔히 무안 양파를 최고로 치지만 신안 섬에서 재배되는 양파 또한 품질에서 결코 뒤지지 않는다. 특히 임자도에서 생산되는 양파는 청정해역의 퇴적물이 섞인 사질토에서 유기물과 무기질이 풍부한 바닷바람을 맞으며 자라나 게르마늄 성분이 많이 포함되어 있다. 따라서 뇌신경 계통의 활성화와 신체노화 억제 등 노인성치매 예방에 효과적이다. 양파는 모종이 자라 파릇파릇하게 줄기가 올라올 때가 가장 예쁘다. 광활한 대지 위에 양파 줄기가 하루가 다르게 솟아오르는 광경은 마치 큰 축구 시합을 앞둔 녹색의 잔디구장을 보는 것처럼 사람을 들뜨게 만든다.

임자도의 상징이기도 한 들깨는 양파와 달리 통일신라시대 때부터 참깨와 함께 재배된 기록이 있을 정도로 오래된 작물이다. 들깨는 봄에 심는 것과 가을에 심는 것이 있는데, 봄에 심는 것은 열매를 먹기 위한 것이고, 가을에 심는 것은 잎을 먹기 위한 것이다. 들깨는 알면 알수록 하나도 버릴 게 없는 요긴한 작물이다. 깻잎은 삼겹살을 싸 먹을 때 최고이고, 매운탕 비린내를 없애는 데 탁월하며, 깻잎부각, 깻잎 김치, 깻잎장아찌 등을 만들어 먹을 수 있다. 들깨는 혈액순환과 신진 대사 등 생리활동에 좋아 장기 복용하면 체질을 개선하는 데 효과적이라고 한다. 추어탕에 듬뿍 넣어 먹으면 고기의 누린내를 없애 줄 뿐 아니라 맛을 더해준다. 인삼이나 땅콩, 잣 등과 함께 깨죽을 만들어 먹어도 좋다. 들깨를 짜서 만든 들기름에는 불포화지방산이 많아 혈 중 콜레스테롤을 저하시키고, 항암효과와 당뇨병 예방, 시력 향상, 알레르기 질환 예방 등에 좋다고 알려져 있다. 단청을 하지 않는 한옥 민가에는 소나무에 들기름을 발라두면 부패를 방지하면서도 고풍스 런 느낌을 더해준다. 이밖에도 페인트, 니스, 리놀륨, 인쇄용 잉크, 포마드, 비누 등에도 들기름이 원료로 쓰인다.

임자도가 얼마나 풍요로운 섬인지를 말없이 느껴 보려면 늦가을 추수기에 가보면 실감할 수 있다. 임자도 거의 전체가 황금색으로 빛나기 때문이다. 이때만큼은 임자도 전역이 광산이 되는 셈이다. 가을 가뭄이 심해 전국적으로 농사에 막대한 피해가 예상된다는 뉴스가 연일 텔레비전을 통해 방송되는 데도 임자도에서는 물 걱정을 별로 하지 않는다. 너른 들판은 여전히 금빛 물결로 출렁댄다. 순금의 빛깔도 상태에 따라 다르듯이 수확을 앞둔 벼의 색깔도 지역마다 다른 것 같다. 임자도에서 자라는 벼는 반짝반짝 빛나는 진한 황금색이다.

어느 날 새벽 일출을 보기 위해 전장포로 차를 몰고 가는 도중 삼학산 자락을 지나 도찬마을 쪽으로 접어들 무렵 눈앞에 펼쳐진 신비로운 풍경에 그만 차를 세우고 말았다. 황금빛 들녘 위로 아스라이 운무가 뒤덮여 있었기 때문이다. 은빛과 금빛 날개옷을 입은 선녀들이 모여 춤을 추고 있는 듯 보였다. 황홀경에 빠진 것 같았다. 아내는 사진을 찍느라 분주했지만 나는 눈앞에서 곧 사라져버릴 이 광경을 놓치고 싶지 않아 우두커니 서 있었다. 동쪽에서 서서히 해가 솟았다. 여느 때와 달리 운무의 장엄함에 태양의 기세가 멈칫거리는 듯했다. 해가 점점 높이 떠오르자 운무가 걷히기 시작했다. 남은 건 드넓은 황금 들녘뿐이었다.

추수철만 되면 임자도에서 가장 바빠지는 곳은 장포방앗간이다. 진리를 지나 장동으로 가는 직선도로 중간쯤에 위치한 장포방앗간은 탈곡을 마친 벼 낟알을 정미하기 위해 한밤중에도 대낮처럼 불을 밝힌 채 쉴 새 없이 도정기를 돌린다. 섬 안에 방앗간이 이 집 한 곳이라 경쟁자가 없으니 아무리 급해도 장포방앗간에서 순서를 기다릴 수밖에 없다. 제각기 번호와 이름이 적힌 벼 포대자루들이 방앗간 밖에까지 즐비하다. 이렇게 밀려 있는 데도 낟알을 실은 트럭들은 연신 방앗간에 줄을 선다. 이 광경만 보자면 임자도 제일의 갑부는 방앗간 주인장이 아닐까 싶다. 정미를 마친 햅쌀의 빛깔이 기름을 칠한 듯 윤기가 자르르하다.

"굉장하네요. 하루 작업량이 얼마나 됩니까?"

"1,200가마 정도 작업을 하지라."

운무가 짙게 드리운 황금 들녘.
길은 보이지 않고 길가에 세워진 전봇대만이 십자가 형태를 띠며
또렷하게 드러나 신비로운 분위기를 더했다.

"한 가마 양이 어느 정도 되나요?"

"40키로가 한 가마요."

"쌀겨 분량도 상당할 것 같은데… 그건 어디에 사용을 하나요?"

"나흘에 한 번쓱 사람이 다녀 간당께. 소 멕이는 밥이나 땔감으로 그만이지라."

상상을 초월하는
대파 밭 풍경

동이 트기 전 섬 이곳저곳을 살피러 다니던 중 색다른 모습 하나를 발견했다. 한 집에서 두툼한 외투를 껴입은 젊은 외국인들이 우르르 몰려나오는 것이었다. 새벽밥을 먹은 듯 혀를 쩝쩝거리거나 이를 쑤시는 사람도 있었다. 동남아시아 출신처럼 보이는 사람도 있었고 더러 백인도 있었다. 서로 별다른 말이 없었다. 이들은 밖에 대기하고 있던 승합차에 몸을 실었고, 차는 서둘러 어디론가 출발했다. 이 외딴 섬에 웬 외국인들일까 궁금했지만 다짜고짜 누구냐고 물을 수는 없었다. 궁금증이 풀리기까지는 그리 오랜 시간이 필요치 않았다.

한겨울 임자도에는 대파 밭 중간중간에 임시로 만든 천막과 비닐하우스가 등장한다. 규모가 상당한 것도 있고, 조금 자그마한 것도 있다. 뭘 저장해 놓은 곳인지 아니면 무슨 작업을 하는 곳인지 알고 싶어 굴뚝에서 연기가 모락모락 피어오르는 비닐하우스 한 곳을 들어가 보기로 했다. 살며시 문을 열고 들여다본 비닐하우스 안에서는 지금까지 한 번도 본 적이 없는 광경이 연출되고 있었다. 양쪽으로 줄을 지어 나란히 앉은 사람들이 밭에서 막 뽑아온 대파 껍질을 벗겨단을 묶는 작업을 하고 있었던 것이다. 채 날이 밝지 않았기에 일하는 사람들 머리 위로 대롱대롱 매달린 전등불이 환히 빛나고 있었다. 산더미처럼 쌓인 대파와 수많은 사람들이 일사분란하게 대파를 다듬고 있는 모습이 그야말로 장관이었다. 아, 하는 탄성이 절로 나왔다. 새벽에 본 외국인들은 바로 이곳에서 일을 하고 있었던 것이다. 곱게 다듬어진 대파가 시리도록 아름답다는 걸 처음 알게 된 순간 눈에서 눈물이 흘러내렸다.

"와, 이렇게 매워서 눈물이 나는데… 종일 여기서 일하시면… 맵지 않으세요?"

"아따, 우리는 익숙해져 괜안탕께. 암시랑토 안 해."

"외국 사람들은 그렇지 않을 것 같은데요?"

"저 사람들도 괜안아. 여그서 며칠 일하믄 금방 적응한다니께."

외국인들 틈에 듬성듬성 끼어 앉은 이 마을 할아버지 할머니들은 매워서 제대로 눈을 뜨지 못하는 나를 보며 재미있는지 함박웃음을 터뜨렸다. 이들의 눈가엔 작은 이슬조차 보이지 않았다. 밭에서 막 뽑은 대파는 외피가 누렇게 시든 데다 지저분해서 이를 벗겨내고 깔끔하게 다듬어야 상품으로서 가치가 돋보인다. 맵기까지 하니 이 작업이 여간 고된 게 아니다. 농촌이든 어촌이든 젊은 사람들이 하도 귀해서 부족한 일손을 메우기 위해 대파 수확 철에는 외지로부터 외국인 노동자들을 데려다 숙식을 제공하며 일을 시키는 것 같았다. 이제 시골에서 할아버지 할머니 다음으로 흔하게 볼 수 있는 게 외국인들이다. 잘 손질된 대파는 '임자 대파'라는 문구가 선명한 빨간색 끈으로 묶여

광활한 대파 밭이 야트막한 임시 작업 천막으로 가득 찼다.
잘 다듬어진 대파는 차곡차곡 쌓여 전부 서울로 운반된다.
최상의 품질을 자랑하는 임자도 대파는 전국적으로 인기가 높다.

져 한 단씩 쌓여 갔다. 손으로 묶는 사람도 있었고 기계로 묶는 사람도 있었다. 육중한 기계 위에 대파를 쌓아두면 한 단씩 묶여진 대파를 툭툭 잘도 토해냈다. 오후쯤이면 여기저기에서 대파를 가득 실은 트럭들이 선착장으로 모여들 것이다. 이럴 때 잘못하면 트럭에 밀려 제때 배를 타지 못할 수도 있다.

대파는 중국에서 3천 년 전부터 재배되기 시작한 향신채소로 우리나라에는 삼국시대 이전부터 재배했다는 기록이 남아 있다. 몸을 따뜻하게 만들어 열을 내리게 하고, 기침이나 담을 없애준다고 해서 감기에 특효가 있는 채소로 알려져 있다. 뿌리 위 하얀 밑동 부분을 한의학에서는 총백(蔥白)이라고 부르는데, 담 제거와 발한 또는 이뇨작용을 위해 사용되며, 구충약으로 쓰이기도 한다. 파를 달인 물은 류머티즘과 동상에 좋고, 신경안정과 피로회복 효과도 있다. 대파가 이런 효능을 가진 것은 알리신이라는 성분 때문인데, 휘발성이라 물에 담그거나 오래 가열하면 효과가 없어지므로 요리할 때는 먹기 직전 살짝 열을 가하는 정도가 좋다. 오래도록 먹으려면 신문지에 잘 싸서 볕이 들지 않는 서늘한 곳에 보관해야 한다.

임자도 대파의 품질은 전국에서 제일로 쳐준다. 천일염이나 양파, 들깨는 다른 고장에서도 생산되지만 가장 맛있는 대파는 임자도에서만 재배할 수 있다. 물 빠짐이 좋은 모래땅이 대파 생산에 최적이기 때문이다. 강원도 평창 등지에서 재배되는 고랭지 대파를 제외하면 남쪽지방에서는 임자도 대파에 견줄 만한 이렇다 할 상품이 없다. 하우리에 있던 타리파시는 쇠락의 길을 걸은 지 오래고, 전장포 새우파시도 예전 같지 않은 상황에서 가장 각광받는 작물은 단연 대파라고 할 수 있다. 임자도 대파 밭은 점점 더 그 크기를 넓혀가고 있는 중이다. 매년 12월부터 4월까지 오랜 기간에 걸친 수확이 끝나면 다시 5월부터 모종을 심고 한 해 대파 농사를 시작한다. 대파 농사가 한창일 때 임자도를 가면 어디서든 대파 밭 사이로 시원한 물줄기를 뿜으며 스프링클러가 빙글빙글 부지런히 돌아가는 모습을 볼 수 있다. 임자도 특유의 모래와 오아시스가 비로소 대파를 만나 축복의 땅으로 변신한 셈이다.

"이 많은 대파가 다 어디로 실려 가는 건가요?"

"전부 서울에 있는 가락동 농수산물도매시장으로 직송됩니다."

"서울에서만 팔리는 건가요?"

"아니죠. 일단 거기로 모인 대파들이 다시 전국 각지로 팔려 나가는 겁니다."

"대파도 등급이 나누어지나요?"

"최상품과 중품, 하품으로 등급이 매겨집니다."

"어떤 게 최상품입니까?"

"자, 보세요. 뿌리와 이파리 사이에 있는 하얀 부분이 길고 굵고 싱싱한 게 바로 최상품입니다. 임자도 대파는 최상품이 많아서 비싼 값에도 불구하고 인기가 많은 겁니다."

"대파 농사가 좀 괜찮습니까? 수익이 많이 나나요?"

"아, 그럼요. 1만 평 농사짓는 분들 연 매출이 1억이에요. 5만 평 농사짓는 분도 있어요."

인력과 차량을 가지고 강원도와 임자도를 오가며 대파 수확과 이송과 판매를 대행하는 중간상들이 대파 밭 곳곳에서 작업을 진두지휘하고 있었다. 이들의 설명을 들으니 대파가 그냥 파가 아니라 금파라는 생각이 들었다. 일하다가 출출하면 대파 총백을 모닥불에 구워 먹기도 하고 날것 그대로 씹어 먹기도 한다. 불에 구운 대파는 본래의 향과 즙이 살아 있으면서도 촉촉하고 부드럽기 그지없다. 매울 것 같지만 의외로 달고 고소한 맛이다.

겨우내 대파 수확이 이루어지기 때문에 시간만 잘 맞추면 흥미로운 장면들을 많이 목격할 수 있다. 밭에서 대파를 캐내는 작업도 재미있다. 밭고랑 사이에 일렬로 줄을 맞춰 선 사람들이 일제히 허리를 굽혀 이랑에 심겨진 대파를 뽑아낸다. 맨 앞 사람이 빠른 속도로 대파를 뽑아 옆에 던져두고 전진하면, 다음 사람이 이를 일정 분량으로 모아 정리를 하고, 허리춤에 노끈을 가득 매단 그다음 사람이 이를 묶어 제쳐 둔다. 차갑고 딱딱한 흙속에서 대파가 상하지 않게 잘 뽑아내는 게 기술이다. 작업이 어느 정도 진행되면 어디선가 트럭이 나타나 대파 묶음들을 싣고 비닐하우스를 향해 내달린다. 모든 과정이 착착 분업화되어 있다.

대파 밭이랑의 모양새는 다른 밭과는 많이 다르다. 줄지어 심겨진 대파들은 높게 쌓아올려진 삼각형 모양의 이랑 위에서 자란다. 어찌 보면 아슬아슬하기도 하다. 양파 밭이나 마늘 밭에서 흔히 볼 수 있는 이랑의 모습이 아니다. 이는 최상품의 대파를 생산하기 위한 고유의 방법이다. 뿌리와 이파리 사이에 있는 대파의 하얀 부분, 즉 총백을 길고 굵게 만들기 위해서는 이 부분을 흙으로 최대한 많이 덮어줘

야만 한다. 그렇기 때문에 자꾸만 흙을 퍼 올려 이랑을 높게 만드는 것이다. 높은 이랑은 무려 50센티미터에 달하기도 하는데, 이를 '북을 준다'고 표현하기도 한다. 이 이랑을 높이는 작업이 보기보다 만만치가 않다. 제때 물을 적절하게 주면서 이랑을 높이는 작업만 잘하면 최상품의 대파를 수확할 수가 있다.

대파 수확은 철저한 분업으로 이루어진다.
뽑고, 정리하고, 묶고, 싣고, 운반하는 작업이 컨베이어 시스템처럼
정확하게 연결되어야만 작업을 신속하게 할 수 있다.

낙조가 천하절경인
대광해수욕장

임자도에서 가장 많이 알려진 건 대광해수욕장이다. 들깨, 대파, 새우젓, 민어, 파시, 튤립 등은 임자도에 대해 좀 더 깊이 알고 있는 사람들이나 떠올리는 것일 뿐 대부분의 사람들은 임자도하면 대광해수욕장을 제일 먼저 떠올린다. 그만큼 대광해수욕장의 명성은 전국적으로 자자하다. 진리선착장에서 자동차로 20여 분 거리에 있는 대광해수욕장은 지도를 보거나 행인에게 길을 물을 필요가 없을 정도로 곳곳에 이정표가 잘 세워져 있다. 넓은 주차장에 차를 세우고 조금 걸어가다 보면 눈부신 쪽빛 하늘 아래 잔파도에 찰랑거리는 망망대해와 곱디곱게 이어진 청정 모래톱이 한 폭의 동양화처럼 펼쳐진다. 나도 모르게 발걸음을 멈춘 채 탄성을 쏟아내게 되는 순간이다. 길이가 12킬로미터에 너비만 300미터에 달하는 우리나라에서 가장 길고 넓은 해수욕장으로 광산리와 대기리 두 마을에 걸쳐 이어져 있다.

해변에서 마른 모래를 한 움큼 집어 손가락 사이에 넣고 비벼 보면 감촉이 얼마나 고운지 막 찧어 낸 따뜻한 밀가루나 콩가루를 만지는 듯하다. 항공기용 유리를 만드는 데 쓰일 만큼 질이 좋은 규사 모래

밭이다. 해수욕장 한쪽 끝에서 다른 쪽 끝까지 가려면 걸어서 1시간 20분 남짓 걸리고, 자전거를 타고 가면 30분가량 걸린다. 여름이면 백사장 뒤편 모래언덕에는 자연스레 "열아홉 살 섬 색시가 순정을 바쳐 사랑한 그 이름은 총각 선생님~"을 흥얼거리게 만드는 '이끄시는 대로'라는 예쁜 꽃말을 가진 자생 해당화가 피어난다. 1990년부터 국민 관광지로 선정되었을 만큼 아름다운 곳으로 영화나 드라마 촬영지로도 인기가 높다.

양말을 벗고 바지를 걷어 올린 후 맨발로 파도를 향해 걸어가다 보면 갯벌 여기저기에 아기 손으로 반죽해 놓은 것처럼 모래 알갱이들이 동글동글 뭉쳐 있는 모습을 볼 수 있다. 엽낭게들의 작품이다. 동해안을 제외한 우리나라 전 해역의 모래나 진흙 바닥에 집단으로 서식하는 엽낭게는 직경 5밀리미터에 깊이가 10~20센티미터 정도 되는 수직 구멍을 파고 사는 자그마한 게다. 바닷물이 빠지면 갯벌 위로 올라와 양 집게다리를 써서 모래를 입으로 운반해 각종 유기물을 골라 먹고는 나머지 모래를 덩이로 만들어 서식 구멍 주위에 집을 짓듯 늘어놓는다. 몸집이 작은 데다 색깔도 모래와 비슷해 눈에 잘 띄지 않지만 워낙 부지런해 온 갯벌을 휘젓고 다닌다. 이 엽낭게들에 의해 갯벌이 자연스럽게 정화되는 것이다. 생태계의 자정 능력은 새삼 놀라울 뿐이다. 사람들의 출입이 뜸해진 저녁 무렵 모래사장에 나가 보면 엽낭게들이 하루 종일 만들어 놓은 기기묘묘한 모래 뭉치들이 사방에 가득하다.

대광해수욕장에서 하우리와 타리섬 방면으로 거대한 태양이 서서

대광해수욕장 앞바다의 해넘이 풍경. 그 어떤 회화가 이보다 더 장엄할 수 있겠는가.

히 침몰하는 광경은 임자도에서 경험할 수 있는 일몰 중의 백미다. 한낮 중천에 뜬 기세등등한 태양은 육안으로 자신을 관찰하는 걸 불허하지만 어스름 낙조의 넉넉함은 얼마든지 자신을 들여다볼 수 있게끔 품을 내어준다. 불그스름한 저녁 해는 하늘과 구름은 물론 바다와 갯벌과 엽낭게의 모래 뭉치까지도 한꺼번에 물들이며 하나의 화폭에 담아낸다. 해넘이는 참 짧다. 그 오래지 않은 시간 동안 시시각각 변화를 거듭하는 대광해수욕장의 풍광은 그저 경이롭기만 하다. 두 마을에 걸쳐 있는 긴 해수욕장이기에 대기리와 광산리의 앞 글자 한 자씩을 따서 대광(大光)해수욕장으로 이름 붙였다고 하지만 나는 가히 큰 빛이 있는 곳이기에, 엄청난 태양이 하루를 마감하며 잠시 수평선 너머로 몸을 숨기는 곳이기에 붙여진 이름이 아닐까 생각했다.

임자도는 제주도처럼 해안가를 일주하는 도로가 만들어져 있지 않다. 하지만 대광해수욕장을 바라보며 직선으로 차를 몰고 달릴 수 있는 도로는 있다. 아쉬운 대로 방파제를 따라 차가 다닐 수 있게끔 작은 도로가 연결되어 있는 것이다. 하우리 방향으로는 섬 주민들을 위해 만들어진 천연 잔디 축구장이 있는 곳으로부터 신안군 청소년수련관과 목포대학교 수련원을 지나 임자해변 승마공원을 거쳐 대기리에 있는 대광비치랜드에 이르는 길이다. 밀물 때 파도가 심하게 치는 날은 바닷물이 방파제를 훌쩍 뛰어넘기 때문에 이 도로를 달리는 건 위험한 일이다. 날씨 좋은 대낮에도 파도에 휩쓸려온 장애물들이 도로 위에 있을 수 있기에 조심해서 운전을 해야 한다. 그럼에도 불구하고 방파제 도로를 오가며 기막힌 대광해수욕장의 노을을 감상하는 건 임자도에서 누려볼 수 있는 호사 중 최고라 하지 않을 수 없다.

"실례지만 섬 안에 활어나 해산물을 사 먹을 수 있는 어시장이나 도매상이 있습니까?"

"고런 건 엄써. 지도읍에나 나가야 있제. 하지만 횟집은 많은디?"

"아, 네…. 횟집 말고 광어나 우럭, 낙지 같은 걸 직접 살 데 없나 해서요."

"저그… 대광비치랜드에 가믄 집주인이 곰방 잡아온 거 살 수도 있을 턴디?"

"해수욕장 동쪽 끄트머리에 있는 민박집 말인가요?"

"글제. 그 집주인이 임자도 최고의 낚시꾼이지라. 아따, 괴기 징허게 잘 잡는당께."

남도의 바닷가나 섬을 자주 돌아다니다 보니 현지에서 활어나 해산물을 싸게 사 회를 떠서 먹거나 탕을 끓여 먹는 일이 많아졌다. 그러다 보니 바쁘게 일만 하다가 바다 음식 맛 한 번 못보고 집으로 돌아올 때면 왠지 허전했다. 다리가 놓인 섬에서는 아내가 사진을 찍는 틈을 타 나 혼자 근처 수산시장에 가서 제철 물고기와 낙지, 조개 등을 사오기도 했다.

그런데 배 시간에 쫓겨 허겁지겁 들어오기 바빴기에 임자도에서는 바다 음식을 맛볼 기회가 없었다. 횟집에 들어가 먹기에는 값이 너무 비쌌기 때문이다. 그래서 전장포와 하우리에 들렀을 때 연세 지긋한 어른들에게 넌지시 물으니 그때마다 같은 대답이 돌아왔다. 벼르고 별러 식당과 민박집을 겸하는 대광비치랜드에 들러 주방 쪽으로 조심스레 발길을 옮겼더니 커다란 수족관 안에 싱싱한 활어와 큼지막한 낙지들이 한껏 자태를 뽐내고 있는 게 아닌가. 우리는 서울 수산시장에서 살 수 있는 것보다 훨씬 싼 값에 크고 싱싱한 물고기와 해산물을 살 수 있었다. 펜션에서의 푸짐한 밥상을 기대하며 흐뭇한 표정으로 나와 트렁크에 물고기와 해산물 봉투를 싣고 난 뒤 힐끗 돌아다본 바닷가에서는 놀라운 일이 벌어지고 있었다.

밀물과 함께 거센 파도가 휘몰아치는 가운데 저녁노을이 지고 있었던 것이다. 대광해수욕장 중앙에 서서 하우리와 타리섬 방향으로 떨어지는 태양을 바라볼 때보다 대기리 방향에서 대광해수욕장 너머 지평선 끝으로 떨어지는 태양을 바라볼 때의 감흥이 훨씬 더 컸다. 게다가 맑은 날 잔잔한 바다 위로 해가 넘어가는 광경과 흐린 날 거칠게 밀려드는 파도 위로 해가 넘어가는 광경은 같은 일몰이라도 너무나 다른 느낌이었다. 전율이 일었다. 잠시나마 태초의 원시미에 흠뻑 빠져볼 수 있는 시간이었다. 장쾌했다. 파도는 노을마저 삼켜 버릴 듯 더욱 거세게 밀어닥쳤다. 그 기세 때문인지 낙조는 점점 더 빠르게 사그라지고 있었다.

대광해수욕장 뒤쪽으로 신안군 청소년수련관에서부터 천연 잔디 축구장 인근까지는 울창한 해송 숲이 형성되어 있다. 솔향기를 만끽하며 이 숲속을 거니는 것도 임자도에서 누릴 수 있는 즐거움 중의 하나다. 섬이나 바닷가에서 자라는 해송들은 대부분 거센 바닷바람을 맞으며 크는 까닭에 이리저리 휘어지고 키가 크지 않으며 둘레도 가는데 비해 대광해수욕장 근처에서 자라는 해송들은 하나같이 곧게

드넓은 대광해수욕장 모래사장을 단숨에 집어삼킨 후
방파제 위로 거세게 밀려드는 파도. 때마침 시작된 낙조와 더불어 장관을 연출했다.

뻗은 멋진 몸매에 굵기 또한 만만치 않아 특이했다. 이곳을 거닐다 보면 바닷가 해송 숲에 들어와 있는 것 같지가 않고 강원도 깊은 산속에서 오래된 황장목 사이를 걷는 것 같은 기분이 든다. 산책할 수 있는 길은 제1산책로와 제2산책로로 가꾸어져 있다. 걷다 보면 중간에 하천이 흐르고 그 위로 작은 구름다리가 놓여 있는 곳도 있다. 바다와 해변이 어우러진 멋진 풍광에 병풍처럼 둘러쳐진 아름다운 해송 숲까지 골고루 갖추고 있으니 대광해수욕장은 연간 수십만 명이 찾는 명소로 손색이 없다.

사막 지형과
사랑의 꽃 튤립

"임자도 처녀들은 모래 서 말을 먹어야 시집을 간다."

예로부터 임자도에는 이런 말이 전해져 왔다고 한다. 섬 전체가 모래언덕으로 이루어져 있어 바람이 심하게 불고 나면 산과 들이 온통 모래로 뒤덮였기에 알게 모르게 모래를 먹어가며 살 수밖에 없는 운명이었던 것이다. 임자도는 우리나라에서 유일하게 지역 전체가 사막 지형을 가진 곳이다. 육지에서는 태안반도 북서부인 충청남도 태안군 원북면 신두리 일대에 해안사구가 형성되어 있다. 해변을 따라 길이 약 3.4킬로미터에 너비가 500미터에서 1.3킬로미터에 이르는 규모로 원형이 잘 보존된 사막 지형이다. 사구의 표면은 대부분 사초로 덮여 있고, 육지 쪽으로 방풍림이 조성되어 있으며, 해안 가까이에서는 해당화와 갯메꽃 등의 야생화들이 자란다. 바닷바람의 세기와 방향에 따라 모래언덕에 기하학적 무늬의 결들이 물결처럼 이어진 장면을 보면 마치 중동의 사막 한가운데 서 있는 것 같은 감동을 불러일으키는 곳이다. 생태학적 가치를 인정받은 신두리 해안사구는 지난 2001년 천연기념물 제431호로 지정되었다. 임자도도 대광해수욕장과 주변의 해송 숲을 비롯한 광활한 모래언덕 지대가 더 이상 훼손되지 않도록 천연기념물로 지정되어야 할 필요가 있을 것이다.

임자도는 꽃과 나비들의 낙원이다. 물 빠짐이 좋은 모래땅에서는 대파뿐만 아니라 튤립도 잘 자란다. 주민들은 대광해수욕장 주변에 튤립을 심어 가꾸기 시작했다. 이것이 소문이 나면서 육지 사람들이 해마다 봄이 되면 튤립을 보기 위해 배를 타고 임자도를 찾는다. 내한성 구근초인 튤립은 가을에 심으면 추운 겨울을 견뎌낸 후 4월 중순경 꽃을 피운다. 봄만 되면 임자도는 꽃과 나비들과 사람들이 파도처럼 넘실거린다. 대광해수욕장 입구에 조성된 3만 5천 평 규모의 튤립공원에는 매년 각양각색의 화려한 튤립 500만 송이가 피어난다.

튤립은 네덜란드를 상징하는 꽃이지만 원산지는 터키다. 16세기 후반 유럽 전역으로 퍼져 나갔는데, 우아하고 이색적인 모양이 관심을 불러일으켜 귀족이나 대상인들 사이에서 크게 인기를 끌었다. 이후 귀족의 상징이 된 튤립은 신분 상승의 욕구를 가진 사람들 사이에서 유행하며 가격이 천정부지로 치솟았다. 황소 천 마리를 팔아서 살 수 있는 튤립 구근이 겨우 40개 정도였다는 이야기도 있고, 17세기 튤립 열풍이 최고조에 이르렀을 때 흑튤립 구근 하나로 암스테르담 운하에 인접한 5층짜리 주택을 구입할 수 있었다는 이야기도 전해진다. 튤립만 손에 넣으면 벼락부자가 될 수 있다는 생각을 가진 사람들이 늘어나면서 투기의 대상이 되기도 했다. 지금은 상상조차 되지 않는 이야기이지만 어쨌든 튤립은 그만 한 가치가 있는 꽃으로 여겨졌다. 꽃꽂이 솟은 가느다란 줄기 끝에 빨강, 노랑, 보라 등 총천연색 달걀 모

인절미 가루보다 더 고운 모래언덕. 임자도는 섬 전체가 사막 지형이다.

대광해수욕장 앞에 피어난 튤립.
해마다 봄이 되면 임자도에는 바다와 튤립이 만들어낸 아름다운 교향곡이 울려 퍼진다.

양의 꽃이 고고하게 달려 있는 걸 보면 과연 귀족적인 꽃이구나 하는 생각이 절로 든다.

튤립은 꽃의 생김새가 이슬람교도 남자가 머리에 감는 두건인 터번을 닮았다 해서 터번의 프랑스어인 튤리판(tulipan)으로 부르기 시작한 데서부터 기원하였다. 색깔에 따라 의미가 조금씩 다른데, 빨간색은 '사랑의 고백'을, 노란색은 '헛된 사랑'을, 보라색은 '영원한 사랑'을, 그리고 하얀색은 '실연'을 뜻한다. 튤립을 더욱 돋보이게 해주는 것은 풍차다. 튤립공원은 물론 임자도 곳곳에서는 네덜란드에서 옮겨온 것 같은 풍차들이 눈에 띈다. 바람의 힘을 이용해서 동력을 얻는 풍차는 탑 위에 달린 여러 장의 날개가 바람이 부는 방향에 직각으로 회전한다. 먼 옛날 터키 등에서 제작되어 낮은 곳에 있는 물을 퍼 올리는 데 사용되었다. 11세기경 유럽에 전해져 국토가 해면보다 낮아 배수가 필요한 네덜란드에서 발달하였다. 형형색색으로 단장한 수백만 송이 튤립의 바닷속을 거닐며 앙증맞은 풍차 옆에서 찰칵, 카메라 셔터를 누르면 배낭을 메고 네덜란드를 여행하는 듯한 황홀한 착각에 빠지게 된다.

대광해수욕장과 튤립공원 사이에 있는 모래언덕에는 힘차게 내달리는 말 형상이 여러 개 세워져 있다. 말과 해수욕장과 튤립이 대체 무슨 연관이 있기에 이곳에 말 모양의 동상을 만들어둔 것일까 의아할 수밖에 없다. 하지만 섬의 역사를 들여다보면 곧 의문이 풀린다. 말 동상 근처에는 돌로 만든 안내판에 '임자 대광해변의 승마 역사'라는 글이 적혀 있다.

임자도 현 부근 일대를 주민들은 종달평(終達坪)이라 하였다. 이 종달평에 조선 태종 임금 때인 1415년경 목장이 설립되어 감목관과 20여 명의 목자들이 근무하였다. 임자도의 목장에 증도와 고이도의 목장이 소속되어 있었다. 목장의 크기는 길이가 20리며, 넓이는 5리나 되었다. 말은 175필과 말 먹이 풀은 3780뭇(束)이 봉해져 있었고, 이후 임자도 목장은 조선 정조 임금에 의해 1796년까지 운영되다가 그 후 폐지되고 목장 부지는 농토로 개간되었다.

조선 조정은 전국에 걸쳐 목장을 설치하기에 적합한 곳을 조사했다. 좋은 말은 나라의 부강을 측정하는 척도로 여겨졌기 때문이다. 그 결과 남도 지역이 겨울철에 춥지 않고, 말이 제때 풀을 얻을 수 있는 곳으로 호평을 받았다. 그 가운데 물과 풀이 풍부한 섬과 해안지대가 말 방목의 최적지로 선정되었다. 그렇게 해서 600년 전부터 임자도에 말이 방목되었던 것이다. 그러다가 말의 이송 문제와 주민들의 생계 문제 등이 겹쳐 18세기 말엽 폐지되기에 이르렀다. 하지만 일제강점기에 들어서면서 1920년부터 일본인들이 임자도에서 다시 말을 기르기 시작했다. 지금도 도찬리에 가면 마방촌(馬放村)이라는 이름의 부락이 남아 있다.

임자도와 말의 인연은 이토록이나 깊다. 그런 까닭에 지난 2007년 대광해수욕장 모래해변을 국제해변승마장으로 개장하였고, 튤립공원 옆쪽에 있는 5천여 평의 땅에 4개의 건물을 갖춘 임자해변 승마공원을 건립하였다. 해변에서 이국적인 경치를 즐기며 말을 타고 마음껏

해변에서 말을 타는 아가씨들. 튤립축제 기간 중에 흔히 볼 수 있는 모습이다.

달려보고자 하는 승마 동호인들이 이곳을 즐겨 찾는다. 아울러 임자
도만의 특색을 살려 모래사장, 물가, 장애물 등으로 특별 설계된 2킬로
미터의 코스를 한 사람씩 말을 타고 달려 순위를 겨루는 국내 유일의
승마 크로스컨트리 경기와 유소년승마대회가 열리기도 한다.

태양의 섬에 사랑의 꽃 튤립이 피어나고, 해변을 거니는 말들이 새
로 돋아난 들풀 향기에 흠뻑 취할 때면 모래섬 임자도는 꽃섬으로 완
벽하게 다시 태어난다. 그래서일까. 전남 신안이 고향인 박섭례 시인은
자신의 시를 통해 "임자도엔 꽃 같은 사람만 가라"고 노래했다.

사람보다 꽃이 더 많고
꽃보다 튤립이 더 많은

작은 네덜란드
튤립의 나라

꽃들의 천국이다
지상의 천국이다

천국처럼 환해서 실명할 수도 있음
난시도 관람 불가 근시도 관람 불가

단! 꽃과 같은 사람만 관람 허용

임자도엔 꽃 같은 사람만 가라

제2장

마르지 않는
눈물

유배지에서의
한 세월

불과 얼마 전까지만 해도 섬은 육지에서 멀리 떨어진 외롭고 척박한 험지였다. 중앙 정치에서 밀려난 사람들이나 죄를 지은 사람들이 유배를 당해 고통스러운 세월을 이어가던 곳이기도 했다. 조선시대 형벌에는 태형, 장형, 도형, 유형과 함께 사형이 있었는데, 유배에 해당하는 유형은 사형을 간신히 면한 사람들이 받던 형벌로 죄가 무거울수록 임금과 멀리 떨어진 곳으로 보냈다고 한다. 신안 일대에 있는 많은 섬들은 대부분 이와 같은 유배지였다.

홍어로 유명한 흑산도는 조선 실학의 대가인 다산 정약용의 둘째 형 손암 정약전의 유배지로 잘 알려져 있다. 정조가 사망한 뒤 신유박해가 일어나자 천주교 신자였던 정약전은 정약용과 함께 전남 신지도로 유배되었다. 그러다가 조카사위인 황사영이 베이징에 머물던 구베아 주교에게 전달하려던 백서가 발각되면서 극형에 처해지자 한양으로 압송되어 국문을 받은 뒤 또 한 번 흑산도로 유배되었다. 같이 압송되던 동생 정약용은 전남 강진으로 유배됨으로써 피붙이 이상으로 서로를 아끼던 두 형제는 죽는 날까지 다시는 만날 수 없게 되었다.

정약전은 흑산도 사리에서 서당을 열어 아이들을 가르치면서 물고기와 해초의 생태와 습성을 연구하여 우리나라 최초의 해양생물학 저서인 《자산어보(玆山魚譜)》를 남겼다.

제주도 하면 떠오르는 인물인 추사 김정희 역시 서귀포에서 쓸쓸한 귀양살이를 했다. 경주 김씨 집안에서 태어나 북학의 대가인 박제가 문하에서 학문을 익힌 후 성균관 대사성과 형조참판을 지내며 탄탄대로를 걷던 그는 1840년 안동 김씨 세력과의 정쟁에서 밀려 유배를 가게 된다. 유배지에 도착한 지 얼마 되지 않아 친한 벗이었던 김유근의 사망 소식을 듣게 되었고, 사모하던 아내와도 영영 재회하지 못하는 아픔을 겪게 된다. 서귀포시 대정읍 안성리 일대에는 그가 9년 동안 머물며 생활하던 초가가 복원되어 있다. 담장을 두르고 있는 가시 달린 탱자나무를 보면 알 수 있듯이 그는 집 밖으로 나가지 못하는 '위리안치'형을 받았지만 제주 유생들에게 학문과 서예를 가르치며 많은 서화를 남겼다. 특히 독보적인 추사체를 완성하였으며, 제자 이상적에게 답신으로 〈세한도(歲寒圖)〉를 그려 전하기도 하였다.

임자도도 마찬가지였다. 요즘은 어느 고장 부럽지 않은 풍요로운 섬이 되었지만 옛날에는 다른 곳과 다를 바 없는 눈물의 섬이었다. 임자도에서 귀양을 살며 인고의 세월을 보냈던 대표적 인물은 19세기 조선 화단을 빛낸 우봉 조희룡(又峰 趙熙龍, 1789~1866)이다. 한양 중인의 가정에서 태어난 그의 집안은 본디 뼈대 있는 문반 가문이었다. 그는 조선 개국 공신인 조준의 15대손으로 고조부 때까지만 해도 정3품의 높은 관직을 유지하고 있었다. 그런데 증조부 대에 이르러 정5품으로

2
장
—
마르지
않는
눈물

내려가더니 조부 대에는 보잘 것 없는 무반 벼슬을 지냈을 뿐이다. 그의 부친은 여항인이었다. 여항인(閭巷人)이란 여염의 사람들이란 뜻으로, 벼슬을 하지 않은 계층을 가리킨다. 대개 한양에 사는 사람들로 양반보다는 낮고 일반 백성들보다는 높은 지위에 있었다. 내로라하는 집안이 조락하면서 중인에까지 이르게 된 것이다.

당시 조선 화단은 사대부 문인화가들과 함께 여항화가들의 활동이 두드러졌다. 그들은 자신들만의 동인활동을 통해 독특한 신분적 공감대를 형성하고 있었다. 기존의 관습이나 틀에 얽매이지 않는 이들은 새로운 화풍을 수용하고 변화를 모색하는 데에도 적극적이었다. 조희룡은 문단과 화단에서 두드러진 활동을 전개하면서 여항화가들에게 많은 영향을 끼쳤다. 그의 친구들과 후배들은 '벽오사(碧梧社)'라는 모임을 만들어 매화로 달인 차를 마시며 밤새워 시서화에 대한 토론을 즐겼다고 한다. 여항화가들의 대표 격이 된 조희룡은 늘 변화와 개혁의 중심에 서 있었다. 그를 '묵장(墨場)의 영수(領袖)'라고 부르는 까닭도 여기에 있다.

그에게 닥쳤던 가장 큰 시련은 63세 때인 1851년 9월 임자도로 유배를 떠나게 된 것이다. 이는 스승인 추사 김정희와의 관계 때문에 벌어진 일이었다. 헌종의 신주를 종묘에 옮기는 왕실의 전례문제로 인해 김정희와 권돈인이 귀양을 가게 되었는데, 뜻하지 않게 조희룡이 김정희를 따르는 심복으로 지목되어 덩달아 유배형에 처해진 것이다. 정치적 비중이 낮았던 중인이 유배까지 가는 것은 흔치 않은 일이었다. 게다가 같이 유배를 떠난 김정희는 1년 만에 풀려났지만 조희룡은 1853년 3월까지 햇수로 3년이나 귀양살이를 해야만 했다. 3년에 걸친 유배 기간 동안 그는 울분과 고독을 달래며 힘없는 자신의 처지를 절감하였다.

그러나 유배지에서 보낸 세월은 헛된 게 아니었다. 울적한 마음을 그림으로 승화시켰던 것이다. 그의 대표작 〈홍매대련(紅梅對聯)〉이나 〈홍백매팔곡병(紅白梅八曲屛)〉은 모두 이 시기에 그려진 작품이다. 화면 아래쪽에서 용틀임하듯 치켜 올라온 큰 나무가 형세를 잡고, 분홍색 꽃잎이 활짝 핀 곁가지가 중앙 큰 가지와 교차하면서 흥을 돋우는 〈홍매대련〉은 그의 매화 그림 중 최고로 꼽히며, 여덟 폭 병풍 전체에 붉은 매화와 흰 매화 딱 두 그루만을 그린 대작으로 장구한 세월을 견뎌온 고목의 기품이 오롯이 느껴지는 〈홍백매팔곡병〉은 그의 화풍이 고스란히 녹아든 걸작이다. 뿐만 아니라 그의 예술론을 기술한 《화구암난묵(畫鷗盦讕墨)》과 시를 모은 《우해악암고(又海岳庵稿)》, 그리고 친구들에게 보낸 편지글인 《수경재해외적독(壽鏡齋海外赤牘)》 역시 모두 임자도에서 쓰인 저술들이다.

임자도 남쪽에 위치한 이흑암리 반석교회 뒤편 언덕바지에는 조희룡이 유배 생활을 하던 집이 유적지로 재현되어 있다. 마을 입구에는 튤립 모양의 돌 위에 그의 초상과 작품이 새겨진 기념비가 건립되어 있다. 이곳을 방문했던 사람들이 '조희룡의 흔적을 찾는 사람들'이라는 모임을 만들어 2005년 3월 기념비를 세웠다고 한다. 멀고 먼 남도의 외딴 섬으로 들어온 그는 자신의 신세를 한탄하며 머물던 집을 '게 딱지집(蟹舍)' 또는 '달팽이집(蝸盧)'이라 불렀다. 그러다가 마음을 추스

〈홍매대련(紅梅對聯)〉, 19세기,
족자, 종이에 담채, 각 127.5 ×
30.2cm, 삼성미술관 리움.

〈매화서옥(梅花書屋)〉,
18세기, 족자, 종이에 담채,
106.1 × 45.6cm, 간송미술관.

르고 찬찬히 둘러본 임자도는 넉넉하고 아름답기 그지없는 섬이었다. 그는 자신의 집 이름을 '만 마리 갈매기 소리가 들리는 집'이라는 뜻의 '만구음관(萬鷗吟館)'으로 바꾸었다. 이후 그의 화폭에는 임자도의 자연풍광이 자리를 잡기 시작했다.

당호가 붙은 그의 옛집은 정면 세 칸의 초가삼간이다. 가장 신분이 낮은 사람들이 살던 최소 규모의 집으로 왼편에는 광이 딸렸고, 앞에는 툇마루와 섬돌이 놓였다. 돌담과 정원에 우물과 정자까지 갖춘 적거지에는 나무와 꽃들이 잘 가꿔져 있다. 마당에는 〈괴석도〉, 〈매화도〉 등 그의 작품들이 돌에 새겨져 전시되고 있다. 정자에 올라 마을을 내려다보면 논밭과 들녘이 한눈에 들어온다. 다산 선생이 초당 위쪽에 있는 천일각에 올라 구강포 앞바다를 바라보며 흑산도로 귀양 간 형님 정약전을 그리면서 눈물지었던 것처럼, 우봉 선생도 이곳에서 먼 바다를 응시하며 두고 온 세 아들과 세 딸 생각에 눈시울을 붉혔을 것이다.

대광해수욕장 앞쪽에는 최근 완공된 우봉 조희룡 기념관이 들어서 있다. 빼어난 풍광을 배경으로 조선 문인화의 진수를 감상할 수 있는 또 하나의 명소가 들어선 것이다. 간송미술관에 소장된 〈홍매도〉와 국립중앙박물관에 소장된 〈홍백매화도〉 등 대표적인 작품과 다수 저작물의 복제품이 전시되어 있으며, 그의 삶과 예술세계가 다채롭게 소개되고 있다. 화단에서는 '남의 수레 뒤를 따르지 않는다'는 그의 '불긍거후(不肯車後)' 정신이 젊은 학자들과 예술가들에게 새롭게 각인되는 계기가 되리라 기대하고 있다. 추사와 우봉은 학문을 하는 태도나 예술을 하는 방식이 달랐다. 선비의 이상을 내세우며 선명한 이념을 제시한 추사와 달리 우봉은 자유분방하고 창조적인 자기세계를 추구했다. 잘못도 없이 유배를 당하고, 스승에게 미움도 받았지만 그는 매화에 미치고, 그림에 미쳤던 진정한 조선의 화가였다.

옛날이 그리운
하우리 어부들

    임자도에서 제일 높은 산은 320미터의 대둔산이다. 바로 이 산 아래 골짜기에 위치하여 일찍 어두워진다고 해서 붙여진 마을 이름이 이흑암리(二黑岩里)다. 세월이 흐르면서 대둔산 아래 양지바른 여섯 군데에 마을이 형성되었다 하여 육암(六岩)이라 부르기도 한다. 이흑암리에서 대둔산 방향으로 가다 보면 탁 트인 한적한 해변이 등장하는데, 여기가 어머리해변이라는 곳이다. 물이 빠지면 용이 나와서 승천했다는 용난굴까지 걸어갈 수가 있다.

    먼 옛날 중국에서 청자를 싣고 황해를 건너온 보물선이 임자도 앞바다에서 풍랑을 만나 침몰하였다. 중국인 선원들은 가라앉는 배에서 탈출하여 어머리해변까지 헤엄쳐 왔다. 이후 그들은 틈만 나면 바닷가에 있는 바위에 걸터앉아 바다를 바라보며 고향에 두고 온 가족과 연인을 그리워하였다. 그런데 그 바위 속에는 천 년 묵은 이무기가 살고 있었다. 이무기는 누군가 자신이 갇혀 있는 바위에 눈물을 흘려야만 비로소 용이 되어 승천할 수 있는 운명을 갖고 있었다. 어느 날 선장이 바위에 올라 고향을 그리며 많은 눈물을 흘렸다. 그의 눈물이 떨어

해안 침식 현상으로 만들어진 기묘한 형태의 용난굴.
깎아지른 절벽의 움푹 파인 부분으로 용이 승천했다는 전설이 전해온다.

지자 바위가 큰 소리를 내며 갈라지더니 그 속에서 용이 뛰쳐나와 하늘 높이 승천했다고 한다. 사람들은 그 굴을 용난굴이라 하고, 용난굴 옆에 있던 바위를 망향석이라 불렀다. 그 뒤 용난굴과 망향석에 소원을 빌면 꼭 이루어진다는 설화가 전해 내려온다는 것이다.

용난굴 설화가 새겨진 비석 왼쪽 방향 해변 끝에 있는 용난굴은 정말 용이 몸을 비틀며 바위를 뚫고 나온 것처럼 묘하게 생겼다. 입구는 웅장하지만 들어갈수록 점점 좁아진다. 높이가 7~8미터쯤 되고, 길이가 150미터가량 되는 비좁고 축축한 굴을 따라 들어가면 끄트머리쯤에서 눈부신 바다를 볼 수 있다. 하지만 바닥에 물이 고여 있고, 사방에서 물이 떨어지는 데다, 불을 켜야만 내부를 볼 수 있을 정도로 어두워 선뜻 발을 들여놓기가 어렵다.

어머리해변에서 대둔산을 넘어 하우리로 이어지는 산길은 비포장도로다. 사륜구동 방식의 지프차가 아니면 넘어가기에는 부담스러운 길이다. 중턱 부근에 재원도 방면으로 떨어지는 해를 감상할 수 있는 정자가 만들어져 있다. 대둔산에는 조선 후기에 만들어진 대둔산성(大屯山城)의 흔적이 남아 있다. 숙종 37년인 1711년에 설치된 임자진(荏子鎭)과 관련된 산성으로 추정된다. 대둔산에서 필길리를 지나 불갑산으로 이어지는 산길을 조심스레 넘으면 하우리에 다다르게 된다. 하지만 하우리를 이토록 어려운 길로 갈 필요는 없다. 대광해수욕장 부근에서 하우리로 이어지는 포장도로가 잘 만들어져 있기 때문이다.

소가 누워 있는 모습이라 해서 하우리(下牛里)라 불렸다는 이 마을은 전장포와 더불어 임자도 안에서 아직도 어업을 하고 있는 곳이다.

입구에 '민어, 병어, 꽃게, 새우의 본고장 하우리'라고 쓰인 돌 노표가 보인다. 바다 건너 재원도가 손에 닿을 듯 바라보이는 한가로운 이 마을이 바로 임자도를 민어의 섬으로 불리게 한 민어의 주산지다. 해방 이전에는 500미터 거리에 있는 섬타리와 함께 전국 제일의 민어파시로 화려한 명성을 날렸던 곳이다.

"말해 뭣혀. 서울에 있는 명동도 저리 가라였다니께."

"아따, 그때는 참말로 북적북적했지라. 대단했제, 대단혀."

"왜정 때 일본 놈들이 목포나 임자도는 몰라도 민어 타리는 알았당께. 타리섬에 수백 명이 살믄서 민어를 잡아다 일본으로 수출을 했제. 무역선이 드나들었어. 시방은 타리섬에 사람이 살지도 않고… 민어도 그때 맹키로 잡히도 안 혀… 다 지나간 옛날 일이제…."

타리파시에 대해 묻자 어구를 손보던 어부들은 저마다 얼굴이 상기되며 한마디씩 거들었다. 허공으로 흩어지는 말들의 여운 속에서 진한 그리움이 묻어났다. 하우리 부둣가에서 맞은편 방향으로 보이는 가장 큰 섬이 재원도고, 그 오른쪽으로 나란히 보이는 작은 섬들이 대태이도와 육타리도다. 주민들은 이 섬을 각각 섬타리와 뭍타리라고 불렀다. 민어의 계절인 여름이 되면 이 섬들과 하우리 백사장이 민어잡이 배들로 가득 찼고, 어부들에게서 민어를 사 가기 위해 상인들과 중개인들이 모여들었으며, 이들을 상대로 밥과 술을 비롯해 각종 잡화와 생필품 등을 파는 가게들이 넘쳐났다. 일제강점기 당시 타리파시의 규모가 어느 정도였는지는 1928년 8월 17일과 18일자 동아일보 기사를 보면 대략 짐작할 수가 있다.

타리어장은 뭍타리가 활과 같이 휘어져서 우굿한 앞에 섬타리가 놓여 있어 서해안에서 몰려오는 바람을 막는다. 그 주위는 그다지 크지 못하나 어선 500척 가량은 댈 만하다. 내가 당도했을 때에도 고기를 사러 온 기선 6척과 발동선 30여 척, 목선 40여 척이 대고 있었다. 고기를 사러 온 배에는 두 가지 종류가 있으니 모선(母船)과 종선(從船)이다. 모선은 수심 관계로 타리항에 들어오지 못하고 항구 밖에 대어두고 종선들만 항내에 들어온다. 종선들이 들어와 고기를 사서 모선에 갖다 주면 모선에서는 얼음에 채워 오사카(大阪)와 도쿄(東京) 등지로 가져간다고 한다. 타리어장이 개시된 지는 지금으로부터 300여 년 전이고, 현재의 획어 방법은 개량식이라 하며, 일본 어부들의 왕래는 30여 년 전부터라고 한다. 어업자의 7할은 조선 사람이요 3할은 일본 사람인데, 매년 일본 어업자의 수는 줄어들고 조선 어업자의 수는 늘어간다고 한다. 원인을 찾아보면 재래 조선 사람들은 해산물에 대한 관념이 박약하다가 근년에 와서는 큰 이(利)가 그곳에 있는 것을 깨달음이요, 일본 사람의 수효가 줄어듦은 그 세력이 조선 사람들에게 밀리는 까닭이라 한다.

타리어장은 민어어장으로서 조선에서 제일 큰 곳이요 그 다음이 굴업어장(인천광역시 굴업도)이라 한다. 산물 중에는 민어 외에 가오리, 부서 등을 합하여 연산액 30만 원의 고기가 잡힌다고 한다. 파시 기일은 6월 상순부터 10월 하순까지 약 5개월 동안인 바 산어 지점은 타리항을 떠나 20~30해리 내외라 하며, 제일 많이 잡히는 달은 8월이라 한다. 고기 시세를 시시로 알기 위하여 흥양수산주식회사에서는 혜산환(惠山丸)이라는 큰 배 안에 무선전선을 설치해놓고 제주와 일본 각지, 인천, 목포 등지와 항상 연락을 취하고 있다고 한다.

파시가 서기 전에는 섬타리에 농가 한 채만이 있었을 뿐이나 파시만 서면 기둥을 듬성듬성 세우고, 거적과 이엉으로 두른 가사(假舍)가 수백 호씩 생기며, 어부 수천 명 외에도 놀러오는 사람이 매일 50~60명씩 왕래한다고 한다. 내가 당도했을 때는 가사 160호 중에 병원이 한 곳, 음식점 90호, 요리집 15곳, 잡화상 6곳, 이발간 3곳, 문옥(門屋) 등이 있었다. 그중 요리집에는 일본인, 조선인 합하여 130여 명의 창기(娼妓)가 있어 이곳저곳에서 "에라 놓아라 못 놓겠다" 장고 섞인 소리와 "조센도시나 도노아 노사가이"의 삼미선(三味線, 일본의 대표적 전통 현악기) 섞인 소리가 들린다. 그네들의 영업 성적을 들어보니 요리업하는 사람들은 창기 1명당 평균 800원씩 벌고, 그 외 음식점들도 한 파수 치르고 나면 500~600원씩은 번다고 한다. 맥주 한 병에 1원씩이니 그 정도를 짐작할 것이다.

동아일보에는 전국에 흩어져 있는 섬들을 두루 소개하는 '도서순례(島嶼巡禮)'라는 기사가 연재되고 있었는데, 임봉순 기자가 임자도와 그 일대 섬들에 대한 글을 쓴 것이었다. 그의 열정적 취재 덕분에 그시절 타리파시의 상황을 다소나마 이해할 수 있게 되었다. 이보다 조금 앞선 1925년 8월 11일자 동아일보에는 타리파시의 업종 현황이 소개되어 있다. 잡화상 14, 욕탕 1, 세탁 4, 이발 5, 음식점 61, 요리점 18, 선구상 6, 병원 2, 중개업 5 등 모두 116개의 업소가 운영되고 있었는데, 이 중 100개는 조선인에 의해 운영되는 곳이었고, 나머지 16개는 일본인이 운영하는 곳이었다. 선박은 166척이 조업을 하고 있었으며,

선원들은 전부 684명에 달했다. 하우리 일대의 크기를 생각하면 대단한 규모가 아닐 수 없다. 파시가 설 때면 타리섬 일대는 매일 술과 돈과 사람이 넘실대는 신천지로 변했던 것이다.

일제강점기 때의 타리파시 전경.
파시가 열리면 모래사장 가득 임시가옥들이 만들어졌다.

타리파시의
쓰라린 기억들

민어는 대체 어떤 물고기일까? 이름에 백성 민(民) 자가 들어가는 유일한 생선인 민어는 최고의 횟감 중 하나로 꼽힐 만큼 맛이 뛰어나고, 차례 상에 찜으로 올라가는 대표적인 요리이며, 삼복더위에 지친 사람들의 기력을 회복시켜 주는 최고의 보양식품으로 알려져 있다. 가히 남녀노소 누구나 좋아하는 백성들의 물고기라 할 만하다. 동해안에서는 잡히지 않고 서남해안에서만 잡히는 민어에 대해《자산어보》에서 정약전은 이렇게 설명하고 있다.

큰 것은 길이가 4, 5자이다. 몸은 약간 둥글며 빛깔은 황백색이고 등은 청흑색이다. 비늘이 크고 입이 크다. 맛은 담담하고 좋다. 날 것이나 익힌 것이나 모두 좋고 말린 것은 더욱 몸에 좋다. 부레로는 아교를 만든다. 흑산도 바다에는 희귀하나 간혹 수면에 떠오르고, 간혹 낚아서 잡는다. 나주(羅州)의 여러 섬과 이북에서는 5, 6월에 그물로 잡고 6, 7월에는 낚시로 잡는다. 그 알주머니는 길이가 수 자에 달한다. 젓갈이나 어포가 모두 맛이 있다. 어린 새끼를 속칭 암치어(巖峙魚)라고 한다. 또 1종이 있는데, 속

청 부세(富世. 민어과의 바닷물고기로 참조기와 유사하긴 생긴 어종)라 하며 길이가
2자 남짓할 정도에 불과하다.

임자도에 딸린 작은 섬 대태이도가 민어파시로 이토록 유명하게 된
것은 배 때문이었다. 당시 고기를 잡는 배는 돛을 달고 노를 저어 이
동하는 풍선(風船)이었기에 먼 바다에 나가 조업하는 것은 힘들고 위
험했다. 따라서 어장 가까운 곳에서 민어를 잡아 파시에서 거래를 마
친 후 물때에 맞춰 빨리 다시 나가 조업하기에는 대태이도가 적격이
었던 것이다. 그래서 좁고 불편하지만 대태이도가 타리섬으로 불리며
수백 년 동안 민어파시로 명맥을 이어온 것이다. 타리어장에서 나는
민어는 품질 면에서 동북아시아 최고로 평가받았다. 타리민어의 특징
은 말린 다음 방망이로 두드리면 부러지는 민어와는 달리 고기의 육
질이 솜처럼 부풀어 오른다는 데 있다. 이같이 솜처럼 부풀어 오른 민
어 포는 최고의 맥주 안주로 인정받았다.

"꾸럭 꾸럭 꾸럭…"

바닷속에서 민어가 우는 소리는 정말 특이하다. 어찌 들으면 황소개
구리 울음 같기도 하고, 짐짓 돼지 멱따는 소리 같기도 하다. 한여름
섬타리 앞바다에서 긴 대나무를 바닷물 속에 드리운 채 반대편 끝에
가만 귀를 대고 들어보면 민어들이 모여 우는 소리가 들린다.

"아따, 많이 울 때는 참말로 징허지라. 엄청나당께요. 그럴 때 그물
을 잽싸게 놓으믄 허벌나게 많이 잡을 수 있지라. 큰 놈은 1미터가 훨
씬 넘는당께요."

아직도 전통 방식으로 고기를 잡는 어부들은 이 민어 울음소리를 정확히 듣고 그물을 던진다. 그러면 다른 어부들이 반대편에서 도구를 이용해 파동을 일으켜 민어들을 그물 안으로 유인한다. 어부끼리 손발이 척척 맞아야 만선의 기쁨을 누릴 수 있다. 낚시꾼들만 아는 짜릿한 손맛이 있듯 그물을 당겨 올릴 때 어부들만이 느낄 수 있는 떨리는 쾌감이 있다.

임자도의 상징으로 오랜 역사를 이어온 타리파시는 휘황찬란했던 겉모습과 달리 눈물 없이는 들을 수 없는 가슴 아픈 사연들과 탄식과 공분을 불러일으키기에 충분한 애끓는 사건들을 간직하고 있다. 조선을 불법적으로 침탈한 일본은 자기들 마음대로 우리 민족을 능멸하고 우리 국토를 유린하였다. 타리섬에서 잡히는 민어 맛이 가장 뛰어나다는 걸 알고 있던 그들은 발달한 어업 기술과 우수한 선박을 앞세워 본격적으로 타리파시에 진출하였다. 식민지 조선의 한 외딴 섬에서 그들이 최고 품질의 민어를 제값 다 주고 사갔을 리가 만무한 일이다. 조선인 어부들과 주민들이 그들의 무자비한 민어 강탈에 강제로 동원되어 수많은 착취를 당해야만 했다. 또한 요리집과 음식점 등에서 장사하는 사람들과 술을 파는 기생들이 일본 상인들과 선원들에게 당했을 모욕과 수모는 일일이 열거하기도 어려울 것이다.

1896년 6월 22일에는 섬타리 앞바다에서 일본인들이 임자도 파감(派監, 지도군에서 임자도에 파견한 관리) 김복연을 살해한 사건이 발생하였다. 발단은 천삼용이라는 조선인과 일본인들의 싸움으로부터 비롯되었다. 주막에서 술을 마시던 일본인들이 타리파시로 고기를 사러 온 천삼용에게 시비를 걸어 싸움이 일어났다. 일본인들이 조선인을 집단 구타하는 장면을 목격한 김복연은 주변에 있던 조선인들을 규합하여 천삼용을 구해 냈다. 이후 김복연은 배를 타고 지도로 향했다. 그런데 앙심을 품은 일본인들이 배를 타고 뒤쫓아 가서 그를 잔인하게 살해한 후 도주한 것이다. 조선 정부의 관리를 일본 민간인들이 살해하고 달아난 황당한 사건이었음에도 우리 정부는 이렇다 할 조치를 취할 수조차 없는 힘없는 나라였다.

타리파시에는 미모에 창과 춤에 능하며 손님 접대까지 잘하는 기생들이 많았다. 일제강점기 초에 일본인 한 무리가 타리파시에 들러 조선 기생들을 불렀다. 그들은 장구를 치며 창을 하던 기생들에게 갑자기 훈도시(褌, 일본의 성인 남성이 입는 전통 속옷) 차림으로 잠자리에 들 것을 요구하였다. 이에 기생들은 그들의 어이없는 잠자리 요구를 단호히 거절하였다. 그러자 술에 취한 일본인 한 명이 격분하여 옆에 있던 칼을 들어 자신들의 요구를 거절한 기생 한 명을 단숨에 베어 버리고 말았다. 천인공노할 사건을 목도한 조선 기생들이 들고일어났다. 흥분한 뱃사람들도 이에 가세하였다. 타리파시에 있던 조선인들이 다 같이 그들을 거들었다. 바닷가에 난리가 일어난 것이다. 그러나 그뿐이었다. 식민지 백성들이 아무리 울분에 차 들고일어난들 지배자인 일본인들을 어떻게 해볼 수는 없는 노릇이었다. 가해자는 아무 일도 없었다는 듯 유유히 임자도를 떠났고, 졸지에 주검으로 변한 여인은 말이 없었으며, 남은 조선 사람들은 속절없이 신세 한탄만 해야 했다. 50여 명에 달하는 기생들은 모랫바닥에 퍼질러 앉아 울어댔다. 그날

해방 이전 전국 제일의 민어파시였던 타리파시에는 기생들이 몰려들었다.
돈과 사람과 술이 넘쳐났기 때문이다.

저녁 그녀들은 일본인들의 횡포에 항의하는 뜻으로 돌려가며 양잿물을 마셨다. 그녀들의 시신 역시 뱃사람들에 의해 수습되어 하우리 쪽 모래밭에 매장되었다고 한다. 지금은 무덤은 물론 그녀들의 이름조차 전해지지 않는다.

민어는 참치나 소처럼 부위 별로 빛깔도 다르고 맛도 다르다. 비늘, 지느러미, 쓸개만 빼고 뼈까지도 다 먹을 수 있어 버릴 게 없는 물고기다. 무려 17가지 맛을 낸다고 한다. 하지만 누군들 맛있는 살점을 먹고 싶지 내장이나 대가리만 먹고 싶은 사람이 있겠는가. 2015년 여름 KBS TV 〈한국인의 밥상〉 촬영팀은 '고기떼, 마을을 만들다—남도 해상파시' 편을 제작하기 위해 진행자인 탤런트 최불암 씨와 함께 임자도를 찾았다. 그때 하우리에서 타리파시를 소개하며 밥상에 올렸던 음식 중 하나가 민어창젓이었다. 민어 대가리와 창자를 소금에 절여 발효시킨 젓갈이 민어창젓이다. 하우리에서 태어나 어린 시절 타리파시에서 뛰놀며 자라 누구보다 타리파시에 대해 잘 알고 있는 박차규 씨는 그때 이런 증언을 했다.

"여기서 나는 민어라야만이 일본 사람들이 가져갔던 겁니다. 지금처럼 냉동 시설이 없었으니까 전부 건장을 해서 일본으로 가져갔죠. 그런데 그 작업을 하우리, 광산리, 필길리 인근 세 개 부락 어른들을 강제로 동원해서 시켰어요. 온종일 민어를 해체해서 말리는 작업이었죠. 그렇게 일을 시킨 다음 노임으로 자기들은 먹지 않고 버리는 내장하고 대가리를 모아 줬던 겁니다. 주민들은 돈 대신 품삯으로 그런 것밖에 받을 수가 없었던 것이죠. 가난한 섬사람들은 그거라도 먹으려고 젓갈을 담가 먹었던 거예요. 그게 바로 민어창젓입니다."

짭조름하고 '개미'가 있는 이 소담스러운 젓갈에 그런 애틋한 내력이 있을 줄이야. 제 땅과 제 바다에서 난 소산을 강탈당한 것도 모자라 하루 종일 노역에 시달린 대가로 생선 대가리와 내장 덩어리를 받아들고 집으로 향하던 아비들의 심정이 어떠했을까. 그걸 차마 버리지 못하고 젓갈을 담가 아이들 밥상을 차려야 했던 어미들의 마음이 어떠했을까. 민어창젓에는 식민지 조국에서 하루하루 목숨을 연명하던 소금보다 더 짠 섬사람들의 눈물이 담겨 있다.

임시가옥에서 밥을 짓는 여인. 흥청망청 들뜬 분위기였지만
타리파시는 민족의 애환이 서린 고달픈 삶의 현장이었다.

아득한 전설이 된
은빛 해변

    한편 1931년 봄 문준경 전도사가 임자도로 내려와 진리교회를 개척할 당시의 타리파시 상황이 어땠을까 궁금했다. 하지만 임자도 안에서 뭔가 알고 있을 것 같은 노인들을 여럿 만나봤으나 기대에 걸맞은 증언을 들을 수가 없었다. 그러던 차에 전장포에서 박차규 씨를 만났다. 하우리가 고향이지만 전장포에서 어장을 운영하다가 타지로 나가 공직 생활과 회사 생활을 하다 퇴임하고 다시 임자도로 들어와 전장포에 자리를 잡았다고 한다. 그래선지 이곳 출신임에도 사투리를 거의 쓰지 않았다. 그는 마을마다 조직된 노인회 연합체인 임자노인연합회 회장을 맡고 있었다.

    "타리파시에 대해 어찌 그리 소상히 알고 계신 건가요?"

    "제 아버지는 농사꾼이었지만 파시가 서면 어부들을 상대로 장사를 하셨어요. 배들이 바다로 나가 고기를 잡는 동안 배 안에서 쓸 수 있는 생필품 등을 대주고, 나갔던 배들이 고기를 잡아 돌아오면 어부들의 위탁을 받아 상인들에게 고기를 대신 팔아주는 일이었죠. 거기서 약간의 수수료를 받고 나갈 때 실어 준 생필품 값을 계산하는 그런 생활을 하셨던 겁니다. 그러다 보니 저는 어릴 때부터 자연스럽게 파시에 출입을 하게 된 거예요. 다른 주민들은 먹고사는 일에 정신이 없으니까 파시가 어떻게 돌아가는지 관심을 가질 수 없었겠죠."

"일제강점기 때 타리파시 풍경은 어땠습니까?"

"뭐랄까, 구라파 쪽의 집시 생활하고 파시가 거의 같은 성격이라고 보면 돼요. 집시들은 가축을 거느리고 계절에 따라 어디로 가면 풀이 많고 목축하기 좋은지를 살펴 찾아다니잖아요? 파시도 물고기를 따라 이동하는 거예요. 강화도 앞바다에서 겨울을 난 조기가 봄이 되면 전북 고창으로 내려와 산란을 하니까 거기 유도파시가 형성되었어요. 그게 끝나면 여름에 타리파시가 형성되는 것이죠. 이쪽에서 민어와 부서가 많이 잡히니까요. 어부들이 고기를 잡아오면 상인들과 소비자들이 모여들었어요. 주로 일본 사람들이었죠. 가난한 조선 사람들이 비싼 민어를 사 먹기는 힘들었어요. 해수욕장 쪽으로 약 400호까지 집이 지어졌었어요. 그 집들이 다 막집이에요. 집을 이렇게 지어야겠다고 생각하면 말뚝을 세워서 이엉으로 가장자리를 막고 안에 칸막이를 해서 임시로 쓸 집을 짓는 거죠. 4월에서 5월이 되면 와서 집을 짓고 약 4개월 동안 살다가 고기가 안 나오면 집을 전부 뜯어서 배에다 싣고 다음 파시를 향해 떠납니다. 그랬다가 이듬해 봄에 또 와서 다시 막집을 짓는 거예요."

"술집에서 어부들을 상대하던 기생을 직접 본 일이 있습니까?"

"아버지가 체구가 크셨고 힘이 아주 좋았습니다. 파시를 상대로 돈을 벌어 경제적으로 여유가 있는 데다 성격 좋고 대인관계도 원만했기

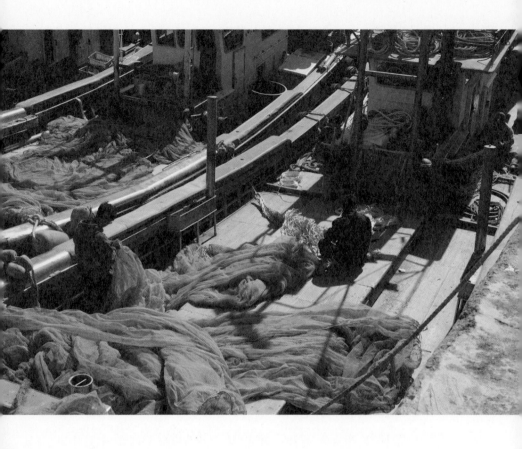

배 위에서 그물 손질에 여념이 없는 하우리 어부들.
타리파시의 옛 영화를 아는지 모르는지
갈매기 울음과 파도 소리만이 배 주변을 맴돌았다.

때문에 기생들에게 인기가 많으셨나 봐요. 기생들이 낮에 할 일이 없으면 아버지를 만나러 우리 집에 놀러 오곤 했어요. 어릴 때 제가 아주 예뻤었다고 해요. 그래서 기생들이 우리 집에서 밥도 해먹고 김치도 담가서 가져가고 하면서 나만 보면 사탕을 줬어요. 왜정 때 먹던 아주 단 사탕이 있어요. 어떤 기생은 나를 자기 집으로 데리고 가서 하루 종일 거기 두고 사탕을 먹였어요. 어머니는 기생 년들이 네 이빨을 다 망쳐놨다며 타박을 하셨죠. 그래서 제 이가 안 좋아요. 지금 전부 틀니거든요."

한 시대를 풍미했던 타리파시는 해방과 더불어 일본 어선들과 상인들이 본국으로 떠남으로써 급격히 쇠퇴했으며, 6·25전쟁을 거치면서 서서히 역사의 뒤안길로 사라지고 말았다. 전후 어업이 재편되는 과정에서 설립된 임자어업조합은 1960년대 초 어업조합이 구조 조정될 때 목포어업조합으로 통폐합되었다.

한때 수백 명이 살았다는 섬타리는 1991년부터 무인도가 되었다. 이제는 갈매기 울음과 파도 소리만 적막을 가를 뿐 그 시절을 기억하는 사람도 드물다. 섬타리가 바라보이는 하우리 부둣가에 정박한 어선 몇 척만이 겨우 명맥을 유지하고 있을 뿐이다. 배 위에 삼삼오오 모여 앉은 어부들은 그물을 손질하느라 바빴다. 어디선가 "잘 있거라. 나는 간다~" 하모니카 소리가 들려왔다. 그리스 신화에 나오는 망각의 강인 레테의 강이 떠올랐다. 전설로 남은 섬타리와 하우리 사이의 바다는 바로 그 레테의 바다가 아닐까 하는 생각이 들었다.

한날한시에 세상을 떠난
일가족 12인의 묘소

진리선착장에서 대광해수욕장을 향해 직진하다가 장포방앗간을 지나면 오른쪽으로 개울 옆 넓은 대파 밭 한가운데 소나무 10여 그루가 덩그러니 심겨진 야트막한 동산 같은 땅이 보인다. 6·25전쟁 당시 많은 사람들이 처참하게 살육당한 곳이고, 이판일 장로 가족 열두 명을 포함한 임자진리교회 교인들이 생매장을 당했던 현장이다. 10년 전 임자도를 처음 방문했을 때 이곳은 아무런 표식도 없이 황량하게 방치되어 있었다. 그때 내게 직접 길을 안내했던 임자진리교회 김성수 장로는 몹시 민망한 듯 작은 목소리로 이렇게 말했었다.

"신앙을 지키다 순교허신 조상과 선배들의 숭고한 피가 묻힌 요런 현장을 잘 보존허고 가꿔야 허는디, 아따 시골 섬마을 작은 교회가 무신 예산이 있어 그런 일을 하겠어라? … 그저 안타까울 뿐이지라. 맨날 이 길을 지나믄서 쳐다보면 죄스럽기도 하고 그라요."

최근 이곳에 작은 변화가 일어나고 있다. 2015년 12월 14일 기독교대한성결교회 총회본부 역사편찬위원회가 이 현장을 매입하기로 하고 땅 주인과 계약을 체결한 것이다. 매입한 대지는 대기리 산 277-5

임야로 약 259평 규모다. 역사편찬위원회는 장차 이곳을 순교를 기억하는 터로 조성할 계획이다. 2016년 말에는 전남 장흥에서 목회하던 이판일 장로의 손자 이성균 목사가 임자진리교회로 부임하였다. 묘하게도 그즈음 이곳이 신안군 향토기념물 제5호로 지정되면서 길가에 이정표도 세워지고, 순교 터 앞에 안내표지판도 설치되었다.

"지가 다섯 살 때 6·25가 났는디 여그서 유골이 겁나게 많이 나왔지라. 어릴 적에는 무서워서 이 근처에 올 수가 없었당께요. 당시 임자도 인구가 1만 2천 명이 넘었는디, 십분의 일 이상이 죽었어라. 징허제 징혀… 지가 35년 전에 이 땅을 매입해 농사를 지었어요. 그란디 지금까지 터를 팔지 않고 냉겨 둔 것은 임자진리교회 장로님들이 나중에 거따가 기념비를 세울 것이니 남겨 두라고 하도 성화를 해서 남겨 둔 것이오. 다 한 고향 사람들잉께."

해방둥이인 박완식 씨는 땅을 팔기로 한 계약서에 도장을 찍은 다음 숙원을 푼 듯 후련한 표정을 지으며 말했다. 그는 역사편찬위원회 관계자들에게 향후 진입로 공사 등을 위해 2차, 3차로 토지 매매를 원한다면 언제든 좋은 조건에 땅을 내놓겠다고 약속했다.

면사무소 옆 진리 사거리에서 왼쪽 방향으로 육암리 이정표를 따라가다 보면 이흑암리 못 미쳐 오르막길이 나온다. 오른쪽 산자락에 포클레인으로 파놓은 듯 움푹 파인 공터 같은 게 보인다. 그 맞은편 도로 아래에 이판일 장로의 가족묘가 있다. 역시 아무런 표식도 없다. 누군가 알려 주지 않으면 대파 밭 가운데 자리한 순교 터보다 더 찾기 어렵다. 당연히 들르는 사람도 없다. 증도 개펄 앞 도로변에 조성된 문

진리 앞바다와 황금빛 들녘이 내려다보이는 산자락에 조성된 이판일 장로의 가족묘지.
육암리와 이흑암리 사이, 길 아래쪽에 표식도 없이 만들어진 묘지라
여간해선 찾기가 어렵다.

준경 전도사 묘소에 연간 수만 명 이상의 참배객들이 다녀가는 것과
비교하면 초라하다는 말조차 할 수 없을 만큼 딱한 지경이다.

길도 나 있지 않고 계단도 없으니 묘를 둘러보려면 조심해서 내려
가야 한다. 명절 때 벌초라도 되어 있으면 조금 낫지만 한여름 잡초
가 우거져 있으면 여간 불편한 게 아니다. 맨 위쪽에 있는 묘가 이판
일 장로의 부모 합장묘다. 비석 정면에 '전주이공화국 의령남씨경엽지
묘'라고 쓰인 글귀가 보인다. 아버지 함자가 이화국, 어머니 함자가 남

경엽이라는 말이다. 측면에는 '공 1907년 5월 16일 졸 배 1950년 10월 5일 순교'라고 씌어 있다. 6·25전쟁 때 순교한 이판일 장로의 어머니 남경엽 여사를 1907년에 돌아가신 아버지 묘에 합장한 것이다. 비석 뒷면에는 '자 판일 판지 판성 손 인재 인홍 인택 형진 동진 평재 홍재 길재 성재' 자손들의 이름이 나란히 새겨져 있다. 아들과 손자 모두 남자들의 이름만 들어가 있다.

그 아래 이판일 장로와 임소애 집사의 묘가 있다. 측면에는 '이인재 목사가 진리교회 재직 당시 교회 성도들의 노력으로 입비 공사하였음 주후 1991년 4월'이라는 글씨와 함께 아들 인재 인홍 인택 외에 딸 이름이 '장녀 옥심 2녀 이엽 3녀 정엽 4녀 소엽'이라고 적혀 있다. 이판일 장로와 임소애 집사 사이에 3남 4녀의 자녀들이 있었던 것이다. 계속해서 손자 손녀들의 이름도 새겨져 있다. '손자 성현 성관 성균 손녀 성순 성심 성진 증손 요한 요엘' 일곱 남매에게서 태어난 자손들 이름을 다 거명할 수 없기에 장남인 이인재 목사의 자손들 이름만 기록한 듯하다. 비석 뒷면에는 이판일 장로의 약력이 전면에 빼곡히 적혀 있다.

이판일 장로 부부 묘 옆에는 동생인 이판성 집사와 고성녀 집사의 묘가 자리하고 있다. 비석 측면에 적힌 자녀들의 이름은 '자 평재 홍재 길재 성재 딸 완순' 전부 다섯 명이다.

맨 아래에는 작은 묘와 비석 셋이 나란히 조성되어 있다. 왼쪽에 있는 비석에는 '주교사 이인홍 주교사 이인택지묘'라는 비문이 보인다. 가운데 비석에는 '주교사 이소엽 주교사 이평재지묘'라는 비문이, 오른쪽에 있는 비석에는 '주교사 이홍재 주교생 이길재 주교생 이성재지

묘'라는 비문이 선명한 글씨로 새겨져 있다. 측면은 '1950년 10월 5일 순교 1990년 9월 입비'로, 뒷면은 '기독교대한성결교회 순교자기념사업위원회 건립'으로 내용이 동일하다.

어머니 남경엽 여사와 두 아들 이판일 장로와 이판성 집사, 두 며느리 임소애 집사와 고성녀 집사, 그리고 이판일 장로와 임소애 집사의 자녀인 주일학교 교사였던 이인홍, 이인택, 이소엽, 이판성 집사와 고성녀 집사의 자녀인 주일학교 교사였던 이평재, 이홍재와 주일학교 학생이었던 이길재, 이성재가 모두 이곳에 잠들어 있다. 태어난 시간은 다 달랐지만 이들은 1950년 10월 5일 새벽 1시경 한날한시에 같은 장소에서 같은 이유로 죽임을 당해 같은 모습으로 같은 묘지에 묻혔다. 이날 사망한 이판일 장로의 가족들은 전부 열세 명이었다.

그런데 묘비에 새겨진 이름은 열두 명이다. 이판성 집사와 고성녀 집사의 딸 이완순의 이름이 보이지 않았다. 한꺼번에 끌려가 죽임을 당한 열두 명과 달리 당시 아홉 살이었던 이완순은 10월 4일 다른 집에 가서 자느라 일가족이 끌려갈 때 현장에 없었다. 이튿날인 10월 5일 아침 잠자리에서 일어나 집으로 간 이완순은 아무리 불러도 집에서 도통 사람이 나오지 않자 이상했다. 아버지도 어머니도 오빠들도 동생들도 보이지 않았다. 어린 소녀는 겁이 덜컥 났을 것이다. 털썩 주저앉아 소리 내어 울었다. 울다 지친 이완순은 동네를 돌아다니며 가족들을 찾았다. 죽음의 기운이 짙게 드리운 음침한 마을에서 그녀를 보호해 줄 손길은 그 어디에도 없었다. 어린 소녀의 존재는 새벽녘 일가족을 몰살시킨 좌익분자의 눈에 띄었다. 이완순은 이미 이성을 상실하고 광기로 충만해진 좌익분자의 손에 무참히 살해되어 가족들이 학살당한 모래밭에 던져졌다. 아니면 좀더 떨어진 다른 장소에 던져졌는지도 모른다.

후일 목포에 나가 있던 이판일 장로의 장남 이인재가 임자도로 들어와 순교 현장에서 가족들의 시신을 수습할 때 끝내 이완순의 시신은 찾지 못했던 것 같다. 같은 장소였지만 사망한 시간이 달라 수많은 시신이 뒤엉켜 버린 탓에 도저히 찾을 수가 없었던 것인지, 아니면 주검으로 내던져진 장소가 달라 어디가 어딘지 분간할 수 없어 찾지 못한 것인지는 알 길이 없다. 죽창에 찔리고 몽둥이에 맞아 엉망이 된 시신들이 모래밭에 산더미처럼 쌓여 있다면 그 속에서 자그마한 단서라도 찾아 가족들의 시신을 수습하는 일은 여간 힘든 게 아니었을 것이다. 그나마 이인재의 끈질긴 노력 덕분에 가족묘가 이렇게 정돈될 수 있었다.

이판일 장로 가족묘 맨 왼쪽에는 비석이 세워져 있지 않은 묘가 하나 있다. 2009년 2월 20일 88세를 일기로 평생 사모하던 아버지 이판일 장로와 어머니 임소애 집사 그리고 세 동생들이 있는 곳으로 떠난 이인재 목사와 약 6개월 먼저 앞서간 아내 조점례가 함께 누워 있는 자리다. 단란했던 가족 열세 명을 졸지풍파로 잃고 그중 열두 명의 묘를 정성껏 꾸며 비석까지 세운 뒤 자신은 아내와 함께 맨 가장자리에 조용히 묻힌 그의 심경은 어떤 것이었을까? 오늘도 그는 침묵 속에 임자도 너른 들녘과 진리 앞바다 푸른 물결을 주시하고 있다.

민족진영 인사 992명을
추모하기 위해 세워진 탑

 지방 작은 마을들을 다니다 보면 흔히 볼 수 있는 게 폐가와 폐교다. 도시로 떠난 사람들이 버려둔 집과 더 이상 학생들이 없어 문을 닫은 학교가 언제 사람들이 드나들었나 싶게 황폐한 모습으로 남아 있는 것이다. 그래서인지 시골을 지나다 학교에서 아이들이 재잘거리는 소리가 들려오면 여간 반갑지가 않다. 임자도는 큰 섬이면서 젊은 섬이다. 웬만한 섬에는 초등학교 하나도 남아 있기 어려운데, 임자도에는 초등학교 두 곳과 중학교, 고등학교 각각 한 곳이 있기 때문이다. 가장 먼저 세워진 건 1924년에 문을 연 임자초등학교, 맨 나중에 설립된 건 1986년에 개교한 임자고등학교다. 임자남초등학교는 장동마을에 떨어져 있고, 임자초등학교와 임자중학교, 임자고등학교는 진리와 대기리 사이 교동마을에 한데 모여 있다.

 임자초등학교 정문에서 왼편으로 난 길을 따라 가다 산 쪽으로 우회전해서 들어가면 임자중앙교회가 나타난다. 언덕배기에 있는 아담한 예배당이 인상적이다. 교회 오른쪽에 널찍한 주차장이 마련되어 있고, 비탈을 따라 나무로 잘 짜인 계단이 놓여 있다. 국가보훈처에서 지

태양을 삼킨 섬

110
—
111

정한 현충시설로 '호국영령 추모의 탑'이 세워진 곳이라는 커다란 안내문이 눈에 띈다.

이곳은 6·25동란으로 반공에 앞장서 억울하게 산화하신 구백구십이위 영령들의 뜻을 기리기 위하여 1952년 당시 본 면의회의 결의에 따라 위령비를 건립하고, 매년 중양절에 행제봉사 해온 바 이제 이의 교훈을 영구히 전승 보존키 위하여 온 면민과 더불어 재외향우, 신안군의 지원과 정성을 모아 위령비를 이설하여 양지바른 이곳에 추모탑을 세워 매년 현충일 추념행사를 거행하고 있습니다. 이곳을 찾아주신 분들께서는 경건한 마음으로 순국선열과 호국영령을 추모하여 주시고 호국보훈의 마음과 선진 군민의식으로 주변 청결에 협조하여 주시기 바랍니다.

중양절(重陽節)은 중국에서 유래한 명절로 음력 9월 9일을 가리킨다. 날짜와 달의 숫자가 같은 날을 중일(重日) 명절이라 하는데, 3월 3일, 5월 5일, 7월 7일, 9월 9일 같이 홀수가 겹치는 날에만 해당하므로 이날들이 모두 중양(重陽)이지만, 특별히 9월 9일을 가리켜 중양이라고 한다. 음력 삼월 삼짇날 강남에서 날아온 제비가 이때 다시 돌아간다고 전해진다. 가을 하늘 높이 떠나가는 철새를 바라보며 한 해의 수확을 마무리하는 결실의 계절이기도 하다. 한창 국화가 만발할 때이므로 중양절이 되면 국화주와 국화전을 만들어 먹는다.

잔디 가운데로 난 길을 따라 올라가면 왼쪽에 사각형 검은 대리석 탑이 하늘을 받치고 서 있다. 1987년 11월에 건립된 탑신 하단 중앙

임자중앙교회 옆에 세워진 '호국영령 추모의 탑'. 왼쪽이 1987년에 건립된 탑이고,
가운데가 1959년에 세워진 비석이며, 오른쪽이 1952년에 맨 처음 세워진 비석이다.
6·25전쟁 당시 희생된 민족진영 인사 992명을 추모하는 공간이다.

에는 면민들의 염원이 간절한 새겨져 있다.

여기는 자유와 평화를 사랑하는 992위 반공 호국영령의 얼이 서린 곳.
6·25동족상잔이 앗아간 님들의 고귀한 희생은 화평의 교훈으로 메아리
쳐 해와 달도 영겁을 함께 하리니 이제 우리들 온 면민은 못 다한 님들의
뜻을 기리며 머리 숙여 조국통일의 염원을 다짐한다.

탑 오른쪽에는 비석 두 개가 나란히 자리하고 있다. 오석에 음각
으로 '慰靈碑'라고 적혀 있는 회색 갓이 씌워진 가운데 비석은 단기
4292년, 즉 1959년 9월에 세워진 비석이다. 위령비 오른쪽으로 갓도
없이 초라하게 서 있는 작은 비석 하나가 더 있다. 규모로는 맨 왼쪽
탑이 가장 크지만, 세워진 시기로는 맨 오른쪽 볼품없는 비석이 가장
오래된 것 같았다.

이 석비는 단기 4283년 6·25동란 당시 거룩한 생애를 마치신 민족진영
인사 992주의 영령을 영원히 추도하기 위하여 세워진 것이다.

임자면장 이름으로 건립된 이 비석 정면에 쓰인 글귀다. 단기 4283
년은 서기 1950년이다. 1950년 6월 25일 전쟁이 시작된 이래 파죽지
세로 밀리던 국군이 후퇴를 거듭하는 사이 남한은 낙동강 방어선을
제외한 전 지역이 공산군의 손아귀에 넘어갔다. 다행히 맥아더 장군
이 지휘하는 유엔군이 인천상륙작전에 성공하여 9월 28일 서울을 회

복하고 계속해서 북진함으로써 남쪽에 머물던 공산군은 서둘러 후퇴하기에 이른다. 이때 임자도를 포함한 신안 지역의 섬마을들도 약 3개월가량 공산치하에 놓이게 된 것이다. 이들이 남도 일대를 장악했다가 다시 후퇴하기까지 공산군과 이들에 동조한 좌익세력들에 의해 수많은 사상자가 발생하면서 평화롭던 남도 땅은 아비규환이 되고 말았다. 이즈음 희생된 임자도 주민들이 무려 992명에 달한다는 말이다. 국군에 의해 마을이 점차 회복되면서 희생된 시신을 어렵사리 수습한 다음 1952년 임자면 의회의 결의에 따라 가장 먼저 세워진 추모비석이 맨 오른쪽 비석이었다. 하지만 희생자 규모에 비해 비석이 너무 왜소했기에 몇 년 후인 1959년 좀 더 격식을 갖춘 위령비를 다시세우게 된 것이다. 그러다가 비석이 세워진 장소가 외지고 비좁아 중양절 등에 추념행사를 진행하기가 여의치 않자 보다 넓은 곳으로 옮겨 국가 지정 현충시설로 정비하면서 1987년 11월 맨 왼쪽에 있는 웅장한 추모탑을 건립하게 되었다.

지난 2005년 5월 31일 '진실·화해를 위한 과거사정리 기본법'이 공포됨에 따라 그해 12월 1일 '진실·화해를 위한 과거사정리위원회'가출범하였다. 위원회 설립 목적은 항일독립운동, 일제강점기 이후 국력을 신장시킨 해외동포사, 광복 이후 반민주적 또는 반인권적 인권유린과 폭력 학살 의문사 사건 등을 조사하여 은폐된 진실을 밝힘으로써 과거와의 화해를 통해 국민통합에 기여하기 위한 것이었다. 이 위원회에서 2010년 12월 31일 활동이 종료되기까지 6·25전쟁 당시 집단 학살된 사건들을 여러 건 조사한 바 있다. 2009년 11월 17일 조

사 결과를 발표한 '신안지역 적대세력에 의한 희생사건'의 결정요지는
다음과 같다.

1. 신안지역에서 발생한 적대세력에 의한 희생사건은 1950년 8월부터
1950년 10월까지 전라남도 신안군 지도읍, 비금면, 압해면, 임자면, 자
은면 등 5개 읍면에서 발생했다.

2. 희생사건의 가해주체는 분주소원과 지방좌익이며, 희생자들은 주로
바다에 수장되거나 구덩이에 매장되었다. 희생사건은 인민군 점령기 및
퇴각기에 발생했는데, 희생사건 9건 중 7건이 인민군 퇴각기인 1950년 9
월 말부터 1950년 10월 사이에 발생하였다.

3. 희생자들은 대한청년단 등 우익활동을 하였거나, 이장 등을 역임한 사
람도 있었고, 경찰이나, 형무소 간수 등 공무원의 가족들도 있었으며, 빈
부 갈등이나 지역사회 내부의 문제가 원인이 되어 희생된 경우도 있었다.

조사 과정에서 1952년 위령비가 세워지기 전 '임자면 호국영현제위
명단'이 작성되었던 것으로 밝혀졌다. 이 명부는 임자면에서 인민군
이 퇴각한 후 군경 수복기인 1952년 가을에 처음 작성된 다음 몇 차
례 수정 끝에 완성된 명부로, 총 992명의 좌익에 의한 희생자 명단이
수록되어 있었다. 명부는 임자면 지서 경찰과 임자면사무소 직원들
이 임자면 각 마을을 일일이 찾아다니면서 방문 조사하여 작성된 것
으로 군경에 의한 희생자는 전부 제외되었다. 위원회의 조사 과정 중
에 수집한 명부는 사본이었는데, 당시 면서기가 직접 모필(毛筆, 짐승의

털로 만든 붓)로 작성한 원본은 좌우익 희생자들의 화합을 위해 임자면에 세워진 '호국영령 추모의 탑' 안에 넣었으며, 사본은 모두 파기하기 위해 노력했다고 한다.

전쟁 무렵 임자도에는 1만 명이 넘는 주민들이 살고 있었다고는 하지만 어떻게 그 짧은 기간 동안 1천여 명에 달하는 사람들이 학살당할 수 있었는지 이해하기가 힘들었다. 게다가 민족진영 인사, 즉 우익계열만 1천여 명이니 군경이 임자도를 수복할 때 희생된 좌익계열에 채 밝혀지지 않은 죽음까지 헤아리면 대략 2천여 명에 달하는 사람들이 사망했다는 추론이 가능하다. 피비린내 나는 광풍이 휩쓸고 지나간 지 어언 70여 년이 흘렀지만 아직도 임자도 주민들은 그때의 공포와 슬픔으로부터 자유롭지 못하다. 태양 때문이었을까, 희생자 명단이 들어 있다는 추모의 탑을 올려다보는 눈가에서 뭔가 뜨거운 것이 흘러내리는 듯했다.

임자진리교회
48인 순교기념탑

　임자도에서 가장 큰 마을은 대기리지만 중심이 되는 마을은 진리다. 면사무소, 파출소, 소방서, 보건지소, 우체국 등 주요 기관들이 대부분 진리에 밀집해 있기 때문이다. 이 진리를 한눈에 내려다볼 수 있는 자리에 임자진리교회가 자리하고 있다. 붉은 벽돌로만 지어진 단층 건물이 섬 교회라는 게 믿기지 않을 정도로 고졸한 풍모를 간직하고 있는 예배당이다. 선착장 쪽 바다 위로 태양이 떠오를 때, 저녁 어스름 짙은 노을이 그 파장을 넓혀 갈 때, 하늘이 너무 높아 진한 쪽빛 물방울이 뚝뚝 떨어져 내릴 것만 같을 때, 장마가 쏟아지는 어두운 오후 갑자기 번쩍하고 천둥이 칠 때, 임자진리교회 예배당은 더욱 붉은 빛으로 자신을 발산한다. 말없이 견뎌온 지난 세월의 상처들이 문득 떠올라 소스라치게 놀라기라도 한 듯.

　여기 한국 남단 서해 고도 임자면 진리, 평화롭던 이 마을에도 북한 정권의 6·25남침으로 혹독한 박해의 파도는 여지없이 밀어닥쳤다. 섬마을 복음화를 위하여 세워진 진리교회의 충성된 성도들은 공산정권의 유혹

2장 — 마르지 않는 눈물

과 핍박 속에서도 주님의 신실한 약속, 곧 내세의 소망을 확신하고 더욱 믿음을 굳게 지켰다. 석 달에 걸친 공산치하에서 이판일 장로와 그 가족 12명을 비롯하여 교우 48명이 붙잡혀 칼과 창에 찔려 쓰러지고, 더러는 손발이 묶여 바닷물에 던지우고 총에 맞고, 혹은 갯벌 백사장 구덩이에 생매장되었다. 교단은 이 장한 성결 가족의 순교신앙을 추모하여 이를 기리기 위하여 이 탑을 세워 만대에 전한다.

교회 입구 왼쪽 마당에 세워진 순교기념탑 정면 하단에 쓰인 봉헌문이다. 탑신 전면에는 '四十八人殉教紀念塔'이라는 한자의 글귀가 또렷하다. 1990년 9월 기독교대한성결교회 순교자기념사탑위원회에서 건립한 이 탑은 임자도와 임자진리교회의 뼈아픈 역사를 상기시켜주는 표징이다. 높이 9미터에 모퉁이 직경 2미터인 탑 상단 중앙에는 예수 그리스도의 구원을 상징하는 십자가가 놓여 있고, 사면 귀퉁이에는 남녀노소의 순교를 의미하는 네 개의 작은 십자가들이 하늘을 향하고 있다. 탑 아래 기단 양 측면에는 검은색 대리석 위에 흰색 글자로 각각 24인씩의 순교자 명단이 적혀 있다. 세로로 쓰인 이름들은 그 자체로 처연하다.

•진리교회 순교자 명단 1

1. 이판일 남 2. 이판성 남 3. 남경엽 여 4. 임소애 여 5. 고성녀 여 6. 이인홍 남 7. 이소엽 여 8. 이인택 남 9. 이평재 남 10. 이홍재 남 11. 이길재 남 12. 이성재 남 13. 이완순 여 14. 김소애 여 15. 박생금 여 16. 이

정심 여 17. 황필성 남 18. 황지서 남 19. 황지자 여 20. 김동춘 여 21.
이접순 여 22. 이선철 남 23. 고부덕 여 24. 김차동 여

• 진리교회 순교자 명단 2
25. 김득수 남 26. 김선자 여 27. 한명수 남 28. 한영자 여 29. 한희수
남 30. 김종선 남 31. 김종수 남 32. 김말수 여 33. 김군자 여 34. 김유
신 여 35. 김경용 여 36. 김경수 남 37. 정유용 남 38. 정우용 남 39. 주
판례 여 40. 박선자 여 41. 황순범 남 42. 황순복 여 43. 정금순 여 44.
정미순 여 45. 김춘자 여 46. 이인근 남 47. 박연옥 여 48. 박화순 여

48인의 명단 중 남자는 21인, 여자는 27인이다. 1번부터 13번까지
는 이판일 장로의 가족들이고, 14번부터 48번까지는 진리교회 교인
들로 알려져 있다. 이름과 성별만 적혀 있을 뿐 직분이나 나이 또는
사망 시기와 상황 등에 대한 기록이 전혀 없어 이들이 언제, 어디서,
어떻게 죽임을 당한 것인지 정확히 가늠할 수가 없다. 탑을 만들 당
시 진리교회에서 목회하고 있던 이인재 목사가 꼭대기에 네 개의 작
은 십자가를 세운 것은 각기 남녀노소를 상징하기 위한 것이라 했으
므로 명단 중에는 어린아이도 있었을 것으로 추정된다. 비슷한 성씨
와 이름이 나란히 적힌 경우가 여럿 눈에 띄는데, 아마도 같은 항렬의
가족이 아닐까 싶다.
　광풍은 거칠었고 시련은 치명적이었다. 외부의 침략에 맞서 주민들
이 똘똘 뭉쳐 싸우다 희생되었거나, 불가항력적인 재해로 저항 한 번

임자진리교회 앞에 세워진 48인 순교기념탑.
이판일 장로의 아들인 이인재 목사가 직접 쌓아올린 탑이다.
쪽빛 하늘과 은빛 십자가의 어울림이 명징하다.

못해보고 화를 당한 것이라면 세월이 약이 되어 동병상련의 아픔을 싸매줄 수도 있었을 텐데, 내부에서 폭발한 광기에 의해 좌우익 분쟁 속에 벌어진 극단적 상황이었기에 상처는 더 깊었고 오래갈 수밖에 없었다. 임자도가 고향인 김영회는 그의 저서《섬으로 흐르는 역사》에서 당시의 분위기를 이렇게 설명했다.

전쟁이 끝났다. 사회는 겉으로 안정되어 갔다. 그러나 아수가 되어 보았던 경험은 마음속에 살아남아 그들을 괴롭혔다. 전쟁은 수많은 사람들의 생명과 아울러 문화와 질서, 가치와 규범을 파괴해 버렸다. 모두는 가해자임과 동시에 피해자였다. 개인과 개인이 서로를 미워하였고, 문중과 문중이 대결하였다. 사람들은 상처에 괴로워하며 아편에 영혼을 맡기거나 술에 취해 취생몽사의 세월을 보냈다. 섬 내의 한 세대가 일거에 사라져 버림에 따라 섬사람들의 행태는 다분히 이기적이고 배타적인 양상을 띠어 갔으며, 지역공동체 발전에 대한 의식도 희박해져 갔다. 연대가 사라지고 대신 그 자리에 증오와 분열만이 남게 되었다.

잊기 위해 눈을 감았고 덮기 위해 입을 닫았다. 그러는 사이 사람도 하나둘 떠나고 기억도 점점 희미해졌으며 자료는 제 흔적을 감추어 버렸다. 세상을 떠난 지 꼭 40년 만에 자신들이 신앙을 키우던 교회 마당에 세워진 탑 위에 처음으로 이름을 새긴 48인의 신자들은 오로지 침묵으로만 지난 세월을 증언하고 있을 뿐이다. 탑 왼쪽에는 회색 대리석으로 만든 작은 순교기념비 하나가 자리 잡고 있다. 1957년 8월

6일 전남지방회에서 건립한 비석으로 뒤에는 48인의 이름이 새겨져 있지만 희미해서 알아보기 어렵다. 긴 사연을 담아내기엔 너무 왜소한 크기였다. 콘크리트를 사각으로 뭉쳐 대충 쌓아올린 기단은 몹시도 허술했다.

"마흔여덟 명 가운데 이판일 장로님 가족 열세 명을 제외한 나머지 서른다섯 명에 대한 자료는 아무것도 남아 있는 게 없습니다. 있었는데 유실된 게 아니라 아마 처음부터 없었을 거예요. 그런 자료를 만들 수 있는 건 이인재 목사님이나 관공서 아니면 교단 총회였을 텐데… 당시만 해도 교단은 그런 데 관심을 둘 상황이 아니었고, 면이나 군에서도 괜히 들쑤셔서 시끄럽게 만들 필요가 없었겠죠. 진실화해위원회에서도 정식으로 신청한 몇몇 사건들만 조사했지 진리교회 마흔여덟 명 순교자들에 대해 일일이 조사를 한 게 아니거든요. 워낙 많은 희생자들이 나왔기 때문에 지역 사회에서는 서로 조심하면서 쉬쉬하는 분위기였어요. 이인재 목사님은 사랑과 용서로 모든 걸 덮으셨으니까 그에 관해 일체 말씀을 하지 않으셨고요. 후배나 제자들이 사석에서 가끔 질문을 해도 손사래를 치면서 전혀 응답이 없으셨으니 순교자들에 대해 구체적으로 정리한 자료를 만드셨을 리가 없지요. 저도 그런 자료가 있다는 말을 들어본 적이 없어요. 전쟁이 끝나고 명단에 있는 서른다섯 명의 가족들은 대부분 타지로 옮겨갔어요. 가족이 학살당한 섬에서 더 이상 살기가 싫었겠죠. 어디서 어떻게 살고 있는지 알 길이 없어요."

임자진리교회 전임 목회자였던 김석오 목사는 내게 답답하다는 듯 이렇게 말했다. 가슴을 짓누르고 있던 무거움을 떨치기 위해 순교기념탑 주변을 둘러봤다. 오래된 후박나무의 자태가 곱고 우아했다. 한국이 원산지인 상록활엽교목으로 꽃말이 '모정(母情)'인 나무다. 아무리 추워도 태양 같은 꽃망울을 터뜨리는 동백도 보였다. 꽃말이 '누구보다 그대를 사랑한다'라고 했다. 어머니의 사랑이 넘쳐나는 화단에 48인의 희생을 기리는 순교기념탑이 꽃술처럼 피어난 것이다. 그들은 어떤 사람들이었을까? 어떻게 살다가, 어떻게 신앙을 지키다가 죽어갔을까? 칼과 창에 찔리고, 손발이 묶여 바닷속에 던져지고, 총에 맞고, 갯벌 백사장 구덩이에 생매장되면서도 내세의 소망을 확신하고 믿음을 굳게 지켰다는 그들에 대해 알고 싶었다. 결코 쉽지 않은 일이었다. 하지만 누구를 통하든 그 중심에는 언제나 이판일이라는 인물이 있었다. 그리고 그 뒤에는 항상 역사 속에 현존하시는 하나님이 계셨다.

제3장

예수쟁이
이판일

유교적 가치관을
굳게 지키며 살아온 촌부

    임자진리교회 예배당 앞에 우뚝 솟은 종탑 아래에는 성경 말씀을 새긴 기하학적 문양의 돌 하나가 놓여 있다. 언뜻 보면 무슨 내용인지 알기 어렵다. 한참을 들여다봐야 그 모자이크가 요한복음 8장 32절 말씀을 자연스레 해체해 붙여 놓은 성경 구절임을 알 수 있다.

"진리를 알지니 진리가 너희를 자유롭게 하리라."

    사람들은 진리교회 하면 이 성경 구절에 등장하는 진리(眞理, truth)를 연상한다. 그래서 '아, 진리를 추구하는 교회라는 뜻에서 진리교회라고 이름 지은 것이구나' 생각하게 된다.

    그런데 그게 아니다. 숙종 37년인 1711년 임자도에 전라우수영 소속의 수군(水軍) 기지인 임자진(荏子鎭)이 설치되면서 진지가 있는 곳이라는 의미로 마을 이름을 진리라 칭하게 된 것이다. 그러니까 진리의 한자 표기는 '眞理'가 아니라 '鎭里'고, 교회 이름도 '眞理敎會'가 아니라 '鎭里敎會'다. 이처럼 한자를 염두에 두지 않으면 대부분 진리를 '진리(眞理)'로 생각하기 마련이다. 이에 교회에서는 이를 일일이 설명하기 보다는 오히려 암기하기 쉽도록 한글 독음을 따라 성경 구절을 새긴 돌 모자이크를 상징물처럼 만들어둔 것이다. 교회가 세워진 이래 교회 이름은 섬 이름과 마을 이름을 따라 임자교회와 진리교회로 한동안 혼용되어 불리다가 6·25전쟁 이후 이 두 이름을 합해 임자진리교회로 통일해서 부르게 되었다.

일제강점기인 1936년, 일장기를 가슴에 단 손기정 선수가 제11회 베를린올림픽 마라톤 경기에서 세계 신기록을 수립하며 우승하던 바로 그해 여름, 일본민족학의 아버지라 불리는 시부자와 케이조(澁澤敬三)와 경성제국대학의 아키바 다카시(秋葉隆) 교수가 중심이 된 민속조사팀이 우리나라 서해 도서를 답사하여 생활과 민속 등을 조사해 보고서를 출판하였다. 우리나라 서해 도서 마을의 풍속과 문화를 집중적으로 연구한 이 보고서가 《조선다도해여행각서(朝鮮多島海旅行覺書)》다. 노트, 사진, 도표뿐 아니라 영상까지 남아 있어 이 분야를 연구하는 데 중요한 자료로 꼽힌다. 보고서에는 임자도와 타리파시에 관한 상세한 내용들이 담겨 있다. 물론 진리마을에 대한 소개도 포함되어 있다.

남자는 어업, 우경(牛耕)을 하며, 여자는 우경 이외의 농사, 땔나무를 마련한다. 반농반어의 마을이라 할 수 있으나 어선을 거의 보지 못했다. 우리들이 찾아간 부락은 갯탕 층이 깊은 바닷가로부터 2, 3정보 떨어진 논밭 안에 있는 집들이 밀집한 마을이다. 이 섬에는 동부에 80호, 서부에 60호 정도라고 한다. … 임자도에 소속된 작은 섬 진도에 진리가 있다.

폭 200미터 길이 1200~1300미터 정도의 좁고 긴 해협이 있다. 썰물 때에는 양쪽에 넓은 펄이 나타나며, 중앙에 간신히 작은 배가 드나들 정도의 고랑이 된다. 썰물 때 양쪽 섬을 잇는 둑이 축조되어 있다. 높이 약 3미터나 되는 큰 돌을 쌓아올렸고, 꼭대기는 평평하고, 폭이 약 1미터 정도로 한 사람이 겨우 지나갈 수 있을 정도이다. 만조 때에는 물에 잠기기 때문에 도선(渡船)을 이용하는 것 같다.

예전에는 임자도가 여섯 개의 섬으로 이루어져 있다고 해서 육섬이라 불렸기에 진리가 있는 지역을 진도(鎭島)라 부른 듯하다. 진리를 가기 위해서는 좁고 긴 해협을 건너야 했다. 물이 빠지면 큰 돌을 쌓아올려 만든 노두 길을 걸어 다녔고, 물이 들어오면 나룻배를 타고 바다를 건너 다녔다. 섬 안에 또 섬이 있는 격이었으니 여간 불편하지 않았을 것이다. 남자는 바다에서 고기를 잡거나 소를 이용해 농사를 지었고, 여자는 아이를 낳아 기르고, 가사를 전담하면서도 논농사와 밭농사에 땔감까지 마련해야 했다. 옛날 여인들의 삶은 남자들보다 훨씬 더 고달팠고 힘겨웠다. 섬사람들의 '신앙'에 대해 언급한 부분은 매우 흥미롭다.

부락을 사이에 두고 언덕 위와 아래 부락의 입구 근처에 당산 나무(神木)가 있으며, 위쪽에 당(堂)이 있다. 현재는 부락민이 음력 대보름에 당 제사를 지낸다. 선택된 남녀 2명(夫婦)이 주축이 되어 제사를 지낸다. 그들은 출산 부정이 없고 마음이 청결한 사람이며 1개월 동안은 목욕재계를

진리를 가로지르던 노두.
지게를 지고 노두 위를 걷는 주민과
나룻배를 타고 섬을 건너는 주민들의 대비가 이채롭다.

한다. 제사는 위쪽 당에서 시작해서 아래쪽 팽나무 아래서 끝난다. …
사람이 죽은 후 6대가 넘으면, 6대 조상부터는 시제로 모신다. 9, 10, 정
월의 3개월 동안에 하루를 시제라 하여 제사를 지내는 경우가 많다. 묘
앞에 가족이 모여 음식을 마련하고 축문을 올린다. 이런 시제를 모시는
구가(舊家)는 2, 3집뿐이라 한다. 6대가 지날 때까지는 고인이 죽은 날 전
날을 제삿날이라 하여 집안에서 제사를 지낸다. 제사를 모시는 방은 가
장이 자는 좋은 방이며, 그 방안에 기게상주라고 하는 신이 임재하고 있
는 사각형의 종이봉투를 모시고 있다. 그 안에는 아무것도 들어 있지 않
지만 그것이 조상신을 모신 것으로서 이 봉투가 많아지면 형제가 분가할
때 나누어주어 제사를 모신다.

이판일이 살았던 시대 상황도 이와 별반 다르지 않았을 것이다. 구
한말과 일제강점기로 이어지는 시기는 국권을 상실한 나라 형편도 말
이 아니었지만 하루하루 살아가는 게 고행이었던 백성들의 삶 또한
비루하기 짝이 없었다. 이 같은 시절인 1897년 음력 1월 17일 이판일
은 임자도 진리에서 아버지 이화국과 어머니 남경엽 슬하의 다섯 남
매 중 장남으로 태어났다. 그의 부친에 대한 기록은 묘비에 쓰인 대로
전주이씨였다는 것 외에 달리 알려진 게 없다. 섬에서 농사를 지으며
근근이 식솔들을 건사하는 평범한 가장이었을 것이다. 무슨 까닭인
지 모르지만 그는 1907년 음력 5월 16일 이판일이 만 열 살 되던 해
에 세상을 떠났다. 의학이 발달하지 않았고, 지금보다 평균 수명이 훨
씬 낮았던 시절이긴 하지만 얼추 계산해도 20대 후반에서 30대 초반

이었을 것이니 위중한 병환 때문에 요절했으리라 추정된다.

이판일의 모친 역시 의령남씨였다는 것 외에 이렇다 하게 드러난 것은 없지만 1950년 10월 5일 일가족이 한날한시 죽음을 맞이할 때 절명했으므로 남편보다 43년이나 더 살았기에 자식들로부터 효도도 받고, 교회에 나가 신앙생활도 하는 등 삶의 흔적들을 훨씬 더 뚜렷하게 남겼다. 아버지 이화국과 어머니 남경엽 사이에는 다섯 남매가 있었지만 딸들의 이름은 전해지지 않는다. 아들 셋은 이판일, 이판지, 이판성이었다. 이판일은 가문을 이어갈 맏아들이었기에 아버지의 농사를 돕는 중에도 마을에 있는 서당에 나가 한문을 배웠다. 신학문을 하려면 대처로 나가야 했기에 섬마을에서 할 수 있는 건 한학이 전부였을 것이다.

만 열 살 되던 해에 아버지를 여의고 가장이 된 이판일은 일찍부터 철이 들어 책임감 강한 청년으로 성장하였다. 아버지를 대신해 어머니를 모시면서 넷이나 되는 동생들을 돌보려면 다른 데 한눈팔 겨를이 없었다. 그가 불과 열세 살이라는 나이에 두 살 위인 임소애를 아내로 맞아 가정을 이룬 것은 이와 같은 배경을 감안했을 때 충분히 수긍이 가는 일이다. 일찍 혼례를 치러 가정을 꾸려야만 안정된 생활을 유지하며 가장의 역할을 흔들림 없이 수행할 수 있었기 때문이다. 장녀인 이옥심이 1916년에 출생함으로써 이판일은 혼인한 지 6년 만인 만 19세에 비로소 아버지가 되었다. 이후 3남 4녀를 둔 다복한 가정을 이루었다.

그는 새벽에 일어나면 잠자리에 들 때까지 한시도 앉아서 놀거나 쉬는 것을 볼 수 없을 정도로 부지런했고 악착같았다. 게다가 틈나는 대로 어릴 때 서당에서 배웠던 한문 실력을 바탕으로 책 읽는 것을 즐겼다. 또래들과 달리 소년 가장으로 힘겨운 청춘을 보내긴 했지만 이판일은 특유의 성실함과 긍정적 성품으로 차츰 마을 사람들의 인정을 받으며 가장으로서는 물론 지역 유지로서의 입지도 튼튼히 다져 나갔다. 그는 청상이 된 어머니에게는 남편처럼 든든한 아들이었고, 아버지 없이 자란 동생들에게는 태산 같이 듬직한 형님이었다.

주량으로 당할 사람이 없던
말술의 호인

이흑암리 화산마을에 가면 선현을 추모하기 위해 만들어진 화산단 (華山壇)을 볼 수 있다. 구한말과 일제강점기에 섬지방의 유림 인사들은 외세 침탈 등의 국가적 위기를 해결할 수 있는 방안으로 위정척사 (衛正斥邪)를 주장하였다. 특히 임자도의 유림들은 화산 산록의 바위에 '위정척사'라는 명문을 새김으로써 자신들의 강력한 의지를 천명하였고, 1916년 임행재, 박종현, 이학재, 김두후 등이 앞장서 위정척사 사상가들을 추모하기 위해 이곳에 단을 만들었다. 처음에는 이항로, 기정진, 김평묵 세 사람을 배향했으나, 1961년에 임행재, 박종현, 이학재가 추가되면서 현재 여섯 명의 유림이 봉안되어 있다. 화산단은 임자도가 비록 외진 섬이지만 만만치 않은 유림 세력들이 터를 잡고 있던 고장임을 알 수 있게 해준다.

위정척사란 바른 것을 지키고 옳지 못한 것을 물리친다는 유교적 정치사상이다. 조선왕조는 성리학을 지도이념으로 받아들였지만 성리학이 점차 형식화되면서 본질을 상실하자 이에 대한 대안으로 실학이 대두하였다. 실학은 기본적으로 유교의 커다란 범주 안에 있었기 때

3 장 — 예수쟁이 이판일

화산마을에 있는 화산단.
일제강점기에 위정척사 사상가들을 추모하기 위해 만들어졌다.
작은 섬이었지만 임자도에 만만찮은 유림 세력들이 존재했음을 알 수 있다.

문에 큰 마찰이 일어나지는 않았다. 하지만 천주교가 전래되면서 기존의 유교 질서는 흔들리기 시작했다. 이런 상황 속에서 위정척사운동이 싹트기 시작하였다. 천주교를 전통사회를 위협하는 사학으로 규정하고 전통질서를 따르는 유교를 정학으로 더욱 강화할 필요성이 생겨난 것이다. 위정척사사상에는 사대주의적 한계성이 내재되어 있었지만 구한말의 국가적 위기 상황 속에서 생겨난 민족주의와 주체의식으로 인해 극복될 수 있었다. 위정척사사상을 민족주의사상으로 발전시킨 유학자는 이항로와 기정진이었다. 기정진의 제자인 정재규, 기우만 등과 이항로의 제자인 김평묵, 유중교, 최익현 등은 반침략, 반외세를 기치로 내걸고 위정척사운동을 치열하게 전개함으로써 항일민족운동의 지도이념으로 정착시켜 나갔다.

　조희룡은 화가였지만 학문도 상당한 경지에 이른 유학자였다. 그는 19세기 중엽 임자도에서 유배생활을 할 때 자신을 찾아온 홍재욱과 주준석 등을 제자로 받아들였으며, 삼두리에 사는 선비 최태문을 찾아가 바다와 같은 큰 학문을 기대한다는 의미로 '학해당(學海堂)'이라는 당호를 직접 써주기도 했다. 화산단을 만든 박종현은 임자도 주민들에게 항일의식을 고취시키면서 비록 나라 잃은 백성일망정 사리에 맞는 삶을 살 수 있도록 깨우쳤다. 그는 심오한 가르침과 바른 행동규범으로 주민들로부터 존경을 한 몸에 받는 인물이었다. 일제는 위정척사사상으로 무장한 유림들이 훈장으로 있는 서당을 무력화시키고, 식민지 조선의 젊은이들에게 내선일체와 황국신민의 길을 가르치기 위해 보통학교 설립을 추진하였다. 이를 위해 1922년 4월 20일 임자면

장을 맡고 있던 정용택 씨 등을 앞세워 학술강습소를 설치하였으며, 이것이 모태가 되어 1924년 임자보통학교가 설립되었다. 초대 교장은 일본인 무샤(武者)였다. 일제는 주민들의 절대적 신임을 받고 있던 박종현을 학교의 한문 선생으로 끌어들이기 위해 많은 공을 들였지만 그는 이를 단호히 거절하였다.

이판일은 소년 가장으로 힘겨운 삶을 살았으나 어린 시절 서당에서 배운 한학의 영향으로 유교적 가치관이 뿌리 깊게 박혀 있었다. 임자도 안에는 한학을 배울 수 있는 서당이 여러 개 있었는데, 아이들을 가르치던 훈장들은 임행재, 박종현, 이학재, 김두후 등이 이끄는 위정척사운동의 영향권 아래 있던 사람들이었을 것이다. 어쩌면 그는 화산단을 만든 임행재, 박종현, 이학재, 김두후 중 한 사람에게 학문을 직접 배웠을지도 모른다. 그랬기에 이판일의 가슴속에는 침략자인 일본제국주의를 향한 적대감과 저항심이 강하게 자리하고 있었다. 지금은 힘이 없어 나라를 송두리째 빼앗긴 채 억압과 수탈로 신음하고 있더라도 언젠가 때가 되면 그때까지 당해온 모욕과 수모를 한순간에 갚을 날이 오리라 고대하고 있었다.

이판일은 거구였다. 해방 전 우리나라 성인 남자들의 체구는 왜소했다. 평균 신장이 160센티미터가 채 되지 않았다. 키 크고 덩치 좋은 이판일은 어디 가나 눈에 띄는 존재였다. 그는 체구에 어울리는 말술이었다. 성실하고 근면했으나 술과 담배를 무척 좋아했다. 물불 가리지 않고 일한 덕분에 살림살이는 넉넉해졌고, 집안은 남들이 부러워할 정도로 화목했지만 식민지 백성으로서 어느 한곳 의지할 데 없었기에 울분을 술과 담배로 달랬던 것이다.

이판일이 특유의 뚝심과 체력으로 일본인 형사들의 코를 납작하게 만들어 준 재미있는 일화가 전해진다. 임자도 안에는 목포경찰서 고등계 소속 일본인 형사들이 상주하고 있었다. 그들은 평소 고분고분하지 않고, 일본에 대해 불손한 태도를 보이던 이판일을 곱지 않은 눈으로 보고 있었다. 한번 기회가 되면 제대로 본때를 보여주리라 속으로 벼르던 중이었다.

그러던 어느 날 주민 집회가 소집되었다. 형사들은 한 사람도 빠짐없이 참석할 것을 독려했다. 주민들은 그들의 명령에 따라 코흘리개에서부터 백발노인에 이르기까지 모두 참석하였다. 그런데 이판일이 보이지 않았다. 수소문해 보니 주막에서 혼자 술을 마시고 있었다. 긴급 소집령이 내려졌음에도 불구하고 코빼기도 내밀지 않은 채 술독에 빠져 있다니 도저히 용서할 수가 없었다. 제대로 걸린 것이었다. 형사들이 씩씩거리며 주막으로 들이닥쳤다.

"이봐, 이판일! 당신 도대체 정신이 없는 거야, 없는 거야?"

"웜메, 이게 무슨 일이당가? 형사 양반들이 여긴 우짠 일이시오?"

"당신 오늘 긴급 주민 집회 명령이 내려졌다는 걸 알고 있소, 모르고 있소?"

"아따, 당연히 알고 있지라. 그 중요한 걸 워째 모른당가요?"

"알면서도 여기서 술타령이오? 그렇다면 의도적으로 안 온 거라 이말이지? 이는 대일본제국에 정면으로 도전하는 반역죄라는 걸 모르오? 어디 그만 한 각오는 되어 있겠지?"

분위기가 험악하게 돌아가고 있었다. 누가 보더라도 덫에 걸린 토끼 신세였다. 그러나 이판일은 그리 호락호락한 사람이 아니었다. 누가 덫에 걸렸는지는 두고 봐야 알 일이었다.

"어허 참, 이거 큰 오해랑께요, 오해. 아, 지가 누구요? 어딜 봐서 그런 중요한 집회에 빠질 사람 같소? 다 이유가 있어 그런 것이랑께요. 아따 오늘 날도 겁나게 더운디 집회 마치면 형사 나리들 월매나 힘들고 피곤하겄소? 그래서 지가 형사 나리들 대접할라꼬 미리 여그 와서 술이며 음식들을 준비하고 있던 거랑께요. 지는 시방 맛 쪼까 보고 있는 중이어라."

이판일의 너스레에 형사들은 일순 멈칫했다. 눈치를 보던 주막의 노파까지 거들었다.

"아, 그라지라. 이 양반 야그가 다 맞당께요. 형사 나리들 대접한다 믄서 술과 안주를 제일로다가 좋은 놈으로 준비하라꼬 신신당부하셨당께라. 아따, 그라지말고 이리덜 앉으시오."

능청스런 두 사람의 연기에 화가 머리끝까지 났던 형사들의 얼굴이 점점 누그러졌다.

"그라내도 막 모시러 가려든 참인디 잘되았소. 출출하실 텐디 어서덜 이리로 앉으시오."

형사들은 못 이기는 척 쭈뼛거리며 술상 앞에 마주앉았다. 술이 몇 순배 돌면서 취기가 올라오자 언제 그랬냐는 듯 분위기가 풀어졌다. 이즈음 이판일이 뜬금없는 제안을 한다.

"웜메, 다들 술을 잘 자시는 갑소 잉? 그란디 그냥 마시믄 심심헝께

내기 하나 할라요? 형사 나리들 세 분허고 지허고 삼 대 일로다가 술 마시기 시합 한 번 하는 거 어떠요?"

취기에 객기까지 더해진 형사들은 대번 제안을 받아들였다. 질 리가 없는 시합이었다.

"좋소. 그럼 지는 쪽이 오늘 술값 계산하고, 쌀 다섯 가마를 더 내기로 합시다. 어떻소?"

이렇게 시작된 술 마시기 시합은 밤늦도록 이어졌다. 하지만 이판일과 주량을 겨루는 건 어리석기 짝이 없는 일이었다. 형사들은 하나둘 곯아떨어졌다. 이윽고 그들이 모두 쓰러지자 이판일은 비틀거리면서 일어나 남은 술을 형사들의 얼굴에 다 쏟아 부었다. 시체처럼 뻗어버린 형사들을 내려다보며 너털웃음을 터뜨린 그는 어둠 속으로 터벅터벅 사라져갔다.

한 많은 여인 문준경과
의에 주린 남자 이판일

   이판일이 예수를 믿고 암흑 같았던 세상 속에서 새로운 삶의 목적과 희망을 발견하게 된 것은 문준경과의 만남으로부터 비롯되었다. 문준경이 없었다면 이판일도 없었을 것이다. 문준경은 이판일의 멘토이자 신실한 동역자였다. 일제강점기와 6·25전쟁이라는 고난과 시련의 시기에 이 두 영적 지도자에 의해 남도의 작은 섬 증도와 임자도는 튼실한 복음의 씨앗이 뿌려져 아름다운 순교의 열매가 맺히는 고결한 신앙의 섬으로 다시 태어날 수 있었다.

   1891년 음력 2월 2일 전라남도 신안군 암태면 수곡리에서 문재경 씨의 셋째 딸로 태어난 문준경은 1908년 음력 3월 18일 꽃피는 어느 봄날 증도에 사는 정기운 씨의 셋째 아들 정근택에게 시집을 갔다. 곱디고운 만 열일곱 살 어린 나이에 혼례를 치렀지만 그녀의 결혼생활은 순탄치 않았다. 남편과의 사이에 아이가 없는 데다 친딸처럼 아껴주던 시아버지마저 세상을 떠난 뒤 그녀는 20여 년을 살던 증도를 떠나 친정 오빠가 살고 있는 목포로 이사를 했다. 그리고 북교동 근처에 단칸 셋방을 얻어 재봉틀로 삯바느질을 하며 생활을 꾸려 나갔다. 삶에 아무런 낙이 없을 것 같았던 바로 그 순간, 예수님은 그녀의 마음 문을 조용히 두드리고 있었다. 우연히 집에 들른 전도부인을 통해 예수를 믿게 된 것이다. 문준경이 전도부인을 따라 나간 초가교회는 장석초 전도사가 개척한 목포교회였다.

그녀는 친정아버지와 남편에게서 느껴 보지 못한 사랑을 보상받기라도 하듯 예수 그리스도에 대한 사랑으로 뜨거워졌다. 장석초 전도사와 김응조 목사에게 신앙 훈련을 받던 그녀는 세 번째로 부임한 이성봉 전도사를 만나면서 성령의 강렬한 부르심을 받기에 이른다. 전도자로 신안 일대 섬들을 다니며 복음을 전하던 문준경은 이성봉 전도사의 추천으로 1931년 봄 마침내 경성성서학원에 들어간다. 하지만 청강생 자격이었다. 당시 경성성서학원에는 남편 있는 여자가 정식으로 입학할 수 없었다. 유부녀는 가사와 육아 때문에 학업을 계속하기 어려웠기에 독신이나 남편과 사별한 여성들만 입학할 수 있었던 것이다. 우여곡절 끝에 이성봉 전도사의 도움으로 정식 학생이 된 그녀는 비로소 기숙사에서 생활할 수 있었다.

《기독교대한성결교회 총회록》에 나오는 1933년도 조선야소교 동양선교회 성결교회 제1회 총회 회의록에 보면 문준경은 1931년 3월 경성성서학원에 입학하여 1932년 12월에 처음 교역을 시작한 것으로 적혀 있다. 또한 4년 뒤인 1937년도 제1회 연회 의사록에는 1936년에 경성성서학원을 졸업한 것으로 기록되어 있다. 경성성서학원은 6년제 학교였다. 6년 동안이나 학교를 다녀야 했지만 1년 내내 공부를 한 게 아니라 6개월은 공부를 하고, 나머지 6개월은 단독으로 교회를 개척

목포 북교동교회에서 문준경 집사(뒷줄 왼쪽 네 번째 서 있는 이)와 이성봉 목사(앞줄 왼쪽 세 번째 앉은 이)가 함께 찍은 사진을 보면 그 무렵 두 사람의 영적 관계를 잘 알 수 있다.

충정로 아현교회 부지에 있는 옛날 경성성서학원 모습. 붉은 벽돌로 지은 5층 건물로 당시 장안의 화제가 되기도 했던 이곳에서 문준경 전도사는 향학열을 불태웠다.

하도록 했다. 복음을 전할 곳은 많고 지도자는 부족한 시절이었기에 신학 공부와 목회 실습을 병행하도록 한 것이다. 1932년 12월 그녀가 처음으로 교회를 개척한 곳은 임자도였다. 그곳에는 남편인 정근택과 둘째 부인 그리고 그 사이에서 태어난 자녀들이 살고 있었다. 보통 여자들 같았으면 쳐다보기도 싫은 섬이었을 것이다.

그러나 문준경은 자기 마음속에 가장 큰 상처로 남아 있던 것부터 먼저 치료를 하고자 했다. 남편과 둘째 부인을 예수 믿게 해서 변화시켜야만 죄인을 구원하러 오신 예수님, 원수를 사랑하라고 하신 예수님의 마음을 진정으로 이해할 수 있게 되리라 믿었던 것이다.

임자진리교회 개척 당시의 자료들은 모두 유실되어 남아 있는 게 없다. 가뜩이나 부족한 자료마저 1993년에 일어난 화재로 예배당이 전소되면서 한 줌의 재로 변해 버리고 말았다. 비록 근거 자료는 없지만 임자진리교회에서는 창립일을 1930년 5월 10일이라고 표시하고 있다. 하지만 이는 사실과 좀 다른 듯하다. 문준경이 경성성서학원에 입학한 것이 1931년 3월이므로 한 해 전에 교회를 개척했을 리가 없기 때문이다. 1933년도 제1회 총회 회의록에는 전남 무안군 임자면 진리에 교회를 처음 개척한 날짜가 1932년 12월 7일로 기록되어 있다. 이는 문준경이 전도부인으로서 첫 공식 사역을 시작한 것을 총회에 보고하여 정리한 것이다. 따라서 임자진리교회 창립일은 1932년 12월 7일로 보는 것이 타당할 것이다. 교회 창립 시점을 언제로 정하느냐 하는 건 기준에 따라 달라질 수 있다. 맨 처음 교인들이 모여 예배를 드린 시점을 기준으로 할 수도 있고, 정식으로 조직을 갖춘 뒤 예배를 드린 시점을 기준으로 할 수도 있으며, 세례나 성찬 등 예식이 행해진 시점을 기준으로 할 수도 있다.

또 한 가지 눈여겨볼 것은 교회 명칭이다. 진리에 처음으로 성결교회가 세워질 때 마을 이름을 따라 진리교회로 부르다가 6·25전쟁 이후 같은 이름을 가진 교회들과 구별해서 지역성을 강조하기 위해 임자진리교회로 바꿔 부르기 시작했다는 게 지금까지 알려진 내력이다. 그런데 《기독교대한성결교회 총회록》에 의하면 1933년도부터 1942년도까지의 모든 기록에 교회 명칭이 진리교회가 아닌 임자도교회 혹은 임자교회로 되어 있다. 뿐만 아니라 1937년에 문준경이 교단 잡지 〈활천(活泉)〉에 직접 쓴 글인 '임자도교회 부흥기(荏子島敎會 復興記)'에도 교회 명칭이 임자도교회 또는 임자교회로 혼용되고 있다. 따라서 기록에 있는 대로 예전에는 교회 명칭이 임자도교회나 임자교회였다가 해방과 6·25전쟁을 거치면서 임자진리교회로 변경되었을 수도 있고, 아니면 현지에서는 처음부터 진리교회라고 불렀지만 총회에 보고할 때나 교단 잡지에 글을 쓸 때는 지역성을 강조하기 위해 섬 이름을 그대로 적어 표기했을 수도 있다. 실제로 총회 회의록이나 연회 의사록을 살펴보면 그 무렵 대부분의 교회 명칭은 해당 지역이나 인근의 잘 알려진 유적 명칭 등이 사용되었음을 알 수 있다.

서울신학대학교 안에도 경성성서학원 시절 문준경에 관한 자료가 남아 있지 않다. 1943년 일제에 의한 교단 해산과 1945년 해방 그리고 1950년 6·25전쟁 등을 거치면서 학교와 학생들에 대한 주요 기록들이 소멸된 것이다. 자료가 없다 보니 정황을 따져 유추해 볼 수밖에

없다. 1931년 3월 경성성서학원에 청강생으로 들어간 문준경은 이듬
해인 1932년 9월경 정식 수양생이 된 것으로 보인다. 1931년에는 청강
생 신분인데다 여러 가지 해결해야 할 일들도 많고 형편도 여의치 않
아 본격적인 전도 활동이나 교회 개척 사역을 시작할 수 없었던 것 같
다. 그러다가 이듬해인 1932년 정식 수양생이 되어 기숙사 생활을 하
게 되면서 몸도 마음도 많은 안정을 찾게 되었다. 이후 그녀의 본격적
인 사역이 시작된 것이다.

1932년 12월 7일 교회를 설립했다고 총회에 보고되었지만 문준경이
임자도에서 전도와 기도 모임을 시작한 건 그 이전으로 추정된다. 진
리에는 정씨 문중 사람들이 많이 살고 있었다. 비록 남편과는 소원했
을지라도 시부모와 시숙으로부터 많은 사랑을 받았기에 문준경은 정
씨 문중 사람들과 좋은 관계를 유지하고 있었다. 그녀는 친척인 정태
성 씨에게서 초가 하나를 빌려 기도처로 사용하면서 친척인 김판님
씨 등과 함께 교회 개척을 준비했다.

어려움은 한둘이 아니었다. 오랜 유교적 관습이 깊게 뿌리박혀 있
었고, 위정척사운동으로 반침략, 반외세 기류가 강하게 형성된 가운
데 일제 또한 기독교를 결코 곱게 보지 않았다. 게다가 섬마을은 오랫
동안 바다와 자연을 숭배하는 무속과 미신으로 찌들어 있는 곳이었
다. 이런 곳에서 외래 종교인 기독교를 이해시키고 믿게 한다는 것은
사람의 힘이나 의지만으로 할 수 있는 일이 아니었다. 마을에 교회가
들어서는 것을 원치 않던 사람들의 핍박은 갈수록 심해졌다. 자기 아
내와 아이들을 기도처에 가지 못하게 막는 한편 조직적으로 예배 진

행을 어렵게 만들었다. 그들은 문준경을 향해 서양 귀신을 몰고 들어와 굿판을 벌이는 여자라고 손가락질하며 당장 때려치우고 섬을 떠나라는 협박도 서슴지 않았다. 전도부인 문준경은 이들을 일일이 맞상대하지 않고 조용히 기도하면서 묵묵히 자기 할 일만 할 뿐이었다.

담뱃대를 부러뜨려
아궁이 속에 내던지다

임자도에서 가장 먼저 세워진 교회는 어디일까? 전도부인 문준경이 1932년 봄 임자도에서 전도 활동과 기도 모임을 시작하기 전 이미 장로교회는 설립되어 있었다. 신안군에서 2000년에 발간한 〈신안군지〉에는 신안군의 개신교 선교활동이 이렇게 정리되어 있다.

신안군에서 시작된 개신교 선교활동은 1900년대부터 가시화된다. 장로교가 먼저 1900년대 말부터 목포에서 비교적 가까운 중남부 지역을 선교지로 삼아 활동을 했고, 1920년 중반에 들어온 성결교회가 중북부 지역을 선교지로 삼아 선교가 비롯되었다. 장로교의 경우 1908년 비금 덕산교회를 세웠고, 1915년 흑산 예리교회가 세워졌으며, 1920년대에 도초를 비롯 박도삼 장로에 의해 여러 도서에 신앙이 전파되었다. 그리고 성결교회는 1926년 압해 중앙성결교회가 세워지고, 1933년 암태 도창교회가 세워졌으며, 1940년대 말 1950년대 초 문준경 전도사의 전도와 순교의 영향으로 급속도로 전도가 이뤄지게 된다.

임자도에 최초로 세워진 개신교회인 임자제일교회.
장로교회는 1900년대부터 신안군에서 선교활동을 시작한 것으로 알려져 있다.

임자도에 최초로 세워진 교회는 장로교회인 임자제일교회로 알려져 있다. 장동마을에 자리한 임자제일교회 토박이 신자인 박석순 집사는 교회 역사에 대해 다음과 같이 증언했다.

"이 마을에서 태어나갖고 나가 이자 여든다섯인디… 어려서부터 여자 노인 한 분이 오셔서 쪼까난 오막살이에서부터 교회가 시작되았다고 어른들한테 들었지라. 좌우지간 100년은 훨씬 넘었을 거요. 그랑께 제일교회가 임자에서 제일 먼저 생긴 교회여라. 객지에서 온 여자 노인인디 누군지는 모른당께. 그래가지고 우리 마을에서 이대수라는 집사님이 나중에 한옥으로 교회를 지었어요. 그게 최초의 예배당이지라. 그분은 6·25 때 돌아가셨당께요."

임자도에는 현재 열두 개의 개신교회가 있다. 이 중 다섯 교회는 장로교회고, 일곱 교회는 성결교회다. 장로교회는 대부분 임자제일교회에서 분립된 교회들이고, 성결교회는 대체로 임자진리교회에서 분립된 교회들이다. 가톨릭교회는 진리에 있는 GS칼텍스 면민주유소 옆쪽에 광주대교구 망운교회 임자공소가 들어서 있다. 지도읍에서 가끔 사제들이 방문해 미사를 드릴 정도로 교세가 약하지만 일제강점기 때부터 신자들이 있었던 것으로 전해진다.

이와 같은 환경 속에 문준경 전도부인의 사역이 시작되었다. 부지런히 마을을 돌아다니며 전도를 하고 자신의 장기인 찬송으로 사람들을 불러 모아 복음을 전했다. 그녀는 자기 말에 귀를 기울여주는 몇

옛날 진리 선착장과 액운이 다가서지 못하게 마을을 지키고 서 있던 장승.

몇 부인들과 아이들에게 성경을 가르치고 기도를 하면서 모임을 이끌어 나갔다. 숫자는 적었지만 순수하고 열정적이었다. 부녀자들과 아이들은 글을 몰랐기에 성경책과 찬송가가 있어도 소용이 없었다. 그녀는 가사와 곡조가 쉬운 찬송가를 여러 번 불러 외우도록 했으며, 성경 말씀도 암송하기 좋은 구절들을 골라 반복해서 따라 읽도록 했다.

"우리 할머니허고 문 전도부인 시가허고 친척이었어요. 할머니의 시어머니가 문 전도부인의 시고모 되는 분이었지라. 그게 인연이 되야가지고 두 분이 아주 친했당께요. 진리에 문 전도부인의 조카며느리가 혼자 살고 있었어요. 거기서 친척들을 모아 최초로 다섯 분이 예배를 드렸는디… 그게 진리교회 처음 시작이었을 것이오. 문 전도부인은 여름방학 때 진리를 오셨어라. 그때는 한창 일을 허고 점심 먹고 나면 동네 뒤에 큰 정자나무 그늘 아래서 잡담도 하고 윷도 놀믄서 더위를 견뎠지라. 문 전도부인이 거기 와서 찬송가를 불렀어요. 일제 때 무슨 노래가 있었소? 우리 민요 아리랑이라든지 잡가 뭐 맨날 그런 거만 듣다가 전혀 새로운 노래를 들은 거이죠. 그러니께 경장히 관심 있었죠. 문 전도부인은 해방 전에 나도 많이 만났어요. 여섯 살 먹었을 때 할머니 따라서 초가집 교회에 같이 가서 예배를 드렸당께요. 예배가 파하믄 사택으로 들어오라고 허니께 할머니가 내 손을 잡고 인자 사택에 들어갔지요. 문 전도부인이 과일을 내와 깎아주셔서 먹고 온 기억이 나요. 지가 지금 선착장 배 닿는 곳 근처에 살았거든요. 그러니께 문 전도부인이 나룻배를 타고 증동리에서 사옥도를 통해 임자에 오시믄 꼭 우리 집엘 들렀어요. 갈 때도 들르고 올 때도 들르고…"

임자진리교회 강대필 원로장로는 얼마 전에 있었던 일을 들려주듯 또렷하게 이야기했다.

이판일 집안에서 제일 먼저 복음을 듣고 예수를 영접한 것은 장녀인 옥심과 장남인 인재 그리고 그의 어머니인 남경엽 여사였다. 이들은 완고한 이판일을 떠올리며 문 전도부인을 따라가 예배드리는 일을 드러내지 않았다. 이판일이 문준경을 만나게 된 것은 정말 우연한 기회였다. 언젠가 동네에 일이 있어 다녀오는 길에 영근이네 집 마당에서 웬 노랫가락이 들려오는 것이었다. 호기심에 이판일이 담장 너머 슬그머니 들여다보니 동네 아이들과 아낙네 수십 명이 어우러져 노래를 부르고 있었다. 예사롭지 않은 풍경이었다. 그런데 가만 보니 낯선 얼굴이 보였다. 환한 얼굴의 중년부인이 가운데 서서 구성지게 노래를 부른 다음 좌중을 향해 연설 같은 걸 하고 있었다. 무슨 말인가 궁금해서 귀를 기울이지 않을 수 없었다.

"우리네 인생은 본래 하나님이 만드셨어라. 그때는 우리 눈이 밝아 하나님도 천사도 볼 수 있었지라. 그란디 우리가 하나님을 배반해가꼬 하나님과 원수가 되었당께요. 그래갔고 하나님을 볼 수 없게 되았을 뿐 아니라 하나님이 어떤 분인지도 알 수 없게 되뿔렀당께요."

생전 처음 듣는 말이었다. 책에서도 신문에서도 읽은 바 없는 이야기였다. 이때부터 이판일의 귓가에는 문 전도부인의 노랫가락과 카랑카랑한 연설 내용이 떠나지 않고 맴돌았다. 그러던 어느 날 오후였다. 이판일이 집에서 글을 읽고 있는데, 느닷없이 불청객 두 사람이 집 마당으로 들어섰다. 도회풍의 젊은 남자와 어디선가 한 번 본 듯한 중년부인이었다.

"이 선상님 안녕하싱게라? 지는 전도부인 문준경이라고 합니다."

"저는 양석봉 전도사입니다. 고명하신 이 선생님께 인사를 드리고 자 찾아뵈었습니다."

"아따, 워쩌크름 이래 누추한 집을… 자자, 고래 있덜 말고 언능 안으로 들어오시오."

안방으로 들어선 세 사람은 정식으로 인사를 주고받은 뒤 음식을 들며 대화를 이어갔다.

"그동안 이 선상님 말씀 많이 들었어라. 그란디 오늘에서야 뵙게 되는 구만이라. 이쪽 양 전도사님은 얼마 전 임자에 오셔서 우리덜을 돕느라 무진 애를 쓰고 계신당께요."

"초면에 이토록 친절을 베풀어주셔서 정말 감사합니다. 답례를 하고 싶은데, 달리 드릴 것은 없고… 제가 가지고 있는 책을 한 권 드리고 싶습니다. 괜찮으시겠습니까?"

양석봉 전도사가 이판일에게 조심스레 내민 책자는 자그마한 쪽 복음서였다.

"책은 쪼까나지만 안에는 크고 깊은 진리와 하나님의 비밀이 겁나게 담겨 있지라. 그걸 복음이라 한당께요. 복음 안에 댕긴 진리를 깊이 깨달을수록 큰 기쁨을 얻을 수 있어라."

지금껏 이판일은 작은 섬 안에 갇혀 유교적 가치관과 가부장적 사고 방식을 가지고 살아온 사람이었다. 그런데도 이상하게 그들의 말에 거부감이나 이질감 같은 게 전혀 들지 않았다.

"말씀 잘 들었어라. 그란디 지가 앞으로 예수를 잘 믿을라믄 멀 어찌케야 좋당가요?"

"먼저 예수님을 나의 구주로 영접한다는 진실한 고백이 있어야지라. 고백하실랑가요?"

"좋소. 시방부텀 예수님을 나의 구주로 영접하겠어라."

두 불청객의 눈가에 감격의 눈물이 핑 돌았다. 얼마나 애타게 기다리고 고대하던 순간이었던가. 두 사람은 이판일에게 신앙생활에 필요한 기본적인 교리들을 상세하게 가르쳐주었다. 그리고 우리 몸은 주님의 거룩한 성전이므로 술과 담배를 금해야 한다고 일러주었다. 그때였다. 이판일은 뭔가 결심한 듯 벌떡 일어나 평소 애지중지하던 담배쌈지와 담뱃대를 한 치의 망설임도 없이 부러뜨리더니 안방에서 부엌으로 난 작은 문을 열고 나가 그대로 아궁이에 던져 버렸다. 그러고는 불을 놓아 부러진 담뱃대와 담배쌈지를 깡그리 태워 버렸다.

"인자 됐지라? 지가 앞으로 술과 담배는 일절 쳐다보도 않을 것이오."

주일에는 예배드리고 밥 먹는 일 외에
어떤 일도 하지 말라

한번 예수를 믿기로 작심하고 이를 고백한 이판일은 문준경 전도부인이 가르쳐 준 그대로 따랐다. 토를 달거나 이의를 제기하거나 의심을 하지 않았다. 순차적으로 조금씩 가능한 만큼만 하겠노라 타협하지도 않았다. 결심한 즉시 실행에 옮겼다. 그날 이후 그는 담배 한 모금, 술 한 잔 입에 대질 않았다. 언제 그토록 골초였고 말술이었는지 믿기지 않을 정도였다. 뿐만 아니었다. 제사 문제에 있어서도 단호했다. 조상 대대로 지내오던 제사를 다 없애 버렸다. 소중히 간직해 온 제사용 기물들도 모두 아궁이에 던져 불 질러 버렸다. 하나님의 자녀가 된 이상 온전히 그분만을 섬기며, 믿음에 방해가 되는 모든 것들을 초개처럼 버리고, 과거의 익숙했던 습관으로부터 과감히 돌아서는 철저한 결단은 그만이 가진 신앙의 특징이었다. 비슷한 연배인 주기철 목사의 '일사각오(一死覺悟)'와도 같은 신앙 노선이었다.

그는 어떻게 한순간에 이토록 순전한 믿음의 소유자가 될 수 있었던 것일까? 이판일은 임자도를 위해 하나님께서 예비해 두신 질그릇이었다. 교회를 핍박하기 위해 다마스쿠스로 가던 사울이 도중에 예수님을 만나 위대한 사도 바울로 거듭났던 것처럼 섬마을의 촌부로 소망도 없이 살아가던 이판일을 예수님께서 선택하셔서서 믿음의 장자로 일으키신 것이다. 이판일의 이름을 풀이하면 '판(判)'은 '판단하다', '판결하다', '구별하다'는 뜻이고, '일(一)'은 '하나', '오로지', '한결같은'이라는 뜻이니, 종합하면 '신중히 판단하여 결정하면 앞만 보고 한결같이 나아간다'는 의미다. 그의 삶과 신앙은 이름과 똑같았다. 이를 기독교대한성결교회 총회본부 역사편찬위원장인 신영춘 목사는 '직진(直進)의 영성'이라고 표현하였다. 그는 좌우로 치우치거나 오던 길을 되돌아가는 신앙인이 아닌 오로지 직진하는 신앙인이었다.

문준경 전도부인은 임자도에서 처음 사역을 시작할 때 경성성서학원 입학 동기인 양석봉 전도사와 함께했던 것으로 보인다. 양석봉 목사의 며느리인 김소엽 권사는 2013년 8월 7일자 국민일보에 실린 '역경의 열매'라는 연재 기사를 통해 그 당시 일을 이렇게 회고했다.

시아버지 양석봉 목사님은 강경상고를 거쳐 일제강점기 때 한국인으로는 드물게 은행에 입사하신 분이다. 은행 월급이 많아 아버님은 사는 것 역시 넉넉했다. 그러나 어린 시절 김익두 목사님의 부흥회 설교를 듣고 은혜를 받아 목회자의 꿈을 꾸셨기에 은행원으로 혼자 호의호식하며 사는 게 양심에 가책이 됐고, 결국 그 좋은 직장을 그만두고 뒤늦게 가장의 몸으로 1931년 경성성서학원에 입학하셨다. 이후 전도단에 들어가 전국을 누비며 정남수, 김익두, 이성봉 목사님 등과 함께 장막전도를 펼쳤다. 평양, 원산, 신의주를 넘어 만주, 용정, 국자가(연길)까지 가서 전도를

유일하게 남아 있는 이판일 장로의 초상화.

했다. 나팔, 북으로 사람들을 모아놓고 아버님은 트럼펫도 부셨다. 부흥 집회를 통해 결신자가 많이 나오면 그곳에 교회를 세웠다. 1931년 만주에서부터 전남 진도 섬에 이르기까지 10여 년간 아버님이 세운 개척교회가 30여 곳에 이른다. 1934년 문준경 전도사와 함께 전남 신안군 임자도에 세운 임자교회도 그중 한 곳이다.

문준경은 양석봉 전도사와 함께 이판일을 전도하기 위해 오랫동안 기도하면서 준비해 왔다. 효과적으로 교회를 개척하고 부흥시키기 위해서는 마을 사람들의 신망을 받는 유력 인사를 선택해 전도하는 것이 필요하다고 판단한 것이다. 그 대상이 바로 이판일이었다. 그날 이들의 갑작스런 방문은 우연이 아니었던 것이다. 하지만 이 또한 하나님의 치밀한 섭리와 계획이었다. 이판일이 예수를 영접한 때는 1932년 겨울, 그의 나이 만 35세 되던 해였다.

"주 예수를 믿으라. 그리하면 너와 네 집이 구원을 받으리라."

사도행전 16장 31절 말씀처럼 이판일은 바로 그 주일부터 온 가족을 다 데리고 교회로 나갔다. 옥심과 인재는 물론 그 동생들과 어머니 남경엽 여사, 아내 임소애, 그리고 동생 이판성과 제수 고성녀, 그의 자녀들까지 한 사람도 빠짐없이 예배당을 채웠다. 이렇게 한 가족이 일사분란하게 움직일 수 있었던 것을 보면 집안에서 차지하는 그의 위상과 신뢰가 얼마나 대단했는가를 알 수 있다. 이판일의 두 남동생 중 이판성은 같은 마을에 살고 있었으나 바로 아래인 이판지는 타지로 나가 일가를 이루어 살고 있었다. 이판일과 이판성은 나이가 아홉 살이나 차이가 났음에도 불구하고 친구처럼 매사를 의논하면서 돕고 살았으며, 예수를 믿게 된 이후로는 마치 모세와 아론처럼 떼려야 뗄 수 없는 믿음의 동지가 되었다.

이판일과 이판성 두 형제의 가정은 교회 부흥의 소중한 밑거름이었다. 이판일은 남녀노소와 빈부귀천을 가리지 않고 부지런히 전도하여 많은 사람들을 교회로 인도했다. 심지어 앞을 볼 수 없는 노인을 매번 찾아가 직접 등에 업고 와서 예배를 드리게 하였다. 당시 진리교회 치리목사는 목포교회 이성봉 목사였다. 그는 교회가 세워진 신안 일대 섬마을을 순회하며 신자들에게 세례를 베풀었는데, 1934년 2월 2일 임자도 진리교회에서 이성봉 목사의 집례로 최초의 세례식이 거행되었다. 이때 이판일과 이판성 형제는 나란히 앉아 여신자 다섯 명과 더불어 세례를 받았다. 여신자 다섯 명 중에는 그의 어머니 남경엽 여사도 있었다. 진리교회 최초의 세례교인이 된 이판일은 동시에 여신자 세 명과 함께 집사로 임명되었다.

이들의 헌신에 문준경 전도부인과 양석봉 전도사의 열정이 더해져 교회는 날로 부흥했다. 마침내 1933년 봄, 진리 256번지에 있는 대지 80여 평을 매입하여 약 250원을 들여 20여 평 규모의 여덟 칸짜리 초가 예배당을 짓게 되었다. 최초의 진리교회 예배당이었다. 예배당을 건축할 때 이판일 형제는 재산의 일부를 선뜻 내놓아 재정적으로 큰 힘이 되었다. 교인들이 땀 흘려 건축한 예배당이 완공되자 1934년 6월 12일 이성봉 목사 집례로 헌당식이 거행되었다. 이후 진리교회는 이성봉 목사를 초청하여 여러 차례 부흥회를 열기도 했다.

임자진리교회 초가 예배당. 상에 푸짐한 음식이 차려져 있고.
교인들이 좋은 옷으로 한껏 멋을 낸 것으로 보아 큰 잔치가 열린 듯하다.

"일주일 중 하루는 하나님의 날이어라. 그날이 바로 일주일의 첫날인 일요일인디, 교회에서는 이날을 주일이라 부르제라. 6일 동안은 우덜 자신의 생활을 위해 살지만 하나님의 날인 주일은 하나님을 위해 사는 거룩한 날이랑께요. 하나님께서 이날을 복 주시는 날로 친히 선포하셨지라. 이날은 나의 날이 아닝께 철저허니 하나님을 위해 드려야 하는 날이어라."

문준경 전도부인은 주일성수를 강조해서 가르쳤다. 시골에서는 농번기가 되면 때에 맞춰 밤낮 없이 일해야 했기에 주일을 거룩히 지키는 게 쉽지 않았던 까닭이다. 원칙주의자인 이판일 집사는 이 가르침에 온전히 순종했다. 그의 가족들은 토요일 오후만 되면 다음 날 필요한 일들을 미리 다 해놓느라 정신없이 분주했다. 헌금도 깨끗한 지폐를 골라 다림질까지 해서 고이 준비해 두었다. 주일에 옷에서 떨어진 단추 하나라도 달다가 눈에 띄면 대번 불호령이 떨어졌다. 주일만 되면 그의 가족들은 제일 좋은 옷을 단정하게 차려입고 예배당으로 향했다. 주일에 예배드리는 일 외에 할 수 있는 건 밥 먹고 화장실 가는 일이 전부였다.

한번은 주일 오전에 이웃집에서 간단한 도구를 빌려 달라고 찾아왔다. 평소 절친하게 지내던 사이였으나 이판일 집사는 주일이라는 이유로 이를 정중히 거절하였다. 주일에는 품삯을 주고 고용한 일꾼들에게도 절대 일을 시키지 않았다. 평일에 이웃들에게 빌려준 농기구들도 토요일이면 다 수거해 창고에 쌓아두었다. 이웃들도 일하지 않고 쉴 수 있게 만든 것이다.

하나님 공경의 또 다른 이름은
효를 다하는 것

이판일 집사에게는 자기 집안일보다 교회를 돌보는 게 우선이었다. 매일 교회 안팎을 깨끗이 청소하고 정돈했다. 예배당 초가지붕에 이엉을 먼저 엮고 나서 자기 집 지붕에 이엉을 엮어 얹었으며, 예배당 담벼락부터 바른 후에야 자기네 담벼락을 바르곤 했다. 비가 오면 자기 집에 지붕이 새더라도 교회로 먼저 달려가서 혹시 비가 새는 곳은 없는지 살펴보고 올 정도였다. 여섯 살 위인 문준경 전도부인을 주의 종으로 깍듯이 대하며 섬겼다. 아침에 우물에서 물을 길어 올 때도, 낮에 산에서 나무를 해올 때도 언제나 문 전도부인 집을 먼저 챙겼다. 그의 두 형제는 교역자 생활비도 전담하다시피 했다. 쌀이든 보리든 콩이든 소출이 나면 교역자 식량으로 가장 좋은 것을 골라 정성껏 자루에 담아 남몰래 가져다주었다.

문 전도부인과 양 전도사가 방학을 끝내고 학업 때문에 경성으로 올라가 있는 동안 교회를 책임지고 이끌어간 사람은 이판일 집사였다. 그는 신학을 배운 바 없어 설교를 할 줄 몰랐기에 그저 함께 눈물로 기도하고, 큰소리로 찬송을 부르며, 열심히 성경을 읽는 것으로 정성을 다해 예배를 인도하면서 신실하게 교회를 섬겼다. 신앙 연륜이 깊지 않은 평신도였지만 그는 자신에게 주어진 선한 목자로서의 사명을 잘 감당하기 위해 무진 애를 썼다.

그러나 교회에 나와도 설교를 들을 수 없으니 분위기가 예전 같지는 않았다. 이런저런 이유로 한두 번씩 빠지기 시작하고, 농사일에 바쁘다는 핑계로 게으름을 피우다 아예 교회를 등지는 사람들까지 생겨났다. 그때마다 이판일 집사는 심방을 다니며 이들을 설득해 교회로 인도하면서 빨리 문 전도부인이 돌아와 교회가 가득 차게 해달라고 기도를 드렸다. 다시 방학이 되어 문 전도부인이 임자도에 도착하면 이판일 집사의 노고에 크게 기뻐하며 그와 가족들을 격려해 주었다. 문 전도부인이 경성성서학원을 탈 없이 무사히 마치고 졸업할 수 있었던 것은 이판일 집사라는 든든한 일꾼이 자신의 빈자리를 충실히 채워 주었기 때문이다.

"문 전도부인이 안 계실 적엔 아버님이 교회를 지키셨어라. 언젠가 비 오는 날 새벽 예배당에 덜렁 나 하나 앉혀 놓고 끝까정 예배를 드리시더라고요. 지는 어려서 명절이 되야도 동네 아그들허고 놀지를 못했당께요. 같이 놀믄 노름 배운다고 놀지 말라고 하셔갔고…."

이판일 장로의 장남인 이인재 목사는 처음 예수를 믿기 시작했을 때의 아버지 모습을 회상하며 생전에 이런 일화를 들려준 적이 있었다. 그러고는 이내 한바탕 웃음을 터뜨렸다.

그의 하루 일과는 새벽 기도로부터 시작되었다. 예배당 맨 앞에 엎드려 자신과 가족과 이웃, 교회와 나라와 민족을 위해 부르짖을 때마다 두 뺨에는 하염없이 눈물이 흘러내렸다. 특히나 일제의 식민지가 되어 자유를 박탈당한 채 억압 속에 신음하는 동포들을 생각할 때면 가슴이 미어지는 슬픔을 느끼곤 했다. 그의 이웃 사랑은 말이 아닌 행동으로 드러났다. 추수감사절이면 동리 잔치를 베풀어 푸짐한 음식을 대접함으로써 마음의 벽을 허물도록 했고, 곤란한 일을 겪는 사람들을 찾아가 위로하며 함께 해결책을 찾는 일에도 앞장섰다.

이판일 집사는 예수를 믿은 뒤 완전히 새사람이 되었지만 때로는 고약한 일도 겪곤 했다. 한번은 동네 불량배들이 진리교회를 방문한 순회목사에게 건방지다고 시비를 걸어 무릎을 꿇으라며 으름장을 놓았다. 졸지에 봉변을 당한 순회목사는 이러지도 못하고 저러지도 못한 채 전전긍긍하고 있었다. 소식을 듣고 급히 달려온 이판일 집사는 불량배들을 뜯어말렸다.

"이러지들 말드라고. 목사님헌티 이러면 못쓰는 것이여. 어여 싸게 보내드리랑께."

불량배들은 이판일 집사에게 달려들어 넘어뜨리려 했다. 하지만 힘이 장사였던 이판일 집사가 호락호락 넘어갈 상대가 아니었다. 여러 명이 합세해도 *끄떡*하지 않자 화가 치밀었는지 이번에는 이판일 집사의 옷을 갈기갈기 찢어대면서 온갖 욕설을 퍼붓기 시작했다.

"허허, 참! 어디 자네덜 허고 싶은 대로 다 해 뻐리라."

이판일 집사는 두 팔을 벌린 채 미소를 띠고 있었다. 포악질을 부리던 불량배들은 메아리 없는 함성에 지쳤는지 아니면 기세에 눌렸는지 슬슬 눈치를 보다가 꽁무니를 빼고 말았다.

"오매, 징한 것덜! 목사님, 참말로 죄송하구만요. 아따, 면목 없어 이를 어쩔까나…."

"아닙니다. 이 집사님, 정말 대단하시네요. 그 기백에 깜짝 놀랐습니다. 하하!"

숨어서 이 광경을 다 지켜보던 이웃들은 이구동성으로 한마디씩 거들고 나섰다.

"임자 지대로 만나 부렀네. 저이가 예수 믿기 전 같았으믄 작것덜 오늘 어디 한 군데 뽀사졌을 거이구만. 느자구 없는 짓꺼리를 다 참아내는 거 보니 예수가 참 대단한 갑소."

초기 천주교회가 조선 정부로부터 무자비한 박해를 받았던 이유 중 하나는 조상에 대한 제사를 금지했던 데 있었다. 성리학을 근본이념으로 삼았던 조선에서 조상에 대한 제사를 금하는 것은 절대로 용인할 수 없는 패륜적 행위로 여겨질 수밖에 없었다. 개신교회 역시 마찬가지였다. 서구 열강과 합법적 외교관계를 맺은 뒤 개신교가 들어왔기에 천주교만큼의 탄압은 없었지만 제사 문제로 인해 받아야 하는 비난과 편견은 여전했다. 이판일 집사처럼 예수를 믿은 후 일거에 제사를 철폐하고 신줏단지와 제기마저 모조리 불태운 경우 이웃들로부터 받는 비아냥거림은 대단했다. 하지만 이에 대한 그의 대처는 너무도 지혜로웠다.

"기독교는 부모도 조상도 몰르는 그런 불효막심한 종교가 아니랑께요. 돌아가신 뒤에 산해진미를 차려드린들 무신 소용 있당가요? 살아 계실 적에 부모를 온 맴을 다해 섬기고 봉양하라는 거이 기독교여라.

아, 안 그러요? 고로콤 하는 거이야말로 참 효도 아니겠소?"

이판일 집사는 매년 음력 10월 17일 어머니 생신이 되면 상다리가 부러지도록 음식을 차려놓고 온 마을 사람들을 다 초청해서 2, 3일 동안이나 잔치를 벌였다. 이를 그는 산제사라고 불렀다. 돌아가신 분에 대한 제사는 없었지만 살아 계신 분에 대한 잔치는 제사 드리는 것 이상으로 온 정성을 다해 준비한다는 의미였다. 새 옷을 차려입고 앉은 남경엽 집사에게 온 가족이 큰절을 올리며 만수무강을 기원하면 동리 사람들의 칭찬과 박수가 이어졌다.

"할머니 생신 때만 되믄 아버지 심부름하느라 우리 형제덜 고생 많이 했어라. 온 동네 집집마다 찾아댕김서 잔치 때 오시라고 전달하러 댕겨야 했으니께라. 전화가 없던 시절잉께 직접 가서 말씀을 드려야 했제. 날도 추운디 힘들었당께. 아버지가 참 효성이 지극하셔갖꼬 할머니 돌아가신 뒤 진수성찬 차려 봤짜 하등 소용없다 하시믄서 할머니 생신 때 잡는다고 돼지 한 마리를 따로 키우셨어라. 떡도 허고 고기도 잡고 온 동네가 떠들썩했제. 산제사를 드린 것이오. 물고기 항 개라도 바다에 나가 싱싱한 걸로다가 잡아다 드리고 그러셨지라."

이인재 목사가 바라본 아버지의 모습은 어머니께 지극정성을 다하는 효자 그 자체였다. 젊디젊은 나이에 청상이 되어 외롭고 고단한 삶을 살아온 어머니를 생각하는 그의 마음은 한결같았다. 그는 초하루와 보름마다 어머니께 '상식(上食)'을 올렸다. 상식은 사람이 죽으면 궤연을 만들어놓고 매일 아침저녁 혹은 매월 초하루와 보름에 궤연 앞에 차려놓는 음식이다. 어머니 생전에 미리 상식을 올림으로써 산제사

이판일 장로 가족묘지 맨 위쪽에 자리한 아버지 이화국 선생과 어머니 남경엽 여사의 합장묘.
'겸양'이라는 꽃말을 가진 제비꽃 한 송이가 수줍게 피어 있다.

를 드린 것이다. 이뿐 아니라 그는 어머니가 외롭지 않도록 틈날 때마다 오순도순 대화를 나눴으며, 아침에 일어나면 문안 인사를 드리고, 밖에 나갈 때와 들어올 때마다 출입 인사를 잊지 않았다. 벽장 속에는 과자나 사탕 등을 항상 준비해 놓고 수시로 꺼내 노모의 입에 넣어 드렸다. 그냥 드리면 감춰 두었다가 손자손녀들에게 나눠줬기에 그러지 못하도록 아예 입에 넣어 드린 것이다. 이런 장면을 보고 자란 이판일 집사의 자녀들은 밖에서 먹을 것이 생기면 할머니께 드릴 것을 남겨 오는 게 습관이 될 정도였다. 그는 하나님과 인간에 대한 사랑, 어느 한쪽도 치우침이 없던 균형 있는 삶을 살았으며, 하나님께나 어머니께나 참 마음으로 효도를 다한 믿음직한 아들이었다.

잔혹한 고문 속에 피어난
해맑은 웃음

신사(神社)의 총본산인 조선신궁이 1925년 10월 조선의 상징인 경성 남산에 세워졌다. 5년 6개월 동안 156만 원이 넘는 거금을 들여 지은 웅장한 시설이었다. 일본의 국교인 신도(神道)는 선조나 자연을 숭배하는 토착신앙으로 신사란 이런 신들이 모셔진 사당을 말한다. 신궁(神宮)은 황실과 관계된 신을 모신 신사를 가리키는데, 조선신궁에는 일본 건국신화의 주신인 아마테라스 오미카미와 조선을 병탄하고 1912년에 죽은 메이지 왕이 안치되었다.

1931년 만주사변, 1937년 중일전쟁, 1941년 태평양전쟁을 잇달아 일으킨 일제는 대륙 침략의 전초 기지로 삼은 조선에 대한 침탈과 억압을 더욱 강화하였다. 그들은 아예 조선 사람을 일본 사람으로 개조시키기 위한 전략을 수립했는데, 이것이 바로 황국신민화 정책이다. 이에 따라 일본 천황이 사는 황궁을 향해 절하게 하고, 도처에 세워진 신사에 참배하도록 했으며, 천황에 충성을 맹세하는 황국신민서사 암송과 일본식으로 이름을 바꾸는 창씨개명, 우리말 대신 일본어를 쓰도록 강제하는 등의 야만적 행위를 서슴지 않았다.

신사참배는 3·1운동 이후 민족종교로 자리하며 상승세를 타고 있던 조선 개신교에 해일처럼 밀려든 최대의 시련이었다. 기독교인들은 일제에 맞서 신사참배를 거부하고 저항하느냐, 현실을 인정하고 살길을 찾아 일제에 무릎 꿇고 순응하느냐 하는 갈림길에 서게 되었다.

그러나 현실은 참담했다. 주기철 목사 등 몇몇 의로운 순교자들이 버티고 있는 교회를 제외하고 대부분의 교단과 교회들은 신사참배라는 광풍 앞에 힘없이 고꾸라졌다. 1936년 5월 25일 로마 교황청은 "신사참배는 종교적 행사가 아니고 애국적 행사이므로 그 참배를 허용한다"는 훈령을 발표한다. 이에 조선천주교회는 가장 먼저 신사 앞에 무릎을 꿇었다. 1936년 6월에 개최된 제3차 연회에서 조선감리교회 총리사 양주삼 목사는 총독부 초청 좌담회에 다녀온 후 신사참배에 참여할 것을 선언하였다. 1938년 9월 10일 평양 서문밖교회에서 개최된 조선예수교장로회 제27회 총회에서 총회장에 선출된 홍택기 목사는 찬성 의사를 물은 뒤 반대 의사는 묻지도 않고 신사참배 결의안이 만장일치로 가결되었다고 선포하였다. 이어 1938년 12월 12일에는 홍택기, 김길창, 양주삼, 김종우, 이명직 목사 등이 개신교를 대표해서 일본을 직접 방문해 이세신궁과 가시하라신궁 등에 참배를 하고 돌아왔다.

이런 처참한 흐름 속에서 성결교회가 조선총독부 최대의 외곽단체인 국민정신총동원조선연맹에 참가하기로 결정한 것은 1939년 9월 제2회 연회에서였다. 이 결의에 따라 1939년 10월 경성성서학원 대강당에서 '국민정신총동원 성결교회연맹 결성식'을 갖고 박현명 목사가 이

1943년 일본 나라奈良에 있는 가시하라 신궁橿原神宮을 참배하고 나서
기념 촬영을 한 조선 교회 지도자들. 이들은 일제에 대한 충성을 과시하기 위해
수시로 일본에 건너가 신사에 참배하고 돌아왔다.

사장을 맡았다. 그 후 1940년 10월 국민정신총동원조선연맹이 국민총력조선연맹으로 개편되자, 성결교회도 10월 22일 임시연회에서 국민총력 성결교회연맹으로 개편하고 이명직 목사를 이사장으로 선임했다. 1943년 5월에는 '일본기독교 조선성결교단'이라고 명칭을 바꾼 뒤 이명직 목사가 통리를 맡았다. 그즈음 재림 교리 문제로 일제의 탄압을 받기 시작해 1943년 12월 교단 해산 성명서를 발표하고 스스로 교단의 간판을 내리기에 이른다.

조선 개신교를 대표하던 교단들이 차례로 신사참배를 결의하고, 조선 교회를 이끌어가던 지도자들이 하나둘 무릎을 꿇으면서 조선의 기독교는 정의와 순결을 상실한 채 일제의 시녀로 전락하고 말았다. 하지만 이름 없이 빛도 없이 오직 주님만을 섬기면서 신사라는 우상에 굴복하지 않은 무명용사들이 강토 곳곳에서 피눈물을 흘리며 교회를 지켜가고 있었다. 남도의 외딴 섬 임자도에 세워진 작고 초라한 시골 교회 집사인 이판일도 그중 한 명이었다.

어느 날 일본 경찰 한 명이 웬 통지서 하나를 들고 이판일 집사를 찾아왔다. 그는 별다른 설명도 없이 통지서만 던져주고 자리를 떴다. 이상한 예감이 든 이 집사는 서둘러 통지서를 뜯어보았다. 내용인즉, 앞으로는 교회에서 예배를 드리기 전에 일본 천황이 살고 있는 동경(東京) 쪽을 바라보고 허리 굽혀 절을 한 다음 예배를 드리라는 내용이었다. 그는 이 무슨 황당한 말인가 싶어 대수롭지 않게 여기고 통지서를 아궁이의 불길 속에 넣어 살라 버렸다.

며칠 후 일본인 순사 한 명이 칼을 차고 신발을 신은 채 예배 중인

교회로 들어왔다.

"이보시오, 순사 양반! 여그는 하나님이 계신 신성한 교회당잉께 언능 신발 벗으시오!"

이 집사와 실랑이 끝에 예배당을 나간 일본인 순사는 예배가 끝나갈 무렵 다시 나타났다.

"이판일 씨, 당신 내일 파출소로 출두하시오. 내용은 이 봉투 안에다 담겨 있소."

이렇게 해서 이판일 집사는 임자도 파출소를 거쳐 목포경찰서로 압송되었다. 죄명은 신사참배를 거부하고, 예배 때 자신들이 정한 대로 동방요배와 황국신민서사 낭독 등을 하지 않았다는 것이었다. 그는 경찰서에 잡혀가서도 "할렐루야"를 외쳤으며, 틈만 나면 신사참배에 반대해 투옥된 손양원 목사가 옥중에서 지었다는 〈주님 고대가(苦待歌)〉를 부르곤 했다.

"낮에나 밤에나 눈물 머금고 내 주님 오시기만 고대합니다. 가실 때 다시 오마 하신 예수님 오, 주여 언제나 오시렵니까? 고적하고 쓸쓸한 빈 들판에서 희미한 등불만 밝히어 놓고 오실 줄만 고대하고 기다리오니 오, 주여 언제나 오시렵니까? …"

고등계 형사들은 교회 지도자인 이판일 집사를 회유하기 위해 살살 구슬리기 시작했다.

"이판일 선생, 당신 목숨은 하나요, 당신도 아내와 자식이 있으니 깊이 생각해 보시오."

"지는 이미 결정했당께요. 어떤 경우라도 지 맴은 추호도 변함이 없어라."

"이 선생, 그까짓 거 절 한 번 꾸벅 하는 것이 그렇게 힘들고 어렵단 말이오?"

"아따, 우리 기독교는 하나님 한 분 외에는 어느 누구헌티도 참배를 할 수 없당께요."

도무지 말을 듣지 않자 형사들은 치밀어 오르는 화를 참지 못하고 온갖 폭언과 욕설을 퍼부으며 이 집사에게 무자비한 구타와 고문을 가했다. 우는 아이도 그치게 만든다는 일본인 형사들의 고문은 상상을 초월할 만큼 잔인하고 가혹했다. 이 집사의 온몸엔 피멍이 들고 얼굴은 피투성이가 되었다. 그런데도 그는 살려 달라고 애걸하지 않고 싱글벙글 웃고 있었다. 이를 본 형사들은 자신들을 놀리는 것으로 알고 악에 받쳐 길길이 뛰며 난리를 피웠다.

바로 그때 문을 열고 들어오던 형사부장이 이판일 집사를 보더니 형사들을 질책했다.

"아니, 저 사람 저거 미친 거 아냐? 누가 이렇게 미칠 때까지 고문을 한 거야?"

신경질적으로 나무라는 형사부장 앞에서 취조를 하던 형사가 굽실거리며 대답했다.

"죄송합니다. 미친 건 아닌 것 같은데… 너무나 악질적인 놈이라서…."

얼굴을 잔뜩 찌푸린 형사부장은 퉁명스럽게 한마디 던지고는 휑하니 나가 버렸다.

"저런 미친놈을 데리고 뭘 하겠다는 건가? 즉시 내보내도록 해!"

이판일 집사는 이처럼 어이없는 상황이 벌어짐으로써 석방되었다. 목포경찰서를 나서는 이 집사를 맞이한 건 맏아들 이인재였다. 온몸이 피투성이가 된 아버지를 부축하는 아들의 눈에서 비통한 눈물이 흘러내렸다. 잠시 뒤 마음을 진정시킨 아들이 아버지에게 물었다.

"아부지, 그나저나 뭣 땀시 요로콤 싸게 나오시게 된 거여라?"

"아, 글씨 말여… 취조하는 형사가 무작허니 몽뎅이로 내를 때려 데는디, 우째된기 한나도 아프덜 안코 웨려 좋더랑께. 내처럼 모지래고 하찮은 인생이 예수님 땜시 요래 고난을 받는다 생각허니 허벌나게 기쁘고 영광스러워 내도 몰르게 싱글싱글 웃었어야. 그랑께 이것덜이 넘의 속도 몰르고 나가 미쳐분 줄 알고 기냥 내쫓아불데. 허허, 내는 암시랑토 안 혀."

아들 인재는 견디기 힘든 모욕과 고통 속에서도 주님의 고난을 생각하며 기쁨의 웃음을 터뜨릴 수 있다는 사실이 이해가 되지 않았다. 이판일 집사는 그런 사람이었다. 하나님을 향한 그의 사랑은 어떤 수모나 핍박도 심지어 죽음까지도 막을 수 없는 일관된 것이었다.

제4장

짧고도 길었던
그날 밤

아따, 정 가실라믄
우리덜 다 데불고 가시오

진리교회는 고통 받는 사람들, 소외당한 사람들, 병들고 지친 사람들, 귀신 들린 사람들, 가난하고 굶주린 사람들의 천국이었다. 문준경 전도부인과 이판일 집사 형제는 낮은 자들의 친구가 되어 헌신적으로 이들을 보살폈다. 특히 문 전도부인은 믿는 사람 한 사람 한 사람을 일일이 심방해서 신앙 성장을 도왔고, 각자의 기도제목을 놓고 밤낮으로 기도에 힘썼다. 신자들은 이런 문 전도부인의 사랑에 감동해서 아이가 어미 품을 찾듯 교회를 찾았으며, 모든 가르침에 순종하여 실천하려고 애썼다. 진리교회는 어려움 속에서도 성장을 거듭했다.

진리교회가 안정을 찾아가자 문 전도부인은 자신의 시댁이 있는 증도로 들어가 증동리와 대초리 등에 계속해서 교회를 개척했다. 1936년 경성성서학원을 졸업한 뒤에는 증동리에 건립한 예배당을 거점으로 신안 일대 여러 섬들에 대한 전도 여행과 개척 사역을 본격적으로 진행시켜 나갔다. 그러다 보니 임자도를 찾는 횟수가 점점 줄어들 수밖에 없었고, 진리교회는 조금씩 자립하는 방향으로 나아가게 되었다. 1940년에는 김신근 전도사가 담임교역자로 부임해 문 전도부인

의 자리를 대신했다. 김 전도사는 문 전도부인과 같은 암태도 출신
으로 문 전도부인을 통해 예수를 영접한 뒤 목포제일교회를 다니다
가 이성봉 목사의 추천을 받아 경성신학교에 입학해 재학 중이었다.
경성신학교는 1940년 5월 경성성서학원이 전문학교 인가를 받으면서
4년제로 재편된 학교였다. 후일 그는 광주제일교회를 개척했으며, 교
단 총회장을 거쳐 광주광역시에 있는 숭의학원을 설립해 재단 이사
장을 역임하기도 했다.

문 전도부인과 마찬가지로 김 전도사 역시 방학 때 내려왔다가 학기
가 시작되면 경성으로 올라가야 했기에 진리교회 교인들은 비가 오나
눈이 오나 자신들과 생사고락을 함께하는 이판일 집사 형제의 리더십
에 의지할 수밖에 없었다. 이런 와중에 잔혹한 탄압의 먹구름이 몰려
오고 있었다. 경방단(警防團)에 의해 예배당이 징발당한 사태가 벌어진
것이다. 경방단은 1939년 소방조와 수방단을 하나로 통합해 만든 조
직으로 유사시에 방공의 완벽을 기하여 치안을 확보하려는 데 그 목
적이 있었다. 그러나 실제로는 일제의 침략 전쟁이 확대됨에 따라 조
선인의 동향을 면밀히 감시하면서 전시 체제에 맞게 조선인들을 동원
시키는 데 목적이 있었다. 따라서 이들은 위안부와 징용자들을 일본
으로 송출하는 데 앞장섰다. 대표적인 친일단체인 경방단의 우두머리
는 조선인이었다. 조선인 앞잡이가 일본인보다 더 악랄했다.

엎친 데 덮친 격으로 1943년 12월 29일 일제의 교단 해산 명령이
내려짐으로써 교회가 폐쇄되기에 이르렀다. 문 전도부인이 있는 증도
의 사정도 매한가지였다. 온 교인들의 땀과 피, 눈물과 기도로 지어진

예배당을 어이없이 경방단에 송두리째 빼앗긴 것도 모자라 이제는 아예 교회 문을 닫게 되었으니 교인들이 받게 된 충격과 상실감은 이루 말할 수 없었다. 교인들은 땅을 치고 통곡하며 울부짖었지만 아무 소용없는 일이었다. 교인들은 틈날 때마다 이판일 집사 집에 모여 기도하면서 어서 교회를 다시 찾게 해달라고 눈물로 부르짖었다.

삼천리 반도 곳곳에서 절규하는 백성들의 신음을 하나님께서 들으신 것일까. 마침내 꿈에도 그리던 해방의 그날이 찾아왔다. 어둠의 시대가 지나고 광명천지가 전개된 것이다. 온 마을 사람들이 기쁨에 젖어 만세를 부르며 골목골목을 누비고 다녔다. 이판일 집사는 부리나케 예배당으로 달려가 출입을 막기 위해 못 박아 두었던 각목과 장애물들을 모두 치워 버렸다. 그리고 예배당 바닥에 철퍼덕 엎드려져 오랫동안 참아왔던 눈물을 거칠게 쏟아냈다.

"주님, 감사헙니다. 참말로 감사헙니다. 드디어 요런 날이 오긴 오는구만이라…"

그런 다음 이 집사는 벌떡 일어나 마을로 내달렸다. 그는 동리마다 다니면서 조선이 해방됐다고 목이 터져라 외쳤다. 그러고는 원수 갚는다며 흥분한 주민들을 달래기 시작했다.

"여러분, 절대 해찰직이믄 안 되여라. 원수를 원수로 갚으믄 우덜도 일본 사람들허고 똑같은 사람 되는 것이오. 성경에 보믄 예수님께서는 원수를 사랑허고 너희를 박해하는 자를 위해 기도하라고 하셨당께요. 일본 사람덜이 무사히 즈그덜 고향으로 돌아갈 수 있게 협조해야 되여라. 무력을 쓰믄 안 되여라. 그거이 참말로 이기는 거이고 원수 갚는 길이지라."

그의 혜안으로 해방 직후 어수선했던 분위기가 차분히 가라앉으면서 예배당도 다시 교인들로 채워졌다. 재건된 교단 호남지방회에 의해 예배당 입구에는 '기독교조선성결교회 진리교회'라는 새 간판이 내걸렸다. 동시에 교회 조직을 제대로 갖추기 위한 노력이 이어졌다.

1946년 7월에는 진리교회 설립 이래 최초로 장로 장립식이 거행되었다. 진리교회 초대 장로로 선출된 사람은 이판일 집사였다. 호남지방회는 물론 온 교인들이 예상하던 대로였다. 주민들과 교인들이 마음 깊이 따르고 의지하던 지도자가 장로로 추대된 것이다. 이판일이 우리 나이로 꼭 쉰 살이 되었을 때였다. 지금이야 나이 오십이 청춘으로 여겨지는 시대지만 당시만 해도 쉰 살이면 손주들이 즐비한 할아버지였기에 결코 이른 게 아니었다.

이듬해인 1947년 문준경 전도사가 웬 청년 한 사람을 데리고 이판일 장로를 찾아왔다.

"장로님! 이 청년은 이봉성 집사인디, 신앙 좋고 심지가 굳어 크게 될 인물이어라. 진리교회 전도인으로 일하게 허는 거이 조컸어라. 장차 신학교를 가서 주의 종이 될 것이오."

"아, 문 전도사님 말씀이라믄 응당 그리 해야지요. 귀한 일꾼 보내주셔서 감사혀라."

1924년 증도에서 태어난 이봉성은 문 전도사를 통해 예수를 믿게 되어 증동리교회에서 신앙생활을 했으며, 1947년 그녀의 추천을 받아 진리교회 전도인으로 헌신하게 되었다. 1948년에는 광복과 함께 다시 문을 연 서울신학교에 진학하여 1950년 4월 졸업과 동시에 진리교회 제4대 교역자로 정식 부임하게 된다. 향후 문준경 전도사와 이판일 장로의 순교 과정을 지근거리에서 지켜보게 되는 그는 교단 총무 및 한국기독교총연합회 총무, 서울신학대학교 재단 이사장, 대한기독교서회 재단 위원장 등을 역임하며 소명을 감당하였다.

1922년 음력 1월 12일 이판일의 큰아들로 태어난 이인재는 학교를 다니면서 틈틈이 작은아버지인 이판성을 따라다니며 부두에서 배 만드는 기술을 배웠다. 손재주가 남달랐던 그는 누구 못지않은 실력을 가진 목수로 성장하였다. 문준경 전도사의 수양딸인 백정희 전도사의 중매로 압해도 출신인 신앙 좋은 처자 조점례와 백년가약을 맺은 그는 목포에 있는 큰 건축회사에 취직하게 되었다. 신사참배를 반대해 이판일 집사가 목포경찰서로 끌려가 모진 고문을 당한 뒤 풀려났을 때 이인재가 목포에 살고 있었기에 자신의 집으로 아버지를 모셔와 치료를 받게 할 수 있었다. 이인재는 부모님과 할머니를 모시고 살고자 했다. 자신은 도시에서 편히 살면서 어른들을 언제까지 섬에서 고생하며 사시도록 두고 볼 수 없었던 것이다. 자신의 롤모델인 아버지가 곁에 계시면 신앙생활에도 많은 도움이 되리라 믿었다. 그는 틈날 때마다 아버지를 설득했다. 이판일 장로 역시 그냥 못 이기는 척 따라나서고 싶었다. 하지만 진리교회가 문제였다. 교인들을 생각하면 도무지 발길이 떨어지지 않았던 것이다.

1950년 초에 번민의 밤을 수없이 지새운 후 이판일 장로는 결심을 굳히고 주일 예배 광고 시간에 어쩔 수 없이 아들이 살고 있는 목포

목포와 임자도를 오가던 일륜호.
1960년대 후반부터 1970년대까지 여객과 화물을
육지로 운반하던 유일한 교통수단이었다.

로 곧 이사를 가게 되었노라고 선언을 했다. 교회가 발칵 뒤집혔다. 예배가 끝난 뒤 교인들은 이판일 장로 내외를 붙잡고 울며불며 매달렸다. 집으로 돌아갈 생각도 하지 않고 다들 마룻바닥에 앉아 농성을 벌이듯 웅성거렸다.

"장로님, 시상에 이럴 수가 있당가요? 우리덜을 내빌라두고 우델 가신단 말씀이어라? 그랄 순 없당게요. 교회를 띰어 가시등가… 아따, 정 가실라믄 우리덜 다 데불고 가시오!"

죽음을 각오한
밀실 예배

이판일 장로는 아들을 따라 목포로 이사하려던 계획을 전면 백지화했다. 미련을 완전히 접고 나니 몸도 마음도 그렇게 홀가분할 수가 없었다. 조심스레 꾸려두었던 이삿짐을 다 풀었다. 당초 생각대로 이사를 했더라도 목포에 사는 내내 마음이 편치 않았을 것이다. 어쩌면 매일 바다를 바라보며 임자도에 두고 온 교인들을 그리워했을지도 모른다. 임자도는 그에게 고향 이상이었고, 진리교회는 신앙의 탯줄 같은 곳이었으며, 교인들은 자신의 피붙이나 다름없었다. 이제 진리교회와 성도들 그리고 이판일 장로 가족은 일심동체가 된 것이다.

장로로 추대된 이후 이판일은 많은 생각을 하게 되었다. 연륜으로 보아 적지 않은 나이였고, 신앙생활을 한 지도 20여 년에 근접해 있었으며, 장로로서 책임 있는 위치에 서게 된 이상 예전과는 다른 삶을 살아야 하지 않을까 고민하게 된 것이다. 남은 인생에 있어 무엇에 최우선 가치를 두고 매진할 것인가를 깊이 숙고하며 기도하던 중 떠오른 것은 스데반 집사의 마지막 모습이었다. 그는 사도행전 7장 55절부터 60절까지의 말씀을 다시 읽었다.

"스데반이 성령이 충만하여 하늘을 우러러 주목하여 하나님의 영광과 및 예수께서 하나님 우편에 서신 것을 보고 말하되 보라 하늘이 열리고 인자가 하나님 우편에 서신 것을 보노라 한대 저희가 큰 소리를 지르며 귀를 막고 일심으로 그에게 달려들어 성 밖에 내치고 돌로 칠새 증인들이 옷을 벗어 사울이라 하는 청년의 발 앞에 두니라. 저희가 돌로 스데반을 치니 스데반이 부르짖어 가로되 주 예수여 내 영혼을 받으시옵소서 하고 무릎을 꿇고 크게 불러 가로되 주여 이 죄를 저들에게 돌리지 마옵소서 이 말을 하고 자니라."

성경에 등장하는 여러 인물들 가운데 그가 가장 존경하고 닮고 싶은 사람은 바로 최초의 순교자인 스데반 집사였다. 주님을 위해 죽음조차 불사하는 불굴의 신앙, 그는 그것을 본받고 싶었다. 풀잎에 맺힌 이슬이나 바다 위에 피어난 해무와 같이 잠깐 있다 사라지는 게 인생인데, 주님 가신 길을 따라가기 위해 당당히 목숨을 걸 수만 있다면 그보다 더 값진 삶이 없으리라 여긴 것이다. 그는 이때부터 제2의 스데반 집사를 꿈꾸며 기도하기 시작했다.

오랜 식민시대를 거쳐 광복이 도래했을 때 우리 민족은 곧 이 땅에 자주적인 독립국가가 건설되고, 평화와 번영이 넘실대며, 신앙의 자유가 만개한 세상이 펼쳐지리라 기대했다. 그러나 해방된 조국의 운명은 엉뚱한 방향으로 흘러가고 있었다. 외세의 개입과 신탁통치, 좌우익의 대립으로 인한 극심한 혼란, 원조 없이는 살 수 없는 처절한 가난이 이어지면서 어둠의 시대는 계속되었다. 결국 남과 북은 38선을 경계로 미국과 소련의 신탁통치를 거쳐 1948년 8월 15일과 9월 9일 각기 민주주의와 공산주의를 체제로 한 대한민국과 조선민주주의인민공화국이라는 독자적인 정부를 수립함으로써 통한의 남북분단시대를 맞이하고야 말았다. 이윽고 1950년 소련을 등에 업은 북한의 무력 도발로 민족사 최대의 비극인 6·25전쟁이 터졌다. 전쟁은 이전과는 비교할 수조차 없을 정도로 잔인한 방법에 의해 수많은 희생자와 순교자를 낳았다. 종교는 민중의 아편이라는 공산주의자들과 우주만물의 주인은 하나님이라는 기독교인들이 한 하늘 아래 공존한다는 것은 애초부터 불가능한 일이었다.

전쟁이 개시된 지 한 달도 지나지 않은 7월 20일 대전을 점령한 인민군은 주력부대를 낙동강 전선으로 진격시키는 한편 산하 6사단으로 하여금 광주와 목포를 점령하도록 지시했다. 국군은 급히 서해안지구에 전투사령부를 설치하고 방어에 나섰지만 역부족이었다. 인민군은 기세를 몰아 7월 23일 광주, 다음 날인 7월 24일 목포에 진입하였다. 전선이 코앞에 이르자 임자지서에 파견되어 있던 경찰관들은 진리 선착장 앞에 배 한 척을 대기시켜 놓고 그 앞에 텐트를 친 채 근무를 섰다. 여차하면 언제든지 후퇴하기 위해서였다. 결국 이들은 서둘러 후퇴하면서 미리 파악해 둔 보도연맹 회원들을 처형하였다. 포승줄에 묶여 끌려간 임자도 내 보도연맹 회원 20~30명은 배에 태워져 바다 한가운데서 수장된 것으로 알려졌다. 나중에 이들은 시체조차 찾지 못했다고 한다. 최초로 이루어진 민간인 집단 학살이었다.

보도연맹(保導聯盟)은 1949년 6월 좌익운동을 하다 전향한 사람들로 조직한 반공단체로 정식명칭은 '국민보도연맹'이다. 1948년 12월에 시행된 국가보안법에 따라 좌익사상에 물든 사람들을 전향시켜 보호하고 인도한다는 취지로 결성되었는데, 일제강점기 때 사상탄압에 앞장섰던 '시국대응전선사상보국연맹' 체제를 그대로 모방한 것이었다. 사상적 낙인이 찍힌 사람들을 대상으로 지역별 할당제에 따라 거의 강제적으로 조직되었기 때문에 사상범이 아닌 경우에도 등록되는 경우가 많아 1949년 말에는 가입자 수가 30만 명에 달했다. 전쟁이 터지자 정부와 경찰은 황급히 후퇴하면서 이들에 대한 무차별 검속과 즉결처분을 단행했다.

경찰관들이 임자도를 떠나기 전 주민들에게 전시상황을 알려주고 피난대책을 세워준 다음 후퇴했더라면 그토록 참혹한 피해가 일어나지는 않았을 것이다. 그들은 아무런 정보도 대안도 마련해 주지 않은 채 순경 한 명만을 남겨두고 섬을 탈출했다. 임자면장인 정태화 씨도 배를 구해 자기 혼자 먼저 피신했다. 졸지에 임자도는 행정력도 공권력도 모두 사라진 무법천지가 되고 만 것이다. 목포를 장악한 인민군 제6사단은 곧바로 신안군에 있는 여러 섬 지역에까지 진입하였다. 인민군은 신안군 도서지방에 들어가 잠시 동안 머물다 해당 지역의 좌익세력에게 면의 치안과 행정을 맡기고 다시 목포로 돌아갔다. 섬 안의 행정력과 공권력을 장악한 좌익인사들은 면사무소에 인민위원회를, 지서에 내무서를 설치하였다. 이어 면자위대와 리자위대가 결성되었으며, 리자위대 안에는 행동대인 결사대까지 만들어두었다.

신안 지역은 오랜 농민운동의 역사를 가지고 있었다. 하의도는 조선

초가 예배당을 허물고 기와 예배당을 짓기 위한 건축 공사가 진행되고 있다.
아기를 둘러업은 부인들까지 손을 거들 정도로 너나없이 한마음으로 참여했다.

시대 왕조의 소유물로 빼앗긴 땅을 찾기 위해 시작한 농지탈환운동을 약 300년 동안이나 이어갔으며, 암태도는 일제강점기에도 대규모 소작쟁의가 일어났고, 자은도와 비금도 등지에서도 소작쟁의가 연이어 일어났다. 지주와 소작인과의 갈등은 전쟁 기간에 극단적으로 표출되어 많은 희생을 야기한 하나의 원인이 되기도 하였다. 인민군이 점령하고 있던 시기에 면의 체제는 지역 출신 인민위원과 분주소원들의 관리하에 유지되었다. 이때 좌익 활동에 적극적으로 참여했던 사람들은 소작인 등 빈농 출신이 많았으나, 인민위원장 등 주요 직책을 차지했던 사람들은 학식이 있던 사람들이었다 한다. 이들에 의해 군인, 경찰, 공무원 등 대한민국 정부 관계자들과 그 가족들에 대한 대대적인 숙청이 시작되었다. 이상한 낌새를 감지한 이판일 장로는 어렵사리 배 한 척을 구해 이판성 집사를 시켜 밤중에 이봉성 전도사를 증도로 피신시켰다.

"전도사님, 싸게 피하셔야 되어라. 인민군에 들키믄 살아남덜 못 헌다니께라."

"장로님, 교인들과 어른들을 그냥 두고 어찌 저 혼자만 피난을 하겠습니까?"

"아녀라. 우덜은 살먼치 살았구먼요. 앞길이 구만리 같은 전도사님이 무사혀야지라."

임자도를 점령한 인민군과 좌익세력들은 진리교회 출입문을 대못으로 봉쇄하며, '누구를 막론하고 출입을 금함'이라는 붉은 글씨의 경고문을 써 붙였다. 해방과 더불어 감격 속에 새로 내걸었던 교회 간판은 땅바닥에 나뒹그라졌다. 이판일 장로는 비밀리에 교인들에게 연통을 넣어 자신의 집에서 몰래 예배를 드리며 신앙생활을 이어갔다. 위험천만하기 짝이 없는 일이었으나 이미 그는 생사를 초월한 상태였기에 어떠한 불안감이나 두려움도 없었다.

"저 치 떨리는 일제의 식민지로부텀 감격시런 해방을 주신 하나님께서 이 모지락시런 전쟁의 시련으로부텀도 우덜을 보호하시고 구해주실 것잉께 참고 기도허믄서 지달리십시다."

밀실에서 예배를 인도하던 이판일 장로 형제는 눈치를 채고 갑자기 들이닥친 좌익들에 체포되어 목포경찰서로 압송되었다. 추석 명절이 시작되는 9월 24일 주일에 벌어진 일이었다.

목포 정치보위부로 끌려간
이판일과 이판성 형제

신안군은 1896년 지도군의 신설과 더불어 지도군 관할이 되었다가 1914년부터는 무안군에 편입되었고, 1969년에 이르러 무안군에서 분리되었다. 따라서 전쟁 당시 신안군은 무안군에 소속되어 있었다. 그 무렵 무안군청은 목포에 위치해 있었고, 무안경찰서는 무안면에 자리하고 있었다. 하지만 무안경찰서에서는 육지만 관할했고, 도서 지역은 목포경찰서에서 관할했다. 해방된 지 얼마 되지 않아 행정적으로 아직 체계가 잡혀 있지 않았기 때문이다. 이런 까닭에 이판일 장로와 이판성 집사는 무안군 주민임에도 불구하고 매번 목포경찰서로 끌려 다녀야 했다. 인민군은 목포경찰서를 정치보위부 사무실로 이용하고 있었다.

"이 집사, 우덜은 그렇다 치고 교인들은 암시랑토 안 헌가 모르겄네 잉?"

"별일 없을 것이고만이라. 하나님께서 눈동자 맹키로 지켜주실 것이오."

"자네는 어쩐가? 걱정 없제? 하나님께서 함께하심을 믿제?"

"아따, 당연허지라. 지 걱정은 한나도 허덜 마시랑께요."

유치장에는 많은 사람들이 끌려와 취조를 받고 있었다. 이따금 거친 욕설과 함께 외마디 비명소리가 정적을 찢곤 했다. 분명 같은 장소이건만 욕설을 퍼붓고 고문을 가하는 상대는 고등계 일본인 형사에서 북한 인민군 병사들로 바뀌어 있었다. 세월이 흐르고 세상이 달라져도 늘 당하는 건 힘없고 선량한 백성들뿐이라는 생각에 쓴웃음이 나올 수밖에 없었다.

임자도에서 끌려올 때 이판일 장로 형제 외에 한 사람이 더 있었다. 평소 잘 알고 지내던 장로교회에 다니던 집사였다. 잠시 후 간부로 보이는 인민군이 부하들과 이야기를 나누는 장면이 눈에 들어왔다. 그가 나타나자 시끌벅적하던 실내가 조용해져 말소리가 다 들렸다.

"어디서 온 사람들이야?"

"네, 임자도에서 몰래 예배드리던 기독교인들을 압송해왔습니다!"

"아니, 농촌에서 농사짓는 기독교인들이 무슨 잘못이 있다고 이따위 짓을 하는 거야?"

무슨 영문인지 몰라 어리둥절한 표정으로 있는데, 조금 지나자 험상궂게 생긴 한 사내가 거친 음성으로 세 사람을 불렀다. 이판일 장로 형제는 서로를 처다보았다. 말은 하지 않았지만 서로는 최후의 순간이 임박했음을 직감했다. 두 사람은 손을 잡고 조용히 일어섰다.

계단을 따라 2층으로 올라가는 동안 수많은 생각이 교차했다. 칠순이 훨씬 넘은 어머니와 온갖 고생을 마다않고 묵묵히 자신을 믿고 따라준 아내, 그리고 세 아들과 네 딸의 얼굴이 차례로 떠올랐다. 앞

서 걷던 사내가 복도 한 쪽에 있는 방 앞에 멈춰 섰다. 방으로 들어가
자 부장이라는 명패가 있는 책상에 30대쯤으로 보이는 젊은 남자 한
사람이 서류를 들춰보고 있었다. 그는 한참이나 서류를 들여다본 후
에야 세 사람을 쳐다보며 이름을 물었다. 이판일 장로 형제는 서로의
이름을 말한 뒤 그대로 서 있었다. 이 장로를 유심히 바라보던 부장
이라는 사내가 다소 의아스럽다는 표정으로 입을 열었다. 뜻밖의 부
드러운 말투였다.

"장로님 다니시는 교회에서는 예배를 토요일에 드립니까, 아니면 일
요일에 드립니까?"

"아, 그야 주일에 예배를 드리지라. 당연한 것 아니겠소?"

"그런가요? 음… 그런데 그렇지가 않아요. 예배는 토요일에 드리는
게 옳습니다."

그는 뭔가 더 말할 듯하다가 멈칫하더니 옆에 서 있던 부하를 보며
명령을 내렸다.

"이봐! 이분들 바로 석방해 드려!"

"네, 알겠습니다!"

이판일 장로와 이판성 집사는 서로의 눈을 빤히 바라보았다. 대체
무슨 일이 일어난 건지 어안이 벙벙했다. 밀실에서 비밀리에 예배를
드리다 발각되어 임자도에서 목포 정치보위부로 끌려올 때만 해도 살
길이 막막했고, 이제야 말로 죽게 되었구나 생각하며 모든 것을 포기
했었는데, 이렇게 싱겁게 아무 일도 없었던 것처럼 두 발로 걸어서 나
가게 되다니 도무지 믿기지가 않았다. 일제강점기 때 신사참배를 반

태
양
을
삼
킨
섬

194
—
195

대하다 끌려왔을 때도 영락없이 죽는 줄만 알았다가 희한한 일로 풀려났던 것처럼 이번에도 털끝 하나 상하지 않고 알 수 없는 말만 주고받다가 석방된 것은 하나님의 보호하심과 역사하심이 아니면 설명할 수 없는 일이었다.

정치보위부장은 세 사람에게 여행증까지 써주며 풀어주었다. 당시는 여행증이 없으면 자유롭게 통행하는 일이 불가능한 시절이었다. 세 사람은 그 즉시 이인재의 집으로 달려갔다.

"아니, 아부지? 이거이 워째 된 일이어라? 저것덜이 고냥 순순히 내보내주등가요?"

"글씨, 나도 뭐가 뭔지 모르겄다. 부장이라는 사람이 내를 잘 안다고 험시렁 고냥 내보내 주더랑께. 예배는 주일이 아니라 토요일에 드리는 거이 옳다고 험시렁 말이여. 참 내⋯."

"성님, 지 생각에 그 부장이라는 사람 아무려도 안식교인 같어라."

"고런 것 같기는 현디⋯ 우쨌든 요번에도 하나님께서 도우셨당께. 아적 우덜을 거두어 가실 때가 아닌 모냥이여. 인재 니도 애 마이 썼다. 자, 우선 동명동교회로 가더라고."

동행했던 집사가 친척집으로 먼저 떠나자 이판일 장로는 교회를 가자며 길을 나섰다. 인근에 있던 동명동교회는 광복 후 세워진 성결교회로 후일 목포상락교회로 이름이 바뀌었다. 예배당 간판이 떨어져 나간 동명동교회 입구에는 인민군 병사가 살벌한 기세로 보초를 서고 있었다. 이미 예배당으로서의 기능은 상실한 채 인민군 사무실로 사용되고 있는 듯했다.

"아부지, 여그도 벌써 빨갱이덜 손에 넘어가 버린 것 같구만이라."

"음… 그려, 알겠다."

이판일 장로는 짤막한 대답과 함께 예배당 문을 열고 들어가 신발을 벗어둔 채 강단이 있던 자리까지 거침없이 걸어가서 무릎을 꿇고 기도를 드렸다. 그 뒤를 따라 이판성 집사 역시 누구 눈치 볼 것도 없이 형님을 따라가 뒷자리에 무릎을 꿇고 똑같이 기도를 드렸다. 이인재는 좌불안석일 수밖에 없었다. 설상가상으로 두 사람은 통성으로 기도하기 시작했다.

1924년에 설립된 북교동교회는 목포와 신안 일대를 아우르는 신앙 공동체의 중심이었다.

"아따, 참말 아찔했당께요. 거가 어데라고 두 분이 나란히 무릎 꿇고 앉아 소리 내서 기도를 한당가요? 인자 그곳은 예배당이 아니라 인민군 사무실이었어라. 거기다 밖에는 인민군이 총 들고 시퍼렇게 보초를 서고 있는디 두 양반이 그러고 계시니 나가 월매나 불안했겄소? 안절부절이었제. 가슴이 쿵쾅거리고 난리였어라. 들키면 그날로 끝나는 것이었응께."

훗날 그때 일을 떠올리던 이인재 목사는 아직도 가슴이 졸이는 듯 이렇게 고백했다.

얼마나 지났을까. 호랑이 굴에 제 발로 들어가 기도하던 두 사람은 아무 일도 없었던 것처럼 태연히 밖으로 걸어 나왔다. 문 밖에 보초를 서고 있던 인민군 병사는 어떤 것도 보지 못하고 듣지 못한 양 여전히 목석 같이 서 있을 뿐이었다. 그 순간 이인재는 굶주린 사자 밥으로 내던져진 혈혈단신의 다니엘을 떠올렸다. 그러면서 환란과 죽음을 조금도 두려워하지 않는 아버지와 작은아버지 형제의 태산처럼 굳건한 신앙에 커다란 감명을 받았다.

이인재의 집에서 며칠 동안 머물며 추석 명절을 보낸 이판일 장로는 9월 28일이 되자 임자도로 돌아가려고 채비를 서둘렀다. 그러자 아들 며느리는 물론 주변 사람들이 모두 나서 이들을 만류했다. 좌익세력이 득실거리는 곳으로 들어간다는 건 자살행위나 진배없었다.

"아적 안 되여라. 시방 가는 것은 겁나게 위험허당께요. 뻘갱이덜이 눈을 까뒤집고 있는디 우델 간다고 그라싸요? 머잖아 유엔군이 서울을 수복한다 안 그라요? 그라믄 전라도도 금시 쾌안아질 팅게 그때 가도 안 늦소. 긍깨 요리 급허개 서두를 거이 없당께라."

   이판일 장로 형제와 가족들이 실랑이를 벌일 즈음 두 사람은 뜻밖
에도 그곳에서 그들의 멘토인 문준경 전도사를 만나게 된다. 마침 문
준경 전도사도 목포에 끌려와 있었던 것이다.

불길 속으로 걸어 들어간
문준경과 이판일

전쟁이 발발한 이후 증도도 임자도와 마찬가지로 좌익인사들에 의해 장악되어 모진 수난을 겪고 있었다. 그러다가 9월 27일 밤 인민군은 문준경 전도사와 증동리교회를 섬기던 양도천 전도사 그리고 증도에 들어와 있다가 발각된 이봉성 전도사를 목포에 있는 정치보위부로 한꺼번에 끌고 갔다. 마을 사람들이 따르고 존경하며 여간해서 자신들에게 고분고분하지 않았던 이들을 목포로 데려가 철저하게 조사해서 사상 교육을 시킬 생각이었던 것이다.

그런데 9월 28일 문 전도사 일행이 목포에 도착하자 어찌된 영문인지 인민군들은 이미 철수하고 없었다. 맥아더 사령관이 이끄는 유엔군이 인천상륙작전에 성공하여 서울을 수복하게 되자 하루아침에 전세가 역전되었고, 소식을 접한 인민군들은 압송해 온 문 전도사 일행을 내버려두고 도망가기에 바빴다. 죽을 고비를 넘기고 순식간에 자유의 몸이 된 이들은 이판일 장로 형제가 정치보위부에 잡혀 왔다가 풀려나 아들 집에 머물고 있다는 사실을 알고 찾아온 것이었다. 너 나 할 것 없이 반가운 얼굴로 손을 맞잡고 서로의 안부를 물었다.

문준경 전도사는 잔혹한 공산당들에게
'새끼를 많이 깐 씨암탉'이라는 조롱을 받으며
기꺼이 죽음의 길을 걸어갔다.

이성봉 목사는 '통일 복장'과 '통일 수염'으로
유명했다. 늘 보통 사람들과 같은 수수한 옷을
입었고, 통일이 되기 전에는 깎지 않겠다며
수염을 기르고 다녔다.

"문 전도사님, 암시런 탈 없이 요로콤 뵙게 되어 참말로 반갑구먼이라."

"장로님과 집사님도 이리 무사혀서 올매나 감사헌지 모르겄어라."

"그란디 이봉성 전도사님은 워째 여그 같이 지신다요?"

천신만고 끝에 나룻배를 구해 야밤을 틈타 이판성 집사가 노를 저어 새벽녘 이봉성 전도사를 증도 나루터에 무사히 데려다 주고 왔건만 이봉성 전도사는 바로 목포로 탈출하지 않고 증도에 머물며 문준경 전도사를 돕다가 좌익인사들에게 체포되어 정치보위부까지 끌려오게 된 것이었다. 아무튼 이들은 다시 만나게 된 걸 기뻐하며 서로를 뜨겁게 격려하였다.

이즈음 목포에는 또 한 명의 반가운 얼굴이 이들을 기다리고 있었다. 한국을 대표하는 부흥강사로 전국을 돌며 집회를 인도하다가 전쟁을 맞은 이성봉 목사는 우연하게도 이때 마침 목포에 내려와 있던 것이다. 이판일 장로 일행과 문준경 전도사 일행은 소식을 듣자마자 이성봉 목사를 찾아가 감격스런 재회의 시간을 가졌다. 누가 먼저랄 것도 없이 부둥켜안은 이들은 연신 뜨거운 눈물을 쏟아냈다. 믿음 안에서 한 형제자매요 사제지간이기도 했던 이들은 눈빛만 봐도 무슨 말을 하려는 건지 알 정도로 서로에 대해 잘 알고 있던 사이였다.

한 가닥 삶의 희망도 없이 삯바느질로 하루하루를 연명하던 문준경이 예수를 믿고 새로운 인생을 살게 된 이후 주님 가신 길을 따르기 위해 경성성서학원에 입학하여 전도부인이 되기까지 자신의 신앙을 이끌어준 영적 스승은 이성봉 목사였다. 열 살 때 소년 가장이 되

어 밤낮 없이 일하면서 집안과 식솔들 돌보는 데만 매진하던 이판일
이 예수를 영접하고 삶의 가치관이 바뀌어 진리교회를 제 몸처럼 섬
기며 주의 자녀들 보살피는 일을 자기 식솔 살피듯 할 때까지 신앙의
길잡이가 되어준 사람은 문준경 전도사였다. 문준경 전도사가 임자도
에 처음 진리교회를 개척했을 때 충실한 동역자로 변함없이 자신의
곁을 지켜준 일꾼이 이판일 장로였고, 일이 있을 때마다 달려와 도와
주고 살펴주며 틈틈이 부흥집회까지 인도해 교회가 든든히 설 수 있
게 지원해 준 조력자가 이성봉 목사였다. 호남의 성결교회 역사를 대
표하는 이 세 사람이 사지에서 생의 마지막 조우를 하게 된 것이었다.

한숨을 돌린 이판일 장로와 문준경 전도사는 빨리 섬으로 돌아가
야 한다며 일어섰다.

"어무니와 가족들이 다 거 가 있고, 뭣보담도 사랑하는 교인덜이 모
다 거가 있는디, 나 혼자 살겠다고 여가 있을 수는 없지라. 언능 가서
교인덜과 교회를 살펴야 헌당께요."

"비록 제가 죽을지언정 나 땜시 무고한 우리 신자가 죽어서는 안 되
지라. 나 하나 죽는 것이야 암시랑토 안 허지만 백 전도사가 모진 수
모를 겪고 있을 탱게 제가 이러고 있을 수는 없당께요. 어서 돌아가야
쓰겄소. 한시라도 빨랑 말이오."

이판일 장로와 문준경 전도사의 결심은 확고했다. 아무리 설득해도
요지부동이었다. 결국 이성봉 목사까지 나서 이판일 장로와 문 전도
사가 다시 섬으로 들어가지 못하도록 말렸다.

"이사야 26장 20절에 보면 '내 백성아 갈지어다. 네 밀실에 들어가

서 네 문을 닫고 분노가 지나기까지 잠간 숨을지어다'라는 말씀이 있
어요. 지금 가면 위험합니다. 증도와 임자도에 우리 국군들이 먼저 들
어가서 공산당들을 완전히 토벌하고 나면 그때 들어가도 늦지 않습
니다. 아직은 공산당들이 그대로 있어요. 이럴 때일수록 지혜롭게 행
동해야지요."

그러나 이판일 장로와 문준경 전도사는 그렇게 할 수 없었다. 죽더
라도 가야만 했다.

이렇게 해서 이판일 장로 형제와 문준경 전도사는 이성봉 목사의
마지막 만류마저 뿌리친 채 급하게 임자도와 증도로 향하게 된다. 이
것이 이 세상에서 영적 사제 관계였던 이성봉 목사와 문준경 전도사,
그리고 이판일 장로 형제의 마지막 만남이었다. 이성봉 목사는 훗날
그의 자서전《말로 못하면 죽음으로》에서 당시 긴박했던 상황을 이렇
게 증언한 바 있다.

8월 2일 수요일 밤 집회를 하고 나서 치안서원들에게 붙들려 나갔다.
"네가 목포에서 온 목사냐?"고 했다. "그렇다"고 하니 "이번에 비행기 열
두 대가 와서 목포를 폭격한 것을 아느냐?"고 했다. "비행기 온 것은 안
다"고 했더니, 어느 예수 믿는 여학생이 신호를 해서 비행기가 왔다는 것
이고 그 주동자가 이성봉 목사라고 했다는 것이다.
"나는 예수 믿고 전도나 하는 목사지 그런 것은 모른다" 하니 "이 자식
아, 네가 예수 믿었느냐? 이승만을 믿었지, 목사 새끼 다 죽여 버려라!"
하더니 뒷산 밑으로 끌고 나갔다.

청년 십여 명이 몽둥이를 들고 마구 후려갈기니 스데반의 돌무덤이 생각나서 저들을 위하여 사죄 축복 기도를 하였다. 그런데 아무리 때려도 아프지가 않았다. 이 자식이 얼마나 뚱뚱한지 도무지 아픈 줄을 모른다고 더욱 많이 맞았다. 마지막엔 코가 터져 뜨거운 피가 쏟아지니 참으로 감사하였다. 주님은 나를 피 쏟아 구속했는데, 나도 생피라도 쏟게 하시니 감사하다는 마음이었다.

그만 쓰러져 기절하니 대장이 "아주 죽이지는 말아라. 단번에 죽이기는 아까우니 좀 더 고생시키다가 죽이자"며 찬물을 끼얹어 정신을 회복시켜 유치장에 쓸어 넣었다. 두세 평 되는 좁은 방에 30여 명을 쓸어 넣으니 제일 더운 한여름에 기가 탁탁 막혔다. (…)

감옥을 나와서는 치안서 바로 뒷집 최 마리아 씨 행랑방에서 지내면서 모든 신자들이 찾아오는 대로 전도하고 위로하고 같이 예배하였다. 특별히 주일날 많은 사람이 함께 모이면 의심하기 때문에 저들의 눈길을 피하려고 시간제로 하루에 여러 번 분반하여 예배하였다.

아무래도 전쟁은 치열하고 미구에 끝날 것이 예감되고 그들이 후퇴할 때는 많은 희생자가 날 것 같아서 9월 20일경 밤에 소달구지를 타고 목포로 들어가서 골방에 숨어 있었다. 아닌 게 아니라 목포에 들어간 지 수일 후에 9월 16일 유엔군의 인천 상륙 감행으로 공산군이 후퇴하는데 그때 많은 사람이 희생되었다. 그때 그 치안서에서 나를 찾았으나 행방불명, 나는 되살아나서 주의 능력을 한 번 더 체험하였다.

그때 최명길 목사, 김재선 목사는 학살당하고 말았다. 그 후 나는 더욱 힘을 다하여 무너진 제단들을 다시 쌓고 흩어진 양떼들을 다시 모으기 시작하였다.

내가 숨었을 때에 찾아왔던 문준경 여전도사와 임자도의 이판일 장로 형제를 위하여 기도해주고 가지 말라고 하나 그래도 교회를 생각하여 가더니 종내 그들에게 학살을 당하고 말았다.

1950년 10월 4일 밤,
지상에서의 마지막 예배

임자도로 들어가는 배를 타기 위해 목포 선착장에 도착한 이판일 장로와 이판성 집사의 얼굴엔 결연한 의지가 가득했고, 이들을 생사를 알 수 없는 곳으로 보내야 하는 이인재의 얼굴엔 수심이 가득했다. 이인재는 지푸라기라도 잡는 심정으로 이판성 집사를 붙잡았다.

"자근아부지, 다시 한 번만 생각해 보시랑께요. 유엔군이 시방 인천을 거쳐 서울을 탈환했다고 안 허요? 쪼깨만 더 지시다 가시오. 아부지를 말릴 사람은 자근아부지뿐이어라."

"인재야, 인자 그만혀라. 내도 성님하고 같은 생각이여. 여그 있으믄 맴이 편칠 안 허당께. 설령 험헌 꼴을 당현다 허드락또 주님 위한 길이니 기쁜 맴으로 가게 혀다오."

동행했던 이봉성 전도사까지 이판일 장로를 따라 임자도로 들어가겠다며 고집을 부렸다.

"두 어른을 보내고 젊은 제가 여기 남을 수는 없습니다. 저도 같이 가겠습니다."

"웜메, 고건 안 되지라. 전도사님은 앞으로 헐 일이 많은 분이어라.

절대 딴 맴 잡숫지 말고 앞날을 착실허니 준비하셔야 한당께요. 졸갱이질이 이어지드락또 맴 단디 잡수시오. 이대로 고향에 가서 지시다가 빨갱이덜이 싸그리 물러가믄 그때 다시 교회로 돌아오시지라."

끝내 이판일 장로 형제는 임자도로 가는 배에 올랐고, 남겨진 이인재와 이봉성 전도사는 선착장에서 배가 안 보일 때까지 손을 흔들어 작별인사를 건넸다. 이것이 천국 가는 길의 마지막 전송이었다. 이봉성 전도사는 이판일 장로의 당부대로 고향으로 돌아와 이기백 씨의 서당 서고에 숨어 지냈다. 이로써 이봉성 전도사는 화를 당하지 않고 살아남을 수 있었다.

이봉성 목사는 훗날 이판일 장로를 추억하며 이런 이야기를 들려준 적이 있었다.

"이판일 장로님은 주의 종이 누구인가에 대해 성경이 가르치는 바대로 확고부동한 인식을 지니고 계셨던 분입니다. 그분은 한결같은 자세로 주의 종 받들기를 꼭 주님을 받드는 것처럼 하셨어요. 그 당시 제가 진리교회에 부임할 때 나이는 아주 연소한 20대 초반이었고, 이 장로님의 큰 자제인 이인재 목사와는 막역한 친구지간이었는데도, 자식 같은 저에게 꼬박꼬박 존댓말을 쓰실 뿐만 아니라 매사에 순종하는 자세를 갖고 계셨지요. 매일 새벽기도는 물론이고, 아침밥을 드신 다음 논밭에 나가기 전 반드시 교회에 와서 기도를 드린 후에 일하러 나가곤 하셨습니다. 교회와 교인들을 너무도 사랑하신 참으로 신실하신 분이셨지요."

1950년 9월 15일 유엔군의 인천상륙작전이 성공을 거두고, 진격을 거듭하여 9월 28일 드디어 서울이 수복되자 남진을 계속하던 인민군은 급박하게 퇴각하기 시작한다. 이즈음인 9월 20일 조선인민군 전선 사령관 김책은 무전으로 다음과 같은 긴급 명령을 하달한다.

"인민군의 후퇴는 일시적이다. 유엔군과 국군에 협력한 자와 그 가족을 전원 살해하라. 살해 방법은 당에서 파견되는 지도위원과 협의하되 각급 당책임자의 지휘 아래 시행하라."

이 무자비한 살인 명령에 의해 퇴각하던 인민군과 좌익세력들은 광란의 살인극을 연출하였다. 10월 초 군경이 목포를 수복하고 인근 섬 지역의 좌익과 부역자 색출에 나서자 신안지역 좌익들은 임자도로 몰려들어 마지막까지 저항하였다. 이렇게 살벌한 분위기가 팽배해 있던 시기에 이판일 장로 형제는 진리에 있는 집에 도착했다. 이들을 주시하던 좌익세력들은 즉각적으로 행동에 나서지는 않았다. 목포에 있는 정치보위부 간부가 이들 형제를 털끝 하나 건드리지 않고 석방했다는 소식에 무슨 일인지 몰라 눈치를 살피고 있었던 것이다.

이후 이판일 장로 가족 열세 명을 포함한 진리교회 교인 마흔여덟 명의 죽음에 관해서는 언제, 어디서, 어떻게 희생되었는지 정확한 기록이 남겨져 있지 않다. 다만 여러 증언과 정황 등을 종합해 봤을 때 두 가지 방향에서 추론해 볼 수 있을 뿐이다. 하나는 10월 4일 밤 이 장로의 집 밀실에서 그의 가족 열두 명이 몰래 예배를 드리다가 좌익세력들에게 발각되어 한꺼번에 집에서 순교 터까지 끌려가 10월 5일 새벽 집단으로 학살당했으며, 나머지 교인 서른다섯 명은 임자도가 인민군에 의해 점령된 7월 하순부터 국군에 의해 다시 수복된 10월

19일 사이 약 3개월 동안 여러 가지 사유로 인해 산발적으로 학살을 당한 것이라는 주장이다. 다른 하나는 진리교회 교인들이 이 장로의 인도로 어느 밀실에 모여 계속 예배를 드리던 중 10월 4일 밤 수요일 예배를 드리기 위해 마흔여덟 명이 모여 있다가 좌익세력들에게 발각되어 전원이 집에서 순교 터까지 끌려가 10월 5일 새벽 집단으로 학살당한 것이라는 주장이다.

먼저 마흔여덟 명이 집단 학살되었다는 주장에 관해 살펴보자. 이판일 장로는 임자도로 돌아온 뒤 곧바로 주일 예배를 인도했고, 돌아오는 수요일에도 예배를 드릴 예정이라고 광고했다. 이 소식은 즉각 좌익들의 귀에 들어갔다. 이들은 수요일 예배가 드려지는 현장을 급습하여 전부 살해하기로 모의하였다. 마침내 10월 4일 수요일 저녁이 되자 이 장로 집으로 서른다섯 명의 교인들이 속속 모여들었다. 이 장로의 인도로 한창 예배가 진행되던 중 갑자기 밖이 소란하더니 총과 몽둥이와 죽창을 든 좌익분자들이 들이닥쳤다. 예배는 중단되었고 소란이 일어났다. 그들은 교인들을 밖으로 끌어내 땅바닥에 무릎을 꿇게 한 다음 "예수 믿지 않겠다고 손들고 나오면 살려 주겠다"고 했다. 그러나 손을 들고 나오는 교인은 한 사람도 없었다. 이미 죽음을 예견한 교인들은 포승줄에 묶인 채 그들이 끌고 가는 대로 마을 앞 갯벌로 조용히 따라갔다. 그곳에서 마흔여덟 명의 교인들은 몽둥이에 맞고 죽창에 찔려 잔인하게 희생되었다.

이 주장에는 몇 가지 의문점이 생긴다. 먼저 언제 어떤 일이 벌어질지 모를 일촉즉발의 상황 속에서 마흔여덟 명이 한자리에 모이는 게 과연 가능했을까 하는 점이다. 어떤 이는 모임 장소가 진리교회 예배당이었다고도 하고, 어떤 이는 이판일 장로 집이었다고도 한다. 진리교회 예배당은 이미 인민군에 의해 출입이 봉쇄되어 있었기 때문에 마흔여덟 명이 예배당에 모여 집회를 열었다는 건 현실적으로 가능한 일이라 보기 어렵다. 이판일 장로의 집도 요주의 대상임을 다들 알고 있었을 텐데 마흔여덟 명 교인들을 이곳에 다 모이도록 했다는 건 상식적이지가 않다. 그건 자살행위나 마찬가지였기 때문이다. 이판일 장로가 본인은 순교를 각오했을지라도 모든 교인들을 사지로 몰아넣는 결정을 할 정도로 무모하지는 않았을 것이다. 목포에 숨어 있던 이성봉 목사도 자서전에서 '주일날 많은 사람이 함께 모이면 의심하기 때문에 저들의 눈길을 피하려고 시간제로 하루에 여러 번 분반하여 예배하였다'라고 기록한 바 있다.

다음은 마흔여덟 명이나 되는 교인들의 행적이다. 같은 시간 같은 장소에 모여 있다가 발각되어 한꺼번에 희생되었다면 이들에 대한 행적이 일치해야 하고, 목격자들의 증언이나 유족들의 후속 조치 등이 꾸준히 이를 뒷받침해 줄 수 있어야 한다. 진리에 있는 이판일 장로 집에서 순교 터까지는 약 3킬로미터에 달하는 거리다. 마흔여덟 명이 한밤중에 포승줄에 묶여 이 거리를 걸어갔다면 분명 이를 본 목격자들이 있어야 할 것이다. 그런데 이판일 장로 가족 열두 명이 끌려가 희생된 것에 대한 목격자들은 있지만 나머지 서른다섯 명 교인들이 끌려가는 것을 봤다는 목격자는 나타나지 않았다. 마흔여덟 명 중에는 노인들도 있었고 어린아이들도 있었다. 이판일 장로는 노모인 남경엽 집

임자진리교회 48인 순교기념탑 왼쪽에 있는 최초의 순교기념비.
1957년 여름 전남지방회에서 건립한 것으로 글자가 지워져 알아보기 어렵다.

사를 업고 걸어갔다. 아이들은 무서워서 울고불고 난리를 피웠을 것이다. 당연히 3킬로미터에 달하는 밤길을 걸어가는 데에는 오랜 시간이 소요되었을 게 분명하다. 마을 사람들이 숨어서 이 광경을 지켜볼 수밖에 없는 상황이었다. 그럼에도 목격자가 없다는 건 이상한 일이다. 국군에 의해 임자도가 수복된 후 희생자들의 시신을 수습할 때 이인재는 순교 터에서 자신의 가족 열두 명의 시신을 수습해 가족묘를 조성하였다. 하지만 나머지 서른다섯 명 교인들의 시신은 어떻게 수습되었는지, 묘소는 어디인지, 유족들이 어떤 후속 조치를 취했는지 등이 일절 알려진 게 없다. 명단을 보면 가족으로 보이는 이름들이 있는데도 임자도 안에 이들의 흔적이 하나도 남아 있지 않다는 것은 앞으로 밝혀져야 할 부분이다.

달빛 아래 이어진
순교자들의 행진

지난 2006년 문준경 전도사의 순교를 조명하기 위해 김우현 감독과 함께 임병진 목사가 다큐멘터리 영상 제작 작업을 하고 있을 때의 일이다. 하루는 목포로 내려가 북교동교회에서 이인재 목사를 만나 인터뷰를 한 적이 있었다. 당시 이인재 목사는 이렇게 증언했다.

"그게 사실은 마흔여덟 명이 순교했다고 허지만 집단으로 한 번에 죽은 거는 아니고… 주일학생까정 숫자에 다 포함되었는디… 3개월 동안 물에 빠져 죽은 사람도 있고, 총에 맞아 죽은 사람도 있고, 생매장당혀서 죽은 사람도 있고… 다 합쳐서 마흔여덟 명이었던 거이 맞아요. 교회 나오는 신자들이 말하자면 집사도 있었고, 주로 주일학생들이 많았고… 우리 가족만 집에서 밀실 예배를 드리다가 발각되어 가지고 10월 5일 하룻밤에 화를 당한 거이죠."

살인의 광풍 속에 살아남은 사람들 중 진리교회 마흔여덟 명의 희생에 관해 가장 정확하게 증언해 줄 수 있는 사람은 이판일 장로의 장남인 이인재 목사였다. 그가 생전에 이렇게 증언했다는 건 앞서 제기한 두 가지 추론 가운데 첫 번째 추론이 사실일 가능성이 높다는 이야기다.

　임자도로 다시 돌아온 이판일 장로 형제는 이미 많은 사람들이 희생되었고, 그중에는 진리교회 교인들도 있었다는 사실을 알게 된다. 그리고 좌익분자들에 의한 피의 숙청은 현재진행형으로 이어지고 있음을 감지한다. 하지만 주일과 수요일에 죽음이 두려워 예배를 드리지 않을 수는 없었다. 그의 신앙이나 성정으로 보아 10월 1일 주일에도 그는 틀림없이 자신의 집에서 가족들끼리 예배를 드렸을 것이다. 그리고 10월 4일 수요일에도 똑같이 예배를 드리고자 했다. 그러나 좌익세력들은 이미 이런 사실을 눈치채고 있었다. 그럼에도 불구하고 이판일 장로는 가족 예배를 강행했다. 이판일 장로 가정과 이판성 집사 가정에서 목포에 나가 있던 인재와 이미 출가한 옥심, 이엽, 정엽 세 딸들, 그리고 다른 집에 가서 놀다가 일찍 자느라 그 자리에 없던 이판성 집사의 외동딸 완순을 제외하고 모두 열두 명이 모였다.

　"이미 많은 사람덜이 공산폭도들에게 학살당해 목심을 잃었어라. 저들이 우짤라꼬 그러는지 맴이 너무 아파라. 허지만 우덜은 하나님을 믿는 기독교인들이어라. 우덜에게 시련과 고난은 더 큰 은혜와 복을 주실려는 과정이랑께요. 예수 잘 믿다 죽으믄 천국 가는 것잉께 복받은 사람이이어라. 기독교인들헌티 젤로다가 영광시런 죽음은 주님을 위해 목심을 바치는 순교 아니겠소? 순교는 아무나 헐 수 있는 거이 아니지라. 하나님께 선택받은 사람만이 순교의 영광을 누릴 수 있는 거랑께요. 죄 없는 양민덜과 교인덜이 더 이상 잔인허니 학살당허는 일이 없도록 우덜이 눈물로 기도해야 되어라. 그란디 만에 하나 우덜이 죽음의 길로 가게 된다 하더락또 잔생이도 무서말고 주님의 자녀답게 담대허니 가도록 허십시다."

지상에서 행해지는 그의 마지막 설교는 그날 벌어질 일을 예고하듯 비장하고 숙연했다.

"환란과 핍박 중에도 성도는 신앙 지켰네. 이 신앙 생각할 때에 기쁨이 충만하도다. 성도의 신앙 따라서 죽도록 충성하겠네. 옥중에 매인 성도나 양심은 자유 얻었네. 우리도 고난받으면 죽어도 영광되도다. 성도의 신앙 따라서 죽도록 충성하겠네. 성도의 신앙 본받아 원수도 사랑하겠네. 인자한 언어 행실로 이 신앙 전파하리라. 성도의 신앙 따라서 죽도록 충성하겠네."

찬송을 부르는 이판일 장로의 입술이 파르르 떨렸다. 순간 우당탕하는 요란한 소리가 나더니 상스런 욕설과 함께 총과 칼, 몽둥이와 죽창을 든 좌익분자들이 방 안으로 들이닥쳤다. 그들의 성난 눈동자는 이미 사람의 것이 아니라 피에 굶주린 짐승의 것과도 같았다.

"오메, 환장허겠네. 이런 반동분자 새끼덜! 감히 니덜이 예배를 드려? 우덜 말이 말 같지 않다 이거제? 뜨건 맛을 한번 지대로 봐야 정신 차릴랑가 보네 잉? 다들 끌고 나가랑께!"

이들에게는 이미 일말의 윤리나 도덕이란 게 남아 있지 않았다. 이들은 전쟁 전까지만 해도 한 동네에 살던 이웃들이었다. 외지에서 온 낯선 군인들이 아니었던 것이다. 그런 그들이 도대체 무엇에 홀린 것인지 완전히 안면을 바꿔 사람 목숨을 파리 목숨처럼 여기는 살인마로 변해 있었다. 꼬부랑 할머니인 남경엽 집사로부터 코흘리개 주일학생인 길재와 성재에 이르기까지 누구 하나 사정을 봐주지 않고 무지막지하게 몽둥이로 갈기고 발로 짓밟았다.

그들은 한 사람 한 사람을 일일이 포승줄로 묶은 다음 도망가지 못하도록 서로를 굴비 엮듯 연결했다. 그러고는 미리 준비해 둔 형장을 향해 끌고 갔다. 78세 된 이판일 장로의 노모는 기력이 없는 데다 워낙 놀라 가슴이 두근거리는 통에 한 발 한 발 발걸음을 떼는 일이 여의치 않았다. 몇 발자국 걷다가 넘어지고 다시 몇 발자국 걷다가 넘어지기를 반복하였다. 좌익 결사대원들은 짜증을 내고 악을 쓰면서 빨리 걸으라고 다그쳤다. 이판성 집사의 두 아들 길재와 성재는 한 살 터울로 다섯 살, 네 살이었다. 지금 같으면 유치원 다닐 나이인 어린아이들은 무슨 영문인지도 모른 채 막연한 공포와 두려움에 휩싸여 엉엉 울면서 어른들을 따라가고 있었다. 결사대원들은 자기들도 자식이 있을 터인데 아랑곳하지 않고 빨리 걸으라며 아이들의 등을 몽둥이로 휘갈겼다. 휘영청 밝은 달빛 아래 이어진 눈물의 행진이었다.

"이보소, 울 어매 도저히 안 되겠네. 나가 대신 업고 가믄 안 되겠능가? 지발 부탁허이."

"에진간허믄 그리 합시다. 성님이랑 나랑 업고 가믄 얼렁얼렁 강께 당신들도 안 좋소?"

이판일 장로와 이판성 집사는 젊은 결사대원에게 통사정을 한 끝에 노모를 대신 업고 갈 수 있게 되었다. 형제는 교대로 어머니를 등에 업고 걸었다. 이 땅 위에서 할 수 있는 마지막 효도인 셈이었다. 이 장로는 형들의 손을 잡고 힘겹게 걷고 있는 길재와 성재의 고사리 같은 손을 살며시 거머쥐었다. 이 어린 것들이 무슨 죄가 있어 죽음의 길을 걷고 있나 생각하니 울컥 눈물이 솟았다. 등에 업힌 노모는 왜 그리도 가벼운지 아무런 무게감이 없었다.

"어무니… 괜안으시지라?"

"내야 무신 걱정 있건능가? 내 땜시 자네덜이…."

등 뒤에서 흐느끼는 노모의 눈물 방울이 이 장로의 옷을 타고 등 줄기로 흘러내렸다.

"어무니는 지 어렸을 적 밭에서 일하시믄서도 지를 업고 계셨지라. 어무니 등은 시상에서 젤로다가 따숩고 넓었당께요. 인자 우덜 다 같이 천국 가는 길에 요로콤 어무니를 업고 갈 수 있게 되야가꼬 월매나 다행인지 모르겄어라. 인자 천국에 가믄 아부지를 뵐 수 있겄지라? 머가 그리 급허다고 고래 싸게 가셨는지… 어무니, 아부지 일찍 가시고 우덜 키우느라 그간 참말로 고상 많으셨어라. 천국 가믄 주님 곁에서 우덜 가족 다 같이 만나자고요."

이윽고 이판일 장로 가족 열두 명은 좌익분자들이 미리 준비해 둔 백산 모래사장 처형 장소에 당도했다. 어느덧 날이 바뀌어 시간은 10월 5일 새벽 1시에 이르고 있었다. 그들은 구덩이 속으로 한 사람 한 사람 밀어 넣었다. 이들의 처형 방법은 극악무도했다. 실탄이 아까워 총을 쓰지 않은 채 몽둥이로 때리고 죽창으로 찔러 죽이거나 구덩이 안에 넣고 파묻어 생매장시키는 식으로 살육했다. 이는 일제강점기 때 일본군들로부터 배운 것이었다. 일제는 중국, 러시아, 미국 등과 차례로 전쟁을 벌이면서 총알이 부족하자 집집마다 다니며 쇠붙이란 쇠붙이는 전부 징발해 갔다. 따라서 귀한 실탄은 전쟁용으로만 사용하고 포로나 조선인 저항세력들을 처단할 때는 몽둥이나 죽창이나 칼 같은 도구를 사용했던 것이다. 공산주의자들도 이런 방법을 이어받아 민간 인들을 처형시킬 때 총을 쓰지 않고 다른 도구를 사용했다.

"이보소, 나가 마지막으로 한 가지만 부탁허겄소. 우덜은 아무래도 존디 어무니만큼은 쪼깨 달븐 방법으로다가 가실 수 있게 해주시오. 꼬부랑 함마니 아닝게라. 지발 부탁허요."

"오지개서 이러겄능가? 워쩌크럼 안 되겄능가? 자네덜도 부모가 있지 않능가?"

수확이 끝나 가지런히 정리된 대파 밭 사이로 덩그러니 드러나 있는 순교의 현장.
약 70여 년 전 이곳에서 피비린내 나는 대살육이 벌어졌다.

아그들아, 예수 믿는 사람덜답게
당당허니 죽자구나

　죽음의 문턱에서까지 늙은 어미를 위해 폭도들에게 하소연하며 매달리는 두 아들을 바라보는 남경엽 집사의 마음은 애처로웠다. 그녀는 주위를 둘러보며 자식들을 향해 외쳤다.

　"아그들아, 예수 믿는 사람덜답게 당당허니 죽자구나!"

　아들, 며느리, 손자, 손녀 등 눈에 넣어도 아프지 않은 생때같은 자식들이 단지 예수를 믿는다는 이유 하나만으로 처참한 죽음을 당하게 된 순간에 집안 최고 어른으로서 그녀가 보여준 의연하고 당당한 태도는 정말 놀라운 것이었다. 살려달라며 애걸하거나 구차하게 타협하려 들지 않았다. 어른들의 이런 결연한 자세는 어린 자녀들에게도 고스란히 전달되었다.

　"고럼 어데 당당허니 죽어보랑께, 이 늙은이야!"

　노모의 말이 떨어지기 무섭게 한 결사대원이 앞으로 나서며 미친 듯이 죽창으로 그녀를 찔러댔다. 이판일 장로 어머니는 피투성이가 된 채 그 자리에 고꾸라져 의식을 잃었다.

　"울 함마니헌티 왜 이러는 것이여? 함마니 찌르덜 말랑께!"

손자손녀들이 할머니를 붙들고 통곡했다.

"울어매 찌르지 말아! 차러리 날 찌르랑께!"

이판성 집사의 절규가 이어졌다. 결사대원들은 어린아이들을 발로 차 넘어뜨린 뒤 인정사정없이 죽창으로 마구 찔렀다. 예리한 죽창 끝에서 피가 튀고 살점이 뜯겨 나갔다. 비명과 고함과 욕설이 뒤엉킨 아비규환이었다. 이판일 장로는 무릎을 꿇고 최후의 기도를 드렸다.

"주여, 이 모지랜 종과 우덜 가족 모다 영혼을 받아 주옵소서! 글고 시방 저들이 뭔 짓을 허는지 몰르고 있응께 저들을 불쌍히 여기사 죄를 용서해 주옵소서! 주여…"

"요런 호로자석! 죽을 넘이 무신 기도를 한당가?"

옆에 있던 한 결사대원이 욕을 퍼부으며 몽둥이로 이판일 장로의 뒷머리를 내리쳤다. 그가 구덩이 속에 그대로 굴러 떨어졌다. 이와 동시에 "찔러라!" 하는 외침이 들리며 몽둥이와 죽창이 이리저리 허공을 갈랐다. 피비린내 나는 살육은 그리 오래가지 않았다. 열두 명의 육신에 미세한 움직임이 멈추고 코끝에서 희미한 호흡마저 끊기자 이들은 삽으로 모래를 퍼서 구덩이를 향해 내던졌다. 시신이 묻힌 구덩이를 다 메운 이들은 굶주린 하이에나처럼 또 다른 먹잇감을 찾아 어디론가 서둘러 발길을 옮겼다. 사방에는 적막만이 스산하게 감돌았다.

이것이 10월 4일 수요일 밤부터 10월 5일 목요일 새벽까지 이어졌던 이판일 장로 가족 열두 명의 집단 학살에 관한 가장 사실에 근접한 줄거리라고 할 수 있다. 나중에 국군들과 함께 임자도에 상륙한 이인재가 마을 주민들의 증언과 진리교회 교인들의 목격담 그리고 직접 이판일 장로 가족을 학살하는 데 가담했던 당사자의 이야기를 듣고 그날 상황을 정리한 것이다. 다만 당시 이인재는 이를 기록으로 남기지 않았다. 후일 주변 사람들이나 동료와 후배들 심지어는 가족들에게조차 이에 관한 이야기는 일절 하지 않았다. 그날 일은 생각하지도 묻지도 말하지도 말고, 모든 걸 다 잊고 용서하자는 게 그의 평생 지론이었기 때문이다.

한편 임자도에서 이판일 장로 가족들이 학살을 당하고 있을 때 증도에서는 문준경 전도사가 좌익청년들에 의해 살해당하고 있었다. 이판일 장로 형제보다 며칠 늦은 10월 4일 저녁에 배를 타고 증도로 돌아온 문 전도사는 마을 사람들에게 목포에 국군들이 들어왔으며, 머지않아 증도에도 상륙할 거라는 기쁜 소식을 빨리 알리고자 했다. 공포의 도가니에 빠져 극도의 불안감에 시달리고 있는 사람들에게 이 소식은 생명의 메시지나 다름없었기 때문이다. 그녀는 그렇게 이집 저집을 돌아다니며 소식을 전하다가 좌익분자들에게 붙잡히고 말았다.

그날 현장에서 살아남은 유일한 생존자인 김두학 장로는 생전에 이런 증언을 남겼다.

"문준경 전도사님은 다른 사람들 맹키로 모래사장에서 심문을 받으셨어라. 공산책이 가장 우두머리였는디 '이 사람은 특별히 닭으로 말하자면 어미닭이다. 새끼를 많이 깠기 때문에 처형해야 한다'고 했어요. 심문이 끝난 뒤 몽둥이로 사람을 때려 죽였당께요. 워메, 다들 소리를 지르고 난리가 나버렸는디 문 전도사님은 때리다가 안 되니께 총을 쏴서 총탄 한 발에 돌아가셨어라. 그날 끌려간 사람들 중에 다 돌아가시고 백정희 전도사님과 지만 개오 살아남았어요. 문 전도사님은 돌아가시면서도 '나는 이제 가더라도 우리 백정희 전도사를 비롯한 모든 교인들은 손대지 말고 잘 살펴서 살려 달라'는 말씀을 공산당들에게 하셨당께요.'

10월 5일 새벽 2시경. 증도의 증동리 앞 백사장은 살벌한 죽음의 기운만이 감도는 암흑천지이자 무법천지였다. 광기와 독기만 남은 좌익 세력들은 끌고 온 양민들을 한 사람 한 사람 몽둥이로 때리고 죽창으로 찔러 죽였다. 드디어 문준경 전도사의 차례가 되었다. 그들은 문 전도사를 향해 '새끼를 많이 깐 씨암탉'이라고 놀려대면서 몽둥이로 때리고 죽창으로 찌르기 시작했다. 그 와중에도 문 전도사는 그들에게 백정희 전도사와 교인들만은 해치지 말아 달라고 통사정을 했다. 그러는 사이 그들 중 한 명이 총구를 들이대고 방아쇠를 당겼다. 별빛도 그 빛을 잃고 기러기도 그 울음을 잃어버린 고요한 새벽 적막을 깨뜨리는 한 방의 총소리는 역사의 휘장을 가르듯 그렇게 삶과 죽음을 가르며 허공 속으로 사라져갔다.

"하나님 아부지시여! 내 영혼을 받아주시오!"

문준경 전도사는 이 마지막 말을 남긴 채 하나님 품으로 영원한 안식의 길을 떠났다. 이때가 그녀의 나이 만 59세, 우리 나이로 60세였다. 참으로 놀랍고 신비로운 일이 아닐 수 없다. 비슷한 시간에 굳건한 신앙의 동지였던 문준경 전도사와 이판일 장로 형제가 각기 믿음의 터전인 증도와 임자도에서 거의 동일한 모습으로 하나님의 부르심을 받은 것이다.

임자진리교회 강대필 원로장로는 이판일 장로의 순교에 대해 이런 설명을 덧붙였다.

"물론 우리나라에 훌륭한 순교자덜이 마이 계시지라. 문준경 전도사님만 혀도 우리 교단과 이 지역을 대표허는 자랑시런 순교자 아니겠소? 그란디 말이오. 이판일 장로님은 아주 특별하다 이거지라. 그분은 육지에 나가 공부를 마이 허신 분도 아니고, 신학교 가서 전도사나 목사가 된 분도 아니어라. 섬에서 나서 섬에서만 살았던 극히 평범헌 평신도였당께요. 그란디 이런 양반이 교회 지도자가 되고, 온 교인덜의 존경을 받고, 죽음을 두려워 않는 순교자가 되었다 이 말씀이오. 그랑께 올매나 대단한 것이오. 참말로 훌륭한 어른이랑께요."

주기철 목사는 1940년 9월 20일 평양경찰서에 다섯 번째로 검속되어 최후의 길을 가기 직전 골목길에서 산정현교회 성도 20여 명을 향해 다음과 같은 마지막 설교를 남겼다.

"주님을 위하여 오는 고난을 내가 피하였다가 이다음 내 무슨 낯으로 주님을 대하오리까? 주님을 위하여 이제 당하는 수옥(囚獄)을 내가 피하였다가 이다음 주님이 너는 내 이름과 평안과 즐거움을 다 받아 누리고 고난의 잔은 어찌하고 왔느냐고 물으시면 나는 무슨 말로 대답하랴! 주님을 위하여 오는 십자가를 내가 이제 피하였다가 이다음 주님이 너는 내가 준 유일한 유산인 고난의 십자가를 어찌하고 왔느냐고 물으시면 나는 무슨 말로 대답하랴!"

문준경 전도사와 이판일 장로는 주기철 목사처럼 고난의 잔을 피하지 않고 기쁨으로 받아 마신 참 신앙인이었다. 고난의 칼날을 피하지 않고 온몸으로 맞으며, 고난의 십자가를 두려워하지 않고 끝까지 홀로 지고 골고다 언덕을 뚜벅뚜벅 걸어간 믿음의 용사들이었다. 성결교회의 핵심 교리는 중생, 성결, 신유, 재림의 사중복음이다. 예수를 믿음으로 새 생명을 얻어, 성령의 역사로 영과 삶이 정결해지며, 육체와 정신이 건강하게 치유받아, 예수가 다시 오심을 믿고 소망하며 사는 인생이 성결교회 교리에 합당한 그리스도인의 삶이라고 했을 때 이에 가장 걸맞게 살다 간 믿음의 선진은 바로 문준경 전도사와 이판일 장로일 것이다.

11. 12. 日曜

舊約　申 21：—34？

新約　　　X

오늘은 10月 둘째 主日이고 새벽 그것에
나서 祈禱와 讚頌을 드리고 비가 밤들이
柳海峯 敎會 聽衆들의 물에서 新舊約
말씀을 그려 보았다 ── 이리 아침부터
밀 時間 ㄴ 한사람 빠짐없이 물에서
드리고 恩惠 받기를 渴求해서 간절히 기도드
오늘아 힘에 어울이 新禱院을 探訪코저
슬 傳道師가 내 방에 올라와서 말
록 오늘 오전 祈禱 說敎를 해달라
하는것이 엇다 지난주일에도 要請하는
拒絶하였는데 오늘 또 사양할수가없어서
하엿다 터전 3 : 5 —13 절 말씀을 가리고
新禱院에서 일보는 몇사람을 中心으로해
忠誠된 일꾼이라는 題目으로 說敎했다
청중은 은혜 들은 많은 모임이엇다
오늘 主敎會에서는 午參고 午禱에 몇
자매에나 물에서 祈禱드렸는지 궁금하
적이엇다 오─주께 日力 月 七會 復活
되여 이 종이 가기전에 하고 넘치기를 간절
히 祈願하나이다 ──

第12日

10. 13. 月 晴

（handwritten journal entry, largely illegible）

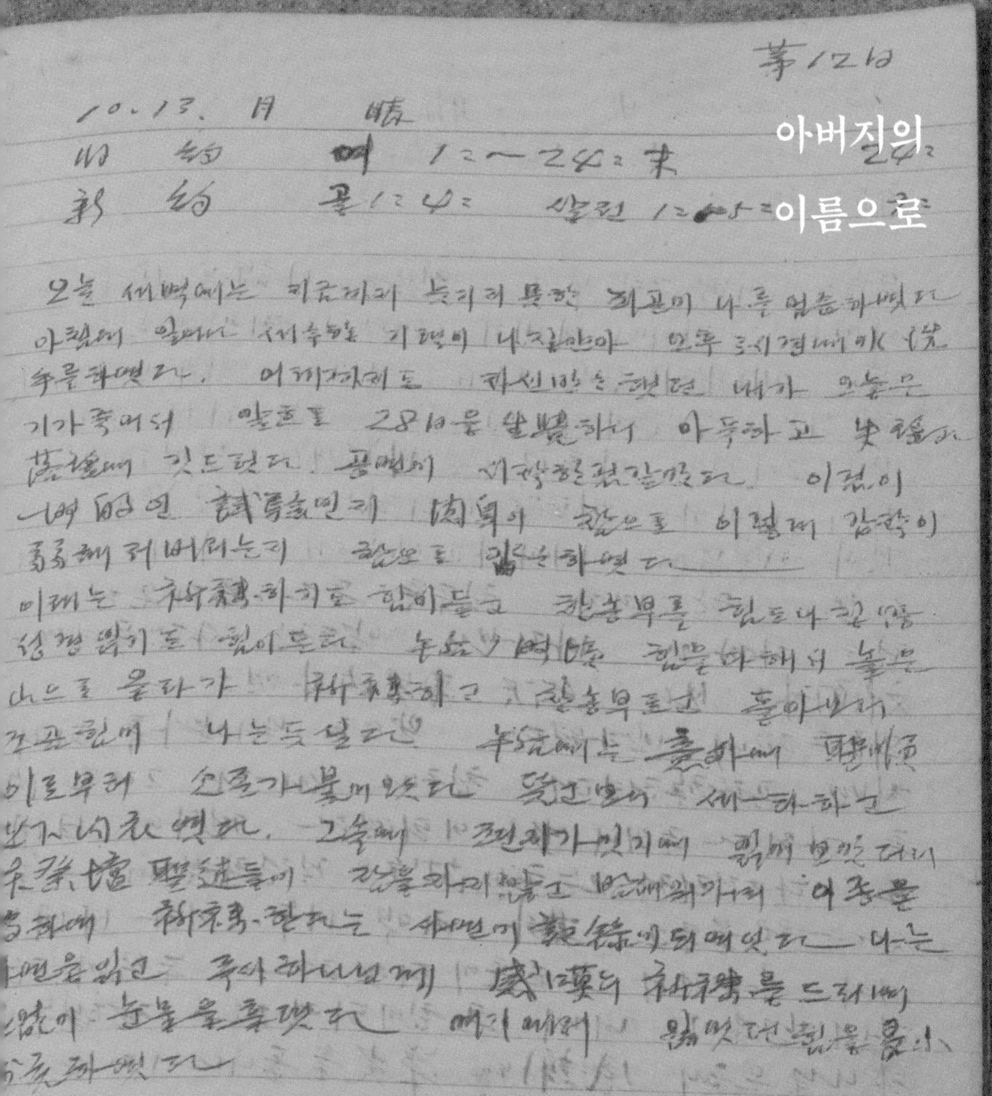

이인재 목사가 금식기도 중에 아버지 이판일 장로에 대해 기록한 노트

역사와의 대화:
누가 순교자인가?

순교란 무엇인가? 크리스천이라면 누구나 아는 것 같지만 막상 제
대로 정의하자면 쉽지가 않다. 사전적 정의에 따르면 순교(殉—따라 죽
을 순, 敎—가르칠 교)란 '모든 압박과 박해를 물리치고 자기가 믿는 신앙
을 지키기 위해 목숨을 바치는 일'을 뜻한다. '직무를 다하다가 목숨을
잃는' 것은 순직(殉職), '나라를 위해 목숨을 바치는' 것은 순국(殉國)이
다. 순교를 뜻하는 단어 'Martyrdom'은 헬라어 '마르투스'에서 왔다.
이는 원래 증언이란 뜻인데, 증언과 그로 인해 겪는 고난 사이의 관계
때문에 죽음과 연계되면서 순교라는 의미를 갖게 되었다.

한국 가톨릭교회에서는 순교를 '실제로 죽음을 당해야 하며, 그 죽
음이 그리스도교의 신앙과 진리를 증오하는 자에 의하여 초래되어야
하고, 그 죽음을 그리스도교의 신앙과 진리를 옹호하기 위하여 자발
적으로 받아들여야 하는' 것으로 규정하고 있다. 이에 따라 한국 가톨
릭교회는 18세기 말부터 19세기까지 이어진 여러 차례의 박해로 인해
발생한 1만여 명이 넘는 순교자 가운데, 1925년 교황 비오 11세에 의
해 79인을 복자로 시복하였고, 1968년 교황 바오로 6세에 의해 24인

을 복자로 시복하였으며, 1984년 한국 가톨릭교회 창설 200주년을 기념해 방한한 교황 요한 바오로 2세에 의해 김대건 신부를 비롯한 순교자 103인을 성인 성녀로 공식 시성하여 추앙하고 있다. 아울러 2014년에는 프란치스코 교황이 방한하여 최초의 순교자인 윤지충을 비롯한 124인을 복자 복녀로 새롭게 시복하였다. 오랜 시간에 걸쳐 매우 신중하고 엄격하게 순교자를 선정하고 추앙하는 전통을 갖게 된 것이다.

이에 반해 한국 개신교회는 몇 개의 연합기관이 있기는 하지만 교단별로 독립적 성격이 워낙 강해서 한국 개신교 전체를 아우르는 순교와 순교자에 대한 정의가 확립되지 못했으며, 순교자를 선정해 심사하고, 추대하여 예우하는 모든 과정이 투명하지도, 통일되어 있지도 못한 실정이다. 지난 1984년 한국 개신교 선교 100주년을 기념하기 위해 초교파적으로 조직된 한국기독교100주년기념사업협의회에 의해 1989년 경기도 용인에 설립된 한국기독교순교자기념관에는 일제강점기와 6·25전쟁을 거치는 동안 배출된 2,600여 명의 순교자들 중 500여 명의 명단과 영정과 유품 등이 전시되어 있다. 이때 한경직 목사와 함께 실무를 관장하며 순교자 명단을 작성했던 김경래 장로는 나중에 이런 어려움을 토로한 바 있다.

"솔직히 그 당시에 검증이 잘 안됐습니다. 제대로 역사적 사실을 검증하려면 학자들이 모인 순수한 독립기관이 있어야 하는데, 한국 교회에 그런 게 없거든요. 기독교 역사학자들이 모여 가지고 사료를 풍부하게 수집하고, 목격자 증언을 듣고, 증거를 찾아내야 한단 말이죠. 그런데 그런 절차 없이 각 교단에서 명단을 받아 가지고 전부 순교자

경기도 용인시 처인구 양지면 추계로 235 금박산 자락에 위치한
한국기독교순교자기념관. 한국 교회를 위해 순교한 선조들의 신앙과 정신을
기리기 위해, 한국기독교100주년기념재단에 의해 1989년 11월 18일 개관하였다.

로 인정했기 때문에 지금 한국기독교순교자기념관 안에 걸려 있는 인물들 가운데 과연 순교자로 추앙할 만한 사람인가 의문스러운 분들도 있어요. 협의회로서는 노회의 추천을 거쳐 각 교단에서 제출한 명단을 무슨 수로 거부를 하고 재심사를 하겠어요? 그러려면 또 반증할 만한 증거가 있어야 하거든요. 지금 한국교회순교자기념사업회가 있긴 있지만 이런 기능을 하기는 역부족이에요. 6·25전쟁 때 총을 앞에서 당당하게 맞은 사람도 있고, 뒤에서 도망을 가다 맞은 사람도 있는데, 인민군에 의해 죽었다 해서 다 순교자는 아니란 말이죠. 교단마다 검증을 제대로 하지 않고 자기 교단 순교자 수를 늘리기 위해 막 들어오는데… 걷잡을 수가 없었어요. 그래서 상당히 고생을 많이 했죠. 앞으로는 한국 교회가 순교자에 대한 정의를 다시 내리고, 교단을 초월해서 독립적으로 역사적 사실을 조사하고 검증하는 기구를 만들어야 해요."

30여 년 전 일에 대한 회고지만 아직도 한국 개신교의 상황은 크게 달라진 게 없다.

감리교신학대학교 이덕주 교수는 순교에 대해 이렇게 정의를 내리고 있다.

"엄밀한 의미에서 순교는 그리스도를 공개적으로 증언하다가 당한 육체적 죽음, 이러한 증언 행위에 대한 적대 세력의 증오와 박해의 결과로 죽음, (배교나 타협을 하면) 죽음을 피할 수도 있었는데, 그렇지 않고 기꺼이 받아들이는 죽음이라고 정리할 수 있다."

고신대학교 이상규 교수 역시 순교는 다음과 같은 조건을 필요로

한다고 지적했다.

"첫째 신앙에 대한 고백과 복음에 대한 증거자여야 할 것, 둘째 그 죽음이 복음 증거와 수호를 위한 불가피한 것이어야 할 것, 셋째 그 증거를 대적하는 박해자나 정치적 가해자가 있어야 할 것 등이 그것이다."

기독교대한성결교회 총회본부의 순교자 선정 규정에 명시된 순교자에 대한 정의 또한 이와 크게 다르지 않다. 이에서 벗어나는 경우에는 순직자나 피랍자 혹은 수난자로 구분하고 있다. 이와 같은 정의에 따른다면 단기선교 기간 중 사고로 숨진 목회자, 여름수련회 때 물놀이를 하다 익사한 교인, 현지에서 불의의 교통사고를 당한 선교사 등을 무분별하게 순교자로 지칭하는 것은 크나큰 잘못이다. 역사에 대한 무지는 종종 이런 오류를 낳곤 한다.

그러면 진리교회의 순교자는 정확하게 몇 명인가? 48인 전부를 순교자로 지칭하는 게 과연 옳은 것인가? 그리스도를 공개적으로 증언하다가 당한 육체적 죽음, 이러한 증언 행위에 대한 적대 세력의 증오와 박해의 결과로 인한 죽음, 배교나 타협을 하면 얼마든지 죽음을 피할 수 있었는데도 그렇게 하지 않고 기꺼이 자발적으로 받아들인 죽음, 이 세 가지 조건을 충족한 그리스도인을 순교자라고 한다면 진리교회 순교자는 48인일 수가 없다. 이판일 장로 가족 외에 명단에 올라 있는 35인의 정확한 행적은 지금으로서는 알 도리가 없다. 그들이 임자도가 인민군에 의해 점령된 7월 하순부터 국군에 의해 다시 수복된 10월 19일 사이 약 3개월 동안 여러 가지 사유로 인해 산발적으로 학살당한 것이라면 집에서 몰래 예배를 드리다 발각되어 죽임을 당했을 수도 있고, 불시에 습격을 당해 끌려가 학살을 당했을 수도 있으며, 살기 위해 도망을 가거나 피신을 하려다 붙잡혀 살해를 당했을 수도 있다.

이판일 장로 가족 13인 중에서도 주일학생이었던 이판성 집사의 두 아들 길재와 성재 그리고 나중에 좌익분자의 손에 살해된 딸 완순은 스스로의 신앙 고백과 자발적 의지에 따른 순교라고 볼 수 없다. 희생자나 수난자로 불러야 옳을 것이다. 남경엽 집사, 이판일 장로, 임소애 집사, 이판성 집사, 고성녀 집사, 주일학교 교사였던 이인홍 선생, 이소엽 선생, 이인택 선생, 이평재 선생, 이홍재 선생 이렇게 10인만을 진정한 의미의 순교자라고 칭할 수 있을 것이다. 지금도 한국 교회는 자기 의지에 따라 스스로 신앙을 고백할 수 있는 나이에 이른 교인에게만 세례를 베푼다. 교단이나 교회마다 차이는 있겠지만 대체로 그 나이는 중학생 이상이다. 유아세례를 받은 경우에도 일정한 나이가 되면 스스로 신앙을 고백하는 절차를 거쳐야만 한다. 교단에서 제공한 자료를 바탕으로 한국기독교순교자기념관에 전시되어 있는 진리교회 순교자 명단을 보면 이판일 장로 가족을 제외한 35인 가운데 무려 22인이 주일학교 어린이들이었다. 따라서 48인 전부를 순교자로 부르는 것은 오류라 할 수 있다.

예수 믿다 죽으면 다 순교라고 주장하는 것은 복음에 대한 훼손이며 순교자들에 대한 모독이다. 1990년 9월 기독교대한성결교회 순교자기념사업위원회에서 진리교회 앞마당에 순교기념탑을 세우면서 명단에 이름이 오른 48인에 대한 검증을 소홀히 한 결과 30여 년 가까이 전설은 사실처럼 굳어져 버렸다. 이는 역사 인식이 결여된 온정주의의 산물로 여겨진다. 죽은 자는 말이 없다. 죽음에 대한 평가는 늘 후대의 몫이다. 어떤 기억을 선택하고 해석하느냐에 따라 죽음의 의미가 달라진다. 역사와의 대화란 이토록 두렵고 떨리는 일이다.

국군과 함께 임자도로 들어온
큰아들 이인재

임자도의 경우, 좌익인사들은 6·25전쟁이 터지기 전부터 대기리에서 정기적으로 모임을 가졌으며, 인민군이 점령하고 있던 기간 중에는 일사분란하게 인민위원회와 농민회를 조직하는 등 활발한 활동을 벌였다. 하지만 그들은 내부적으로 많은 갈등을 겪고 있었다. 짧은 인민군 점령 기간 동안 임자면 분주소장이 세 번 이상 교체된 것을 보면 얼마나 권력투쟁이 심했는지를 알 수 있다. 좌익들은 모든 우익인사들을 죽이자는 '사파'와 이에 반대하는 '생파'로 갈라져 반목을 거듭했다. 이로 인해 자기들 내부에서도 분란과 희생이 발생했다. 좌익 내부의 갈등 이외에도 오랜 기간 누적된 섬 안의 다양한 불화가 복잡하게 얽혀 전쟁 기간 동안 극단적으로 표출되었다. 그 결과 임자도는 어느 지역보다 더 많은 희생자가 생겨났다.

이 무렵 황해도 옹진군에 살았다는 주민 40여 명이 피난길에 올라 세 개의 돛이 달린 고기잡이배를 타고 임자도에 이르렀다가 좌익분자들에게 발각되어 몰살당한 일도 있었다. 전장포교회 고종섭 집사는 예배당 옆 대파 밭 부근이 그 비극의 현장이라고 알려주었다.

임자도 곳곳에는 전쟁 당시의 피비린내 나는 역사가 오롯이 스며들어 있다.
전장포도 예외가 아니어서 예배당 옆 대파 밭 부근에서 많은 주민들이 희생을 당했다.

"그 사람덜이 노 젓고 와서 이 앞을 지나가는디 배에 태극기 달고 온 걸 보고 폭도들이 자기덜도 태극기 달고 가서 아군이라 허믄서 속여 갖꼬 배를 대라고 헌 거이죠. 그랑께 그 사람덜이 안심허고 배를 댕께 죽창 같은 걸로다가 위협허믄서 이리로 끌고 와서 죽였어라. 그때는 여가 다 낮은 산이었어요. 난중에 깎아서 밭을 만든 거이죠. 저그 저 전봇대 밑으로는 바다였어요. 짚은 데를 파가지고 찔러 죽이고 그대로 묻어 버린 것이오. 그 사람덜이 지방 폭도들인디 즈그덜 말로 결사대라고 했어요. 면장이 위원장이오. 6·25 때 우리 삼촌이 구장이었단 말이오. 구장이 요즘으로 치믄 이장이지라. 삼촌이 마을 사람들헌티 인심을 많이 얻었어요. 그란디 일꾼덜이 폭도가 되야갖꼬 전답 깨나 있는 사람들을 다 죽인 거요. 삼촌네 일꾼덜이 삼촌네 가족을 싹 다 죽여 버린 거랑께요. 우리 삼촌도… 밤에 묶어서 줄줄이 끌고 가다가 도로가에서 막 찔러 죽이고 구덩이에 몰아넣어 버링께… 숨도 안 끊어졌는디 그냥 묻어 버링께 다 죽은 것이오. 임자도 곳곳에서 그런 일이 벌어졌지라. 나중에 삼촌 시신을 구덩이에서 파내는디… 몸이 물에 불어서 남자들은 옛날에 지게를 많이 졌응께 어깨나 발바닥 이런 디가 다 벗겨지고, 여자들은 머리에 짐을 많이 지고 다녔응께 머리가 다 벗겨졌드라고요. 그때 나가 아홉 살이나 묵었을까? 아따, 참말로 징헌 일이었제…."

1950년 10월 2일 목포에 국군이 상륙하자 신안지역을 장악하고 있던 인민위원회 역시 해산과 더불어 후퇴를 시작한다. 그러나 신안은 워낙 많은 섬들이 밀집해 있어 군경의 수복이 자꾸만 늦어졌다. 10월

중순이 지나 겨우 수복이 이루어졌지만 각 섬마다 시기가 달랐다. 임자도는 수복이 가장 늦었던 지역으로 10월 19일에야 비로소 수복이 되었다. 따라서 이 기간 동안 분주소원 및 지방 좌익에 의해 많은 희생자가 발생했다. 인민군 퇴각 당시 신안지역 좌익세력들은 무안을 거쳐 영광 불갑산 등지로 후퇴하였고, 그 과정에서 사망하기도 했으나, 대부분 군경이 신안을 수복하던 시기에 즉결처분되거나 자결한 것으로 전해진다.

10월 19일 임자도 치안 확보를 위해 들어온 부대는 진해지구 후방 요원들로 구성된 백부대였다. 이날은 음력 9월 9일 중양절이었다. 백부대는 동이 틀 무렵 바다에서 한 시간 이상 사격을 가한 다음 상륙을 시작했다. 이때 백부대를 인민군으로 착각한 일부 주민들이 "인민군 만세!"를 부르다가 사살되기도 했다. 백부대 대원들은 여러 마을을 수색하며 좌익분자들을 색출하는 과정에서 민간인을 지방좌익으로 오인해 즉결 처형하는 일도 벌어졌다. 이들은 이날로 바로 임자도를 떠나고, 해병 제2대대가 다시 임자도 치안을 담당하게 되었다. 육전에 경험이 없던 해군의 요청에 의해 작전권이 해군에서 해병대로 넘어갔기 때문이었다.

목포에서 임자도 상황을 예의주시하고 있던 이인재는 혹시라도 불미스러운 일이 벌어지지나 않을까 노심초사 중이었다. 그는 천신만고 끝에 10월 19일 해군 백부대와 함께 임자도로 들어올 수 있었다. 진리에 도착하자마자 그는 쏜살같이 자신의 집으로 직행했다. 제일 먼저 부엌으로 뛰어 들어가 아궁이에 손을 집어넣었다. 따뜻한 온기가 전해졌다. 사람이 살고 있다는 증거였다. 안도의 한숨을 내쉬었다. 그는 지나가는 이웃사람들을 붙잡고 어찌된 영문인지 다그쳐 물었지만 모두 고개를 숙인 채 아무런 대답을 하지 못했다. 이상한 느낌이 들어 대청마루로 올라가 방문을 열어 보았다. 그런데 이게 웬일인가. 분명 아버지와 어머니가 살고 계신 집이었는데, 엉뚱한 사람들 세간이 버젓이 들어서 있었던 것이다. 한 가닥 기대와 소망마저 여지없이 무너져 내리는 순간이었다. 그는 제자리에 털썩 주저앉고 말았다.

꿈속에서도 잊을 수 없었던 그날의 처참한 상황을 이인재 목사는 다음과 같이 증언했다.

"내가 목포에서 하도 걱정이 되야갔꼬 몇 번이나 임자도로 갈려고 혔지만 안 되야서 후퇴를 허고, 세 번째로 해군 백부대 배를 타고 상륙을 헌 거이죠. 임자도에 도착헌 거이 아침 7시쯤인디 부락에 들어가니께 사람 하나 없고 모두 피난을 갔는지 조용하더랑께요. 그래 집에 들어가 보니께 세탁물도 널려 있고, 아궁이에 불을 땐 흔적도 있고 헌디, 당췌 사람이 없어서 못 물어보고 한참을 있었어요. 그러다 어떤 사람이 지나가길래 물어보니 '뭐, 이웃 부락에 가셨능가?' 이러믄서 얼버무리길래 다른 사람을 만나 '우리 식구 다 어디 있냐?'고 물었더니 내 손을 잡고 눈물을 흘리믄서 '아, 말할 거 뭐 있능가?' 이러는 거여. 암시래도 이상허다 싶어 다시 집에 가서 방문을 열어 보니께 우리 살림이 아니었어라. 식구들을 다 죽여 버리고 우리 집에 다른 사람 살림을 들여놓은 거이죠. 지금도 그때 생각허믄 숨이 꽉 막히는디… '아, 다 돌아가셨구나!' 하는 생각이 드는 순간 화가 확 치밀어 오르더랑께요.

난중에 그 광경을 본 사람헌티 들어서 알게 된 거인디 아버님은 돌아가시기 직전에 무릎 꿇고 당신의 영혼을 위해, 식구들을 위해, 악당들을 위해 기도를 하셨어라. '저들이 무슨 짓을 허는지 몰르께 용서해 주시고, 사후에라도 잘못을 깨달아 예수 믿게 해달라'고 기도하신 거랑께요. 예수님이 십자가에서 돌아가시기 전 하시던 기도 그대로 하신 거여라. 그러니께 우리 집 바로 이웃에 살던 놈인디 몽둥이로 그 자리에서 아버님을 두드려 깨믄서 '이 죽일 넘이 기도는 무신 기도냐?' 그런 거이죠. 사정없이 두들겨 패서 아버님이 그 자리서 돌아가셨어라. 백산이라는 모래사장인디 그날 밤 죽여서 갖다 버린 시체가 300명은 됐을 것이오. 구덩이가 일곱 개였는디… 전부 생매장해서 시체를 파묻어 놔서 얼굴도 이리저리 찌그러지고 피투성이에 난리였응께… 얼굴 봐서는 도무지 모르겠응께 의복도 보고 같이 지내던 사람들 이야기도 듣고 해서 시체를 찾은 거이죠. 그래갖꼬 다른 시체는 다 찾았는디 아버님 시체만 못 찾았어요. 정신없이 헤매다가 주머니에서 목포에서 쓰던 여행증을 찾았지라. 임자도로 오시기 전 목포에서 정치보위부장이 아버님께 만들어준 여행증이었당께요. 그게 들어 있던 시체가 바로 아버님이었어요. 그렇게 혀서 가족들을 다 안장헌 것이지라."

전쟁이 일어나자 무책임하게 순경 한 명만을 남겨두고 임자도를 치안 공백 상태로 방치한 채 달아났던 경찰관들이 다시 임자도로 들어왔다. 면사무소와 파출소 등에 태극기가 펄럭이게 되자 세상은 또 한 번 뒤집어졌다. 사람 목숨을 파리 목숨처럼 여기며 살상을 자행했던 가해자들은 살길을 찾아 달아나기 바빴고, 산속으로 도망가다 붙잡힌 사람들은 맞아죽는 일이 다반사였다. 피해를 당했던 이들은 하루 아침에 가해자로 돌변해 곳곳에서 피비린내 나는 분풀이가 반복되었다. 외지에 나가 가까스로 죽음을 면했던 피해자 가족들이 속속 섬으로 들어오면서 사태는 더욱 악화되었다. 며칠 전까지도 가해자였던 이들은 보복을 피하느라 전전긍긍이었고, 피해자들은 그들을 죽이고도 모자라 땅을 치며 통곡하는 일이 예사였다.

아들아, 나가 그들을 용서했응께
너도 그들을 용서하그라

설마설마하던 일이 실제로 벌어진 끔찍한 현장을 직접 확인한 이인재는 끓어오르는 분노를 억누를 길이 없었다. 불과 얼마 전 비장한 각오로 임자도행 배에 올랐던 아버지와 작은아버지, 언제나 정갈하고 인자하셨던 할머니, 녹록치 않은 시골 살림에도 불평 한마디 없이 늘 가족을 알뜰히 챙기던 어머니, 그리고 아버지 앞에서 변함없이 자신의 편을 들어주던 작은어머니, 형 말이라면 군말 없이 잘 따라주던 사랑스런 동생들… 이제 다시는 이들의 얼굴을 볼 수 없고, 목소리를 들을 수 없게 되었다 생각하니 피가 거꾸로 치솟는 듯한 고통이 엄습했다. 시집 간 누님과 여동생들을 제외하면 집안에서 자기 혼자 살아남은 셈이었다.

"오, 하나님! 어쩔라고 저에게 요로콤 잔인헌 시험을 주시는 것잉게라?"

더 기막힌 일은 일가족을 몰살시킨 것도 모자라 그 당사자인 원수들이 부모님이 사시던 집을 떡하니 차지하고 앉아 자기들 세간을 들인 채 살고 있었다는 사실이다. 두 주먹이 불끈 쥐어졌다. 이 한을 그

태양을 삼킨 섬

242
—
243

대로 품고서는 남은 인생을 마음 편히 살아갈 자신이 없었다.

"당시 내가 인자 죽느냐 사느냐를 고민혔지라. 나가 이대로 죽어블
믄 부모형제 뒤를 따라가는 거이다. 그란디 암만 생각을 혀도 내가 고
냥 죽어블믄 우리 집안이 다 무너져 버린다, 이 말이어라. 그려갖꼬
아, 내가 살아야 되겄다, 생각을 혔어요. 다른 사람덜은 다 학살을 당
혔지만 우리 가족덜은 주의 이름으로 순교를 혔으니 지금 그 영혼들
은 다 낙원에 가 있을 것이다, 이리 생각헌 거이죠. 그란디 그때 어디
선가 아버님 음성이 들리기를 '사랑허는 아들아, 나가 그들을 용서했
응께 너도 그들을 용서하고, 원수를 사랑으로 갚어라' 이러시는 것이
었어라. 분명 아버님 목소리였당께요. 거그서 내가 인자 새 힘을 얻게
되었던 것이오."

해군 백부대는 마을 곳곳에 숨어 있는 좌익분자들과 부역자들을
색출하면서 함께 배를 타고 들어온 이인재에게 특별한 임무와 권한
을 부여하였다. 일가족이 학살당한 최대 피해자 집안의 유일한 생존
자인 데다 마을 사람들의 존경을 한 몸에 받던 이판일 장로의 장남
이자 목포에서 건축 관련 사업을 하고 있는 믿을 만한 신분이었기 때
문이다. 그에게 주어진 역할은 살릴 사람과 죽일 사람을 가르는 일이
었다. 한 사람의 생사여탈권을 쥔 막중한 소임이었다. 널따란 포목을
찢어서 파란색과 빨간색을 칠해 태극 마크가 박힌 완장을 만들었다.
그가 나눠준 완장을 차고 있으면 살려야 할 사람이라는 뜻이었고, 완
장을 차고 있지 않으면 죽여도 그만이라는 뜻이었다. 완장을 찬 사람
은 살고, 그렇지 않은 사람은 처형을 당하는 생사가 갈린 숨 막히는

순간이었다. 그는 이 부락 저 부락을 다니며 숨어 있는 사람들을 찾아 완장을 나눠주었다. 이 소문은 순식간에 온 마을에 퍼져 나갔다. 구원의 소식이었다.

"웜메, 목포에 나가 있던 이인재가 군인덜허고 같이 들어왔다고 혀서 이제 우덜은 다 죽었구나 생각했는디… 아, 죽이는 거이 아니고 살려준다고? 아따, 시방 그거이 참말이여?"

자기 식구들을 다 죽인 원수를 조건 없이 살려준다는 말에 사람들은 반신반의하며 믿으려 들지 않았지만 점차 사실로 드러나자 하나둘 모습을 드러내고 완장을 받아가기 시작했다.

"숨어 있던 사람덜이 슬금슬금 나와 가지고 빨리 이인재헌티 가서 완장 얻어라, 이렇게 된 것이지라. 그랑께 전부 나헌티 와가지고 '아이고, 완장을 얻어야 산다' 하믄서 형님 찾고, 동생 찾고, 아저씨 찾고, 조카 찾고 난리가 났었당께요. 그 당시 임자도 살던 사람덜 아, 부역 안 헌 사람이 없었응께… 암튼 내가 완장을 맹글어 줘서 많은 사람덜을 살렸어라."

군인들을 데리고 나타난 저승사자가 변하여 죽을 사람들을 구하러 다니는 천사의 역할을 하게 된 셈이었다. 그의 귓가에는 오직 아버지가 들려준 단 한마디만이 들려올 뿐이었다.

"아들아, 나가 그들을 용서했응께 너도 그들을 용서하고, 원수를 사랑으로 갚어라."

이것은 순교의 기적에 뒤이은 용서의 기적이었다. 인간으로서는 도저히 할 수 없는 기적 같은 사랑이었다. 이인재의 그리스도를 본받은 용서와 사랑은 임자도에 있는 많은 사람들을 감동시켰다. 복수는 또 다른 복수를 낳고, 보복은 또 다른 보복을 잉태할 뿐이었다. 잔인한 방법으로 당한 만큼 복수한다고 해서 죽었던 사람들이 다시 살아나는 것도 아니었다. 받은 만큼 혹독하게 되갚아준다고 해서 마음에 남은 한이 말끔히 풀리는 것도 아니었다. 매듭을 푸는 유일한 방법은 조건 없는 용서와 사랑이었다. 이인재에게서 시작된 용서와 사랑의 울림은 다른 사람들에게 퍼져 나가 여기저기서 피해를 당한 사람들의 관용이 베풀어졌다.

아버지 이판일 장로가 초지일관하는 결단의 신앙인이었다면, 아들 이인재는 사람들을 사랑으로 품어주는 인내의 신앙인이었다. 이인재의 '인(仁)'은 '어질다', '사랑하다', '불쌍히 여기다'라는 뜻이고, '재(宰)'는 '재상', '우두머리', '주재자'라는 뜻이다. 이를 풀이하면 '어진 마음으로 사랑을 실천하는 중심인물'이라는 의미가 된다. 이때부터 그는 이름에 걸맞게 아버지의 신앙을 이어받아 사람들을 불쌍히 여기며 사랑을 실천하는 인내의 삶을 살게 된다.

크리스천치유상담대학원대학교 총장인 정태기 목사는 이판일 장로 부자의 순교와 용서를 통해 임자도에 뿌리내린 그리스도의 사랑이야말로 진정한 부흥의 역사라고 평가했다.

"1959년에 임자도로 이사를 갔는데, 좀 깨인 사람들은 다 진리교회를 다니더군요. 이미 상당히 불이 붙어 있던 때입니다. 순교로 인해 믿는 사람들 씨가 말랐었는데, 만일 그때 이인재 목사님이 이들에게 보복을 했더라면 진리교회는 부흥이 안 됐을 겁니다. 이인재 목사님이

보복을 하지 않고 원수를 끌어안았기 때문에 교회의 부흥이 이루어
질 수 있었습니다."

　전남 목포를 상징하는 유달산 자락 아래 이 고장 출신의 극작가인
차범석 선생을 기리기 위해 이름 붙여진 차범석길 35번길에는 1924년
첫 예배를 드린 이래 이 지역 수많은 그리스도인들의 안식처가 되었던
북교동교회가 자리하고 있다. 1946년부터 목포에 나와 살던 이인재는
6·25전쟁 직후까지 북교동교회에 출석하며 집사로 봉사하고 있었다.
목포교회, 목포제일교회, 북교동교회로 이름이 바뀌는 긴 세월 동안
말없이 역사의 질곡을 견뎌온 고즈넉한 돌 예배당 앞 자그마한 원룸
에는 현재 이판일 장로의 셋째 딸 이정엽 권사가 홀로 생활하고 있다.
오빠인 이인재 목사마저 세상을 떠난 지금 그녀는 아버지 이판일 장
로에 관해 증언해 줄 수 있는 몇 안 되는 혈육이다. 주름진 얼굴에는
형언 못할 만난의 자국이 선명했다.

　"나가 1928년생잉께 올해 여든아홉이오. 큰언니는 여든 살 되았을
때 돌아가셨소. 작은언니는 나보담 세 살 위인디 서울 요양원에 계시
지라. 나이가 있응께 귀도 어둡고 말도 어눌허고 그라지요. 우리가 진
리 선창에 살았는디, 큰언니는 보작도라는 섬으로 시집가고, 작은언
니는 증도로 시집을 갔어라. 나는 열여덟 살 묵었을 적에 출가혀서 중
국에 가 있었당께요. 일본 넘들이 난리통에 보국대 보내고 처녀들 뽑
아가고 그러니께 안 갈라꼬 일찍 장가가고 시집가고 그랬제. 그랑께 여
그서 결혼허고 중국으로 피난을 간 것이여. 신랑은 지도에 살든 김복
동이라는 사람이었는디 나보담 열다섯 살이나 많았어라. 급허니께 따

태양을 삼킨 섬

246
—
247

이판일 장로의 셋째 딸 이정엽 권사.
현재 목포 북교동교회 부근에서 생활하고 있다.
장녀 옥심, 차녀 이엽과 더불어 딸 셋은 출가한 덕에
광풍의 소용돌이를 피해갈 수 있었다.

질 것도 없이 간 것이여. 2월에 갔는디 8월에 광복이 되부렀소. 1년만 있다 온다고 간 거인디 광복이 됭께 그만 문이 딱 닫아져 부러 못 나온 것이제. 난중에 6·25 터지던 해 아버지랑 어머니랑 가족들 다 돌아가신 걸 알았제. 언니들허고 나는 시집가서 산 것이오. 시집 안 가고 거가 있었으면 우덜도 다 죽었을 것이오. 웜메, 참말로… 길림성허고 심양에서 살았는디 남편은 나가 서른여덟 살 때 세상 떠나고 고생 참 많았지라. 그래갔꼬 45년 만에 나왔당께. 하이고, 시집가기 전에 임자도 살 때 문준경 전도사님 본 기억이 지금도 눈에 선하지요. 못 허는 거이 없는 대단한 분이었어라. 서울로 증동리로 자주 가싱께 우리

아버지가 교회를 다 맡아서 했당께요. 아버지는 겁나게 부지런허고 무
신 일을 허든 진실허게 하신 분이었지요."

순교 현장이 바라보이는 곳에
기념 예배당을 짓다

    문준경 전도사가 순교하기까지 신안 일대 섬 선교의 교두보로 삼았던 증도의 증동리교회 김상원 목사는 임자도가 고향이다. 그가 지역 어른들로부터 들었던 이야기를 전해 주었다.

    "10월 4일에서 6일 어간에 공산주의자들이 자행했던 만행을 이인재 목사님께서 용서하신 일은 더 크게 확산될 수도 있었던 상황을 미연에 방지한 효과가 있었습니다. 군경에 의해 즉결처분이 내려질 당시 이씨들을 처형한 다음 날 김씨들을 처형하는 날이었는데, 이 목사님이 용서를 하심으로써 죽이지를 못하게 된 것이죠. 이인재 목사님께서 가족들 시신을 수습해 관 열두 개를 늘어놓고 장례를 치르던 날, 마을에서 울지 않은 사람들이 없었다고 합니다."

    이판일 장로 가족들이 순교한 현장에서 대각선으로 마주보이는 곳이 대기리다. 당시 대기리는 530호 가량이 거주하던 임자도에서 가장 큰 마을이었지만 대부분 가난하게 살던 사람들이었다. 해방과 동시에 마을에서는 남로당과 연계된 좌익들의 활동이 활발하게 전개되었다. 지주들에게 땅과 재산을 빼앗아 가난한 소작농들에게 돌려준다는 주

1953년 창립된 대기리교회.
이인재 목사가 사비를 털어 손수 지은 '이판일 장로 순교기념교회'로
이판일 장로의 순교와 이인재 목사의 용서가 용광로처럼 녹아들어 탄생한 교회다.

장에 많은 주민들이 현혹되었다. 그러다 전쟁이 일어나고 인민군이 섬을 장악하자 대기리에 있던 좌익분자들이 일제히 들고 일어난 것이다. 얼마 뒤 국군에 의해 임자도가 회복되면서 대기리 주민들은 공포에 휩싸였다. 좌익세력들의 발판이었던 대기리가 쑥대밭이 될 것으로 예상했기 때문이다.

하지만 그들은 모두 무사했다. 이인재가 앞장선 덕분이었다. 대기리 주민들은 이인재에게 큰 빚을 진 심정이었다. 이후 주민들은 그는 물론 그가 믿는 하나님에 대해서도 상당한 호감을 가지게 되었다. 이즈음 이인재 집사는 아버지와 가족들의 순교를 기리기 위해 대기리에 예배당을 지을 생각을 하게 된다. 그는 대기리에서 임자진리교회까지 출석하는 교인들에게 자신의 생각을 이야기했다. 그들은 대환영이었다. 이인재 집사의 생각은 두 가지였다.

"교회를 세울려고 허니께 유지 여러 명이 와서 우리 부락에 세워달라, 땅을 제공할란다, 이러더라고요. 내가 대기리에 교회를 세운 것은 두 가지 뜻이 있는디… 한 가지는 교인 네 사람인가가 4킬로미터쯤 떨어진 진리교회에 출석허고 있었기 땀시 그분들을 위해 짓고자 했던 거이고, 또 한 가지는 임자도에서 제일 큰 부락이 대기리인디, 6·25 전쟁 때 사람이 가장 쪼깨 죽은 부락이었어라. 공산당이 제일 많았던 곳이라 이 말이었제. 몇몇 부인들이 그 부락은 너무 강퍅해서 안 됩니다, 이러더랑께. 나는 사람이 허는 거이 아니라 하나님이 허시는 일잉께 해봅시다, 요로콤 이야기를 했어라. 그란디 돈이 없응께 아버님이 남겨둔 논을 1천 평쯤 팔아서 내가 기술이 있응께 직접 시골 목수 둘

데리고 예배당을 지었어요."

진리에서 대광해수욕장 쪽으로 가다가 임자중고등학교가 있는 교동으로 우회전하여 포장도로를 따라 직진하면 대기리에 다다른다. 우뚝 솟은 십자가를 바라보고 골목을 잘 따라가면 이인재 목사가 직접 목수 일을 하며 지었다는 대기리교회가 나타난다. 물론 그 후 교인들이 늘어남에 따라 예배당을 신축했기 때문에 지금 예배당은 처음 건축했던 예배당이 아니다. 붉은 벽돌을 쌓아 올린 2층 예배당이 고아하고 소박하며, 2층 예배당에서 사택으로 나 있는 구름다리가 특이하다. 주보 맨 위쪽에는 '이판일 장로 순교기념교회'라고 적혀 있다.

"제가 광주에 있다가 1999년 1월 7일 대기리교회로 왔으니까 벌써 18년째네요. 임자도는 해방 이후 좌익 활동이 많았기 때문에 6·25전쟁 당시 희생자가 엄청났어요. 그 근거지가 바로 대기리에요. 전후에도 임자도 간첩단 사건이 있었는데, 그 거점 역시 대기리였어요. 사상적 갈등으로 인한 어려움이 많았죠. 그런데 이인재 목사님이 악을 선으로 갚으라는 이판일 장로님의 유지대로 용서와 사랑을 실천하셨어요. 그래서 대기리 사람들이 자기들에게 면죄부를 준 이인재 목사님이 세운 교회를 우리가 보호해야 한다는 여론이 일었던 것이죠. 대기리에서 몇 분이 진리교회를 다니셨는데, 그때는 지금처럼 길이 반듯한 게 아니라 산도 넘어야 하고, 개펄도 건너야 하고, 시간도 오래 걸렸기에 아주 힘들었어요. 게다가 대기리가 임자도에서 제일 큰 마을이었으니까 이인재 목사님이 이곳에 교회를 세웠으면 좋겠다는 뜻을 가지고 직접 예배당을 지은 것이죠. 처음 지은 예배당은 자그마한 목조 건물이었어요.

1959년에 정태기 목사님이 고등학교를 졸업하고 어머니가 계신 임자도로 와서 1년간 재수를 한 적이 있었어요. 의대에 진학하려고 했었는데, 당시 집에서 쓰던 이름하고 호적에 적힌 이름이 달라서 이름을 잘못 쓰는 바람에 대학 입학시험에 떨어졌다고 해요. 목포에서 중고등학교를 다닐 때도 집 옆에 있는 기장교회에 새벽기도를 하러 다닐 정도로 신앙이 좋았다고 하더군요. 그때 대기리교회에는 열다섯 명에서 스무 명가량이 모여 예배를 드리고 있었어요. 마침 담임 교역자가 공석이었는데, 젊고 신앙심 깊은 정태기 학생이 교회를 나오니까 어른들이 '태기 니가 설교도 허고 목회도 하그라' 이러신 거예요. 그래서 정태기 학생이 재수하면서 대기리교회 예배를 인도했죠. 그러다가 하나님을 새롭게 만남으로써 의대가 아니라 신학교를 가게 된 겁니다. 기장교회를 다녔으니 한신대를 간 것이죠. 정태기 학생이 대기리교회를 이끌면서 얼마나 열심히 했는지 교인들이 60명 이상으로 부흥이 되었다고 해요."

황현수 목사는 순교자의 전통이 서린 대기리교회를 섬기고 있는 데 대해 굉장한 자긍심을 가지고 있는 듯 보였다. 1953년 5월 10일에 창립된 대기리교회는 현재 130여 명의 교인들이 출석하고 있으며, 중고등학생들이 20여 명, 초등학교 학생들이 10여 명쯤 모인다고 한다. 재정적으로도 농어촌 교회치고는 별 어려움이 없을 정도로 넉넉한 편이라고 했다. 황현수 목사는 이 모든 배경 뒤에는 이판일 장로의 의로운 순교 정신이 있다고 믿고 있었다.

"처음 교회에 부임해 보니까 전장포 새우가 우리나라 전체 새우 어획량의 70퍼센트 이상을 차지하고 있음에도 불구하고 대기리에서 전장포까지 가는 길이 하나도 포장되어 있지 않을 정도로 발전이 더디고 낙후되어 있었어요. 어른들이 우스갯소리로 하시는 말씀이 임자도의 똑똑한 사람들은 6·25전쟁 때 다 죽었기 때문에 누구 하나 발 벗고 나서서 개발을 이끌 사람이 없어 그런 거라고 하시더라고요. 하지만 지내다 보니 그게 아니었어요. 임자도에서 나락 농사를 지으면 1만 5천 명이 3년간 먹을 만큼의 소출이 나온다는 말은 빈말이 아니었습니다. 들깨, 양파, 대파 같은 밭작물도 아주 잘되고요. 정말로 복 받은 땅이었습니다.

임자도에 학교가 네 군데나 있습니다. 그 학교에 계신 선생님들은 여기저기 다른 섬에도 계셨던 분들이에요. 신안군에 전부 열네 개의 면이 있으니까요. 그런데 선생님들이 이구동성으로 말씀하시기를 다른 섬보다 임자도에 있는 아이들이 품성도 좋고 예의도 바르다고 하시더라고요. 왜 그런 것 같으냐고 여쭤봤더니 대부분이 교회를 다니기 때문인 것 같다고 하시더군요. 이런 것들이 다 이판일 장로님 같은 분들이 순교하신 덕분에 생겨난 거룩한 영향력 아닐까 그렇게 생각합니다. 엄청난 아픔과 수난이 있었지만 그걸 슬기롭게 극복하면서 서로 용서하고 사랑하며 산 결과 지금과 같은 넉넉함과 풍요로움을 누릴 수 있게 된 것이죠."

누군가를 용서하는 건 쉬운 일이 아니다. 그러나 만에 하나 용서를 한다면 입으로 하는 용서는 의외로 간단할 수 있다. 눈 한 번 질끈 감으면 끝나는 일이다. 하지만 몸과 마음으로 용서하기란 대단히 어려운 일이다. 이인재 집사는 말로만 용서를 외친 게 아니라 가족들을 해친 사람들의 본거지를 찾아가 물려받은 논 1천 평을 팔아 직접 벽돌을 나르고 나무를 잘라 자신의 손으로 예배당을 지어 그들에게 선물했다. 그렇게 지어진 교회를 통해 그들의 가슴속에 예수 그리스도의 사랑이 심어진 것이다. 예수님은 마태복음 18장 18절을 통해 "무엇이든지 너희가 땅에서 매면 하늘에서도 매일 것이요. 무엇이든지 땅에서 풀면 하늘에서도 풀리리라"고 말씀하셨다. 청년 이인재는 이 말씀을 있는 그대로 실천했던 것이다.

부모 은공 기억하라,
1주기 추모가

가족들의 시신을 수습해 장례를 치른 이인재 집사는 목포로 돌아와 주변을 정리한 뒤 남북한 간에 휴전회담이 성사된 다음 해인 1954년 늦은 나이로 서울신학교에 입학한다. 아버지와 작은아버지의 유지를 받들고, 순교한 가족들의 신앙을 계승하기 위해 목회자의 길을 가기로 결심한 것이었다. 그는 6·25전쟁을 전후로 관념적인 신앙에서 벗어나 체험적이고 실천적인 신앙에 몰입하게 된다. 그래서 기도원에 들어가 금식기도하는 일이 잦아졌다. 용서와 사랑을 실행에 옮기기는 했지만 순간순간 떠오르는 그날의 충격과 슬픔을 극복하려면 수시로 기도에 힘쓰며 주님 앞에 매달리는 방법밖에 없었기 때문이다. 그는 금식기도를 하면서 틈틈이 자신의 심정을 노트에 적어두었다. 그리고 틈날 때마다 이 글에 곡을 얹어 노래를 부르곤 했다. 자신만 아는 찬송가인 셈이었다. 1951년 음력 8월 23일에 쓴 글이 맨 처음 쓴 것이었다. 이날은 가족들이 순교한 지 꼭 1년째 되는 날이었다. 1950년 10월 4일을 음력으로 환산하면 매년 음력 8월 23일이 추모일이었던 것이다. 1주기 추도식을 맞이하여 금식기도를 하며 지은 13절까지 이어지

는 '부모 은공 기억하라'는 제목의 애절한 가사를 읽다 보면 당시 그
의 심정이 얼마나 쓰리고 아팠었는지를 다소나마 느껴볼 수가 있다.

사랑하는 형제자매 부모은공 기억하세
나를 낳아 기르시고 가르치신 그 은혜는
하늘보다 더 높으며 땅보다도 두꺼웁고
바다보다 더 넓은 줄 내가 이제 알았도다

사람 되라 이르시던 부모님의 그 말씀이
그때 당시 싫었으나 이제 와서 듣고 싶네
약이 입엔 쓰지만은 신병에는 달다더니
부모님의 하신 말씀 내게 약이 되었도다

비가 오나 눈이 오나 추울 때나 더울 때나
쉬지 않고 노력하신 부모님의 그 은혜로
나는 편히 쉬었으며 편한 자리 잠잤으니
부모님의 크신 공덕 아이고야 잊을 손가

못 잡숫고 헐벗으며 내핍생활 하신 것은
날 먹이고 입히시며 가르치기 위함이었네
그때 어린 생각으론 당연한 줄 알았더니
이제 와서 생각하니 불효막심하였도다

아버지는 삼십삼 세 어머님은 삼십오 세
그때 전가귀도하여 신앙생활하실 적에
하나님께 대한 충성 세상 빛이 되시었고
아래로는 대인관계 소금 직책 다하셨네

조모님께 대한 효성 그 정성이 지극하여
죽은 후에 만수성찬 쓸 데 없다 하시면서
살아생전 생신일엔 산제사를 지내시고
초하루와 보름날엔 산상방을 지내셨네

이리하여 20년간 세상사람 본이 되어
불초어린 이 자식께 실제 교훈 주시었네
나도 커서 부모님께 효도봉양 하렸더니
하나님의 부름 받아 가시고야 말았도다

일천구백오십년도 팔월이라 이십삼일
어둠침침 새벽 달밤 순교장에 나가실 때
조모님을 등에 업고 가족 식구 앞세우고
십리나 된 머나먼 길 기쁨으로 가시었네

순교장에 도착하여 간절하신 마음으로
조모님과 가족 위해 기도드려 고하시고

당신 영혼 하나님께 부탁 말씀 아뢰시고
원수까지 위하여서 하나님께 기도했네

땅을 치고 통곡해도 내 마음이 시원찮고
슬퍼 울며 불러 봐도 대답 없는 내 부모님
내 자신이 하루바삐 가신 그 길 찾아가서
그리웁던 그 얼굴을 인사하고 뵈오리다

내 아버지 평생소원 순교를 원하시더니
소원대로 이루시는 하나님의 뜻을 따라
승리의 길 가셨으니 생명의 그 면류관을
받아쓰신 그 모습을 어서 가서 뵙고 싶네

부모님이 그 생전에 못 다하신 그 성업을
만분지의 일이라도 받들고저 각오하여
이 몸 전체 아낌없이 하나님께 바쳤으니
감당할 수 있는 힘을 주여 내게 주옵소서

하나님께 충성하고 구령사업 힘쓰다가
하나님이 내 영혼을 부르시는 그날 그시
할렐루야 아멘으로 승리 노래 부르면서
내 부모님 가신 곳에 나도 가려 하옵니다

이인재 목사의 서울신학교 졸업 사진.
'1958년 3월 6일'이라는 글자가 또렷이 새겨져 있다.

사랑과 평화를 전파하는
목사가 되다

서울신학교에서는 의무적으로 기숙사 생활을 하도록 했다. 한 방에서 무려 열세 명이나 함께 지내야 했기에 잘 때는 양쪽 벽에 머리를 대야만 겨우 잠을 잘 수 있었다. 이인재는 이미 큰딸 성순과 큰아들 성현 두 아이를 둔 가장이었으므로 어린 학생들에 뒤지지 않으려 각고의 노력을 경주하였다. 그의 빼어난 목공 실력은 신학교 안에서도 유감없이 발휘되었다. 기숙사나 학교 안에 목수 일이 필요할 때는 물론 주변에서 소문을 듣고 일을 의뢰하는 경우가 많아 틈틈이 부업을 하며 학비를 조달하였다. 어려운 형편에 처한 학생들을 보면 그냥 지나치지 못하고 주머니를 털어 도움의 손길을 베풀어야만 두 발 뻗고 편히 잘 수가 있었다.

휴전 이후 임자진리교회에는 이순희 전도사, 전창희 전도사, 박정석 전도사 등의 목회자들이 거쳐 갔다. 1년에 한 번씩 교역자들이 바뀌는 상황이 이어졌다. 문준경 전도사와 이판일 장로라는 든든한 버팀목이 사라진 지역 교회들은 너 나 할 것 없이 많은 어려움을 겪고 있었다. 이즈음 이인재 전도사는 임자진리교회의 제8대 교역자로 부임하게 된다. 1956년 1월의 일이었다. 그 뒤 3년 동안 이인재 전도사는 임자도와 서울을 오가며 교회를 섬기면서 학업을 이어가는 강행군을 하게 된다. 성직자로서 그의 첫 번째 목회 현장과 마지막 사역 장소가 임자진리교회였다는 사실은 많은 것을 시사해준다. 그에게 임자진리교회는 파란 많은 신앙의 강물을 굽이굽이 따라 올라가면 만날 수 있는 시원(始原) 같은 곳이었다. 자신이 목숨 바쳐 섬겨야 할 하나님 아버지를 처음 만났던 곳이자, 죽음으로 아들이 가야 할 길을 보여준 육신의 아버지 흔적이 고스란히 남아 있는 곳이 바로 임자진리교회였기 때문이다.

이 시기인 1956년 둘째딸 성심이 태어났고, 1958년 둘째아들 성관이 출생했다. 가족 다수를 한꺼번에 잃어버린 이인재 전도사는 어려운 목회자 생활에도 불구하고 가급적 많은 자녀를 두고자 했던 것 같다. 근면 성실한 부모로부터 물려받은 재산을 아낌없이 교회와 이웃을 위해 사용한 그는 성직자가 된 다음 더욱 청빈하고 검소한 생활을 이어갔다. 이로 인해 이사와 전학을 밥 먹듯 해야 했던 자녀들은 속으로 삭여야 할 고충들이 이만저만 아니었다.

"아버지는 참 순한 분이셨어요. 좀 속된 말로 하자면 뭐랄까… 주변머리가 없으셨다고 할까요? 너무 착하셨기 때문에 아들로서 속상한 적이 많았어요. 예를 들면 제가 군목으로 가기 전에 임자진리교회에서 3년 동안 아버지 목회를 도와드린 적이 있어요. 주일학교와 중고등부를 담당하면서 교육전도사 겸 부목사 역할을 하고 있었죠. 아버지가 안 계실 때는 설교도 하고요. 아무리 섬이지만 스물여덟 살 먹은 청년이 왜 돈 쓸 일이 없겠어요? 그런데 아버지는 교인들에게 아

이인재 가족 기념 1955. 9. 21.

가족과 자리를 함께한 신학생 시절의 이인재.
젊은 부부와 두 자녀의 단란한 모습에 시샘을 느꼈는지 돼지 한 마리가 끼어들었다.
오른쪽이 장녀 성순이고 가운데가 장남 성현이다.

들 용돈이라도 좀 주자는 말씀을 하지 못하셨어요. 그때 형편이 궁해서 제가 좀 어려웠습니다. 전국 곳곳에 아버지 동기나 후배들이 많았지만 목회하는 아들들에게 자리 하나 주선해 주신 일이 없어요. 그만큼 청렴하고 정직하고 욕심이 없는 분이셨어요. 당시 신안 일대 섬 지방에서 아버지 도움을 받지 않은 목회자나 교회들이 없을 정도였지만 절대 무슨 부탁을 한다거나 자기 유익을 구하려고 머리를 쓴다거나 하지를 않으셨죠. 여러 시골 교회를 다니면서 집회를 인도하시곤 했는데, 그때마다 직접 지은 할아버지에 대한 추모가를 부르셨어요. 노래를 부르면서 아버지가 눈물을 흘리시면 듣고 있던 교인들도 전부 따라 울고 그랬습니다. 그러고 나면 분열이나 다툼이 있던 교회가 화합이 되고, 냉랭하던 교회가 은혜가 넘치게 되고, 부흥의 열기가 식어가던 교회가 다시 뜨겁게 되는 역사가 일어났어요. 권위를 내세우거나 자기주장을 강하게 하지 않으면서도 가는 곳마다 은연중에 사랑을 퍼뜨리고 평화를 건설하셨죠. 그게 바로 아버지의 독특한 성품이셨던 것 같아요."

경기도 여주시에서 여주교회를 담임하고 있는 이성관 목사는 애틋한 표정으로 아버지 이인재 목사를 추억하며 힘겨웠던 지난 시절을 떠올렸다. 그가 목회하고 있는 여주교회는 임자진리교회가 세워지던 해인 1932년에 창립된 유서 깊은 교회로 일제강점기 때 추호의 흔들림도 없이 신사참배를 반대하다 모진 고문 끝에 순교한 박봉진 목사가 시무했던 곳이다. 이 또한 우연으로 보기에는 너무도 절묘한 하나님의 인도하심이라 하지 않을 수 없다.

1958년 서울신학교를 졸업한 이인재 전도사는 그해 10월 문준경 전도사가 시무하던 증도의 증동리교회 담임 교역자로 자리를 옮겼다. 때마침 증동리교회는 기존 예배당이 너무 낡아서 옆에 새로 마련한 대지에 예배당을 신축하게 되었다. 이인재 전도사는 자신의 솜씨를 아낌없이 쏟아 부으며 교인들을 독려하여 아름다운 예배당을 건축하였다. 이때 그는 문준경 전도사가 순교한 현장인 증동리 앞 해변의 모래를 가져다가 예배당 짓는 일에 사용함으로써 교회 안에 순교 신앙이 스며들기를 바라는 간절한 마음을 표현하기도 했다. 증동리교회에 가면 정문 계단 앞에 높다란 종탑이 서 있고, 그 옆에 오래된 건물 하나가 자리하고 있다. 그 건물이 바로 이인재 목사가 손수 지은 예배당이다. 그는 어딜 가나 일복이 많았고, 눈앞에 일이 생기면 뒤로 빼거나 주저함이 없이 늘 앞장서서 일을 해결하는 사람이었다.

1960년 5월에는 목포상락교회로 옮겨 목회를 이어갔다. 목포상락교회는 인근에 있는 북교동교회에서 개척한 교회로 처음에는 동네 이름을 따라 동명동교회라고 불렸다. 전쟁 당시 목포 정치보위부로 끌려갔던 이판일 장로와 이판성 집사가 알 수 없는 일로 무사히 풀려난 직후 인민군에 접수되어 삼엄한 경비가 이루어지던 동명동교회를 제 발로 찾아가 무릎 꿇고 소리 내어 기도했던 곳이었다. 그때 예배당 밖에서 이 광경을 가슴 졸이며 지켜보던 청년이 담임 목회자가 되어 부임하게 되었으니 실로 감개무량하지 않을 수 없었을 것이다.

그러나 교회 형편은 말이 아니었다. 한동안 목회자 없이 방치되었던 목포상락교회는 전쟁의 흔적이 채 지워지지 않아 예배당 여기저기

1958년 11월 2일 임자진리교회를 떠나는 이인재 전도사.
나무로 만든 십자가와 종탑이 인상적이다.
종 바로 아래 판자에 '이판일 장로 이판성 집사'라는 글자가
보이는 걸로 봐서 이들의 순교를 기념해 세운 종탑인 듯하다.
이인재 전도사 부부가 안고 있는 아이는
둘째딸 성심과 둘째아들 성관이다.

에 부서진 곳이 많았으며, 교인들도 대부분 가난해 제대로 된 집에서 사는 사람들이 많지 않았다. 이인재 전도사는 임자도에 있는 자신의 집을 팔아 그 돈으로 예배당을 수리했다. 팔을 걷어붙인 채 1층을 사택으로 꾸미고, 2층을 예배당으로 정비했다. 기쁜 마음으로 헌신하는 그에게 궂은 일만 뒤따르진 않았다. 1961년 설 무렵에 셋째 딸 성진을 얻었고, 12월 17일 제16회 총회에서 목사 안수를 받았다. 한날한시 순교하신 아버지와 가족들을 생각하며 하루도 웃을 날 없이 앞만 보고 달려온 시간들이었지만 이 한 해만큼은 연초부터 연말까지 오랜만에 얼굴에 웃음을 머금을 수 있었다.

"아버지는 하얀 가루약을 가지고 다니면서 늘 복용하셨어요. 속이 울렁거려서 이를 다스리기 위한 거였죠. 화병이 생기셨던 것 같아요. 왜 안 그렇겠어요? 비록 용서는 했지만 가족들을 생각할 때 그날 일들이 평생 한으로 남으셨던 거죠. 적나라한 인간의 모습이었어요. 제가 〈활천〉에 글을 쓴 일도 있지만 용서란 그리 쉬운 게 아니에요. 간단한 것도 아니고요. 웃으면서 할 수 있는 것도 아니죠. 내 속에 여전히 상처가 있고 피가 흐르는 가운데서도 그걸 놔줄 수 있는 게 진정한 용서라고 생각해요. 몽둥이에 맞고 죽창에 찔린 가족들 시신이 백사장에 파묻혀 소금물에 절어 있는 것을 아버지가 일일이 수습해서 장례를 치르셨잖아요? 그 장면이 잊고 싶다고 잊을 수가 있겠습니까? 부모님에 대한 회한과 그리움이 그대로 가슴에 남은 거죠. 그게 화병이 돼서 약을 먹지 않으면 견디실 수 없었던 겁니다. 그렇다고 당신의 심정을 자식들에게 토로하거나 다른 사람들에게 내색하는 분이 아니

태양을 삼킨 섬

268
—
269

셨어요. 버겁거나 어려운 일이 있으면 식사도 못하고 약만 드셨으니 평생 얼마나 힘이 들었겠어요?"

이성관 목사가 기억하는 아버지 이인재 목사는 남을 돌보느라 자신은 돌보지 못한, 이웃을 웃게 만드느라 자신은 웃을 날이 없던, 교인들의 어려움을 살피느라 자신의 주머니는 늘 비어 있던, 평화를 전파하기 위해 끊임없이 자신과 전쟁을 치러야 했던, 그런 사람이었다.

좋은 것은 남을 주고
안 좋은 건 내가 갖고

목사 안수를 받은 이인재는 전남 여수시 고소동에 있는 여수중앙교회에 부임했다. 교회는 숱한 어려움에 직면해 있었고, 교단은 갈등과 분열의 위기에 처해 있었다. 밤낮으로 교회와 교단을 위해 눈물 어린 기도를 이어가던 1963년 그는 막내아들 성균을 얻게 되었다.

해방과 6·25전쟁의 혼란 속에서 한국 교회는 민족의 고난에 동참하며 화합과 일치의 길을 걷기보다는 자그마한 노선과 사상의 차이를 빌미 삼아 사분오열을 거듭했다. 성결교회도 예외가 아니었다. 교회연합운동인 에큐메니즘에 대한 지지와 반대를 놓고 대립하던 교단은 1961년에 개최된 제16대 총회에서 기독교대한성결교회와 예수교대한성결교회로 양분되고 말았다. 이인재 목사가 속한 기독교대한성결교회에서는 예수교대한성결교회로 갈라져 나간 미당교회에 그를 파송해 다시 기독교대한성결교회로 복귀하도록 설득하는 소임을 맡겼다. 미당교회는 충남 청양군 장평면 적곡리에 있는 시골 교회였지만 복음전도자로 널리 알려진 권순애 권사가 주위에 십여 개의 교회를 개척했을 정도로 지역 사회에서 영향력 있는 교회였다. 그는 교인들을 일

여수중앙교회에서 목회하던 때의 이인재 목사.
울고 있는 아이가 셋째 딸 성진이다.

일이 찾아다니며 교단 분열에 따른 상처를 치유하고 후유증을 최소
화하기 위해 노력했지만 한 번 갈라져 나간 교회를 이전 교단으로 다
시 복귀시키는 일은 결코 쉽게 이루어지지 않았다. 언제나 나뉘는 일
은 쉽지만 합치는 일은 어려운 법이었다.

　이즈음 그는 임자도를 방문했다가 막역한 친구였던 이공신 목사를
만나게 된다. 이공신 목사는 1920년 증도 중동리에서 태어나 문준경
전도사를 통해 예수를 영접한 뒤 증동리교회에 출석하며 문 전도사
의 충실한 제자로 살다가 뒤늦게 신학을 공부하고 목회자가 되어 병
풍교회와 대초리교회를 거쳐 1960년부터 임자진리교회에서 목회를

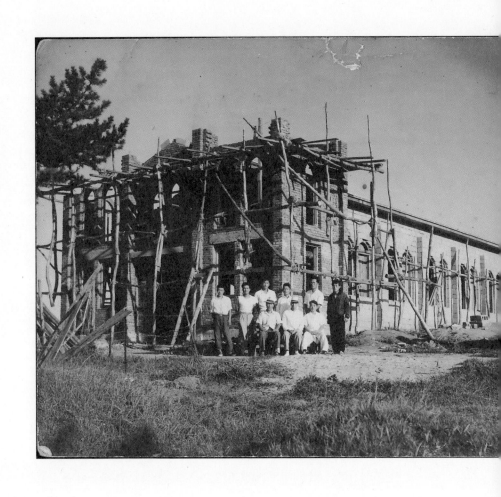

1963년에 임자진리교회 돌 예배당 건축이 시작되었다.
60여 평짜리 아름다운 2층 예배당이었다.
공사에 사용된 돌은 인근 지역에서 교인들이 이고 지고 운반해 온 것들이었다.

하고 있었다. 이공신 목사는 1963년 온 교인들의 뜻과 힘을 모아 60여 평에 달하는 아름다운 석조 예배당을 신축하기도 했다. 그는 생전에 9남매를 두었는데, 현재 임자진리교회를 섬기고 있는 이의전 장로가 다섯째 아들이다. 이인재 목사는 자신과 비슷한 과정을 거쳐 목회의 길을 걷고 있던 이공신 목사와 격의 없이 속내를 털어놓고 지내던 사이였다. 이때 이공신 목사는 이인재 목사에게 다시 고향으로 돌아와 전장포교회를 맡아 목회하면서 자신과 함께 힘을 모아 나가자고 강력히 권유하였다. 이에 이인재 목사는 1965년 10월 전장포교회로 부임하게 된다.

전장포교회는 목회자에게 사례비를 주는 것조차 힘겨울 만큼 가난한 교회였다. 그래서 목회자들이 가기를 꺼려해 오랫동안 담임 목회자 자리가 비어 있었다. 게다가 당시만 해도 6·25전쟁 때의 가해자와 피해자는 물론 그 가족들이 생존해 있을 시기라서 아무리 예수를 믿는다 해도 이들이 한 자리에 앉아 얼굴을 맞댄 채 예배를 드리고, 한 공동체로 뜻을 모아 교회를 섬겨 나가는 일은 결코 쉽지가 않았다. 이인재 목사는 그런 교회에서 목회하는 것이야 말로 자신에게 주어진 사명이라고 여겼다. 사랑과 용서를 이야기하기에 그만한 적임자가 없었던 것이다. 같은 고향 사람으로 자신들과는 비교할 수 없을 만큼 깊은 상처를 갖고 있는 이인재 목사에게 교인들은 서서히 마음을 열기 시작했고, 교회는 점점 안정을 찾아갔다.

임자진리교회로 올라가는 길목 왼쪽에 보면 '임자노인요양공동생활가정'이라는 긴 이름의 현관이 걸린 건물 하나가 눈에 띈다. 거동이 불편하거나 치매 증상이 있는 노인들이 신앙 안에서 함께 모여 생활하는 곳이다. 노인들을 알뜰히 살피고 의식주를 챙기는 봉사자들이 있어 섬에서 홀로 지내야 하는 노인들에게는 더없이 고맙고 요긴한 시설이다. 이곳에서 이계엽 권사를 만나 당시 있었던 일들에 대해 들어봤다. 그녀는 호적상 1921년생이라고 했다.

"나가 진리가 고향인디 열여덟 묵었을 적에 전장포로 시집을 갔어라. 몇 살 안 묵었을 때 문준경 전도사님 말씀으로 나가 예수를 믿었지요. 가깝게 살았어라. 문 전도사님이 진리에 있는 정 씨들 집 한 채에 들어가서 신앙을 갈차주셨당께요. 나가 시상을 떠나더락또 잊어버릴 수가 없어라. 물 떠다가 청소허던 일이 기억나지라. 문 전도사님 학교 가시믄 이판일 장로님허고 이판성 집사님이 일 많이 허셨어요. 문 전도사님 오시믄 낮에는 다들 일허느라 시간 없응께 밤에 집집마다 다니믄서 전도를 하셨당께요. 혼자 신학교 댕기느라 돈이 없어서 옷감 같은 걸 싸가지고 댕김서 장사하시는 걸 봤어라. 우덜도 문 전도사님헌티 옷감을 사서 옷 해 입고 그랬지라. 나가 시집간다니께 옷 한 벌을 해주셨어요. 공부 많이 하라고도 하셨고요. 괘길리에 교회가 있다 혀서 시집을 갔는디 가보니께 교회가 없었어라. 교회 생길 때까정 집에서 신앙 생활하다가 교회 생긴 뒤에 나갔지요. 남편이 못 가게 혔지만 나는 교회 안 댕기고는 못 산다 해서 나갔어라. 이인재 목사님허고 저허고는 주일학교 친구였당께요. 문 전도사님이 어머니보담 더 자상하게 가르쳐주셨지라. 어린 우덜헌티도 당신이 참 고생 많이 했다고 하시믄서 누굴 믿거나 의지허고 살지 마라, 나가 모진 세상을 겪고 살

문준경 전도사를 만나 예수를 믿게 된 이계엽 권사.
임자진리교회 앞에 있는 임자노인요양공동생활가정에서 생활하고 있는 그녀는
이판일 장로와 이판성 집사를 또렷이 기억했다.

아나왔다, 화가 나면 그릇을 다 깨뜨려 버렸다, 이런 말씀까정 하셨어
라. 너희들은 그러지 마라 하시믄서요. 이인재 목사님이 임자도 와서
목회허시믄서 교회가 많이 성장하게 되었지라."

그날따라 몸이 좀 불편하다며 자리에 누워 있던 이계엽 권사는 이
야기 도중 갑자기 그리움이 북받쳤는지 한동안 흐느꼈다. 기억 저편
에 숨어 침묵하던 그리움은 어느 한순간 무심코 내뱉은 말 한마디에
되살아나 남아 있는 모든 감각으로 하여금 탄성을 내지르게 만든다.

"제가 국민학교 5학년 때였어요. 어느 봄날 학교에 갔다 오니까 집안

분위기가 이상했어요. 거의 초상집 분위기였죠. 놀라서 방에 들어가 보니 아버지가 누워 계시는데, 가슴 위에 뻘건 숯을 넣은 다리미가 놓여 있었어요. 옛날에는 전기다리미가 아니고 숯을 넣어 달군 다리미를 썼었거든요. 아버지 가슴에 천을 깔고 그 위에 뜨거운 다리미를 올려놓은 거예요. 어머니가 혼수상태에 빠진 아버지를 진정시키기 위해 그런 응급조치를 하신 겁니다. 방 안에는 교회 성도 몇 분이 와 계셨어요. 그걸 본 순간 하늘이 무너지는 느낌이었어요. 아, 이대로 아버지가 돌아가시나 보다 싶었던 거죠. 저 혼자 집 뒤로 가서 서럽게 울었습니다. 어른들 말씀으로 '가슴의 피'라고 하더군요. 가슴에 맺힌 한이 응어리져서 병이 된 거라는 뜻이었어요. 어느 순간 무슨 일을 당하면 옛날 장면이 떠오르면서 쇼크가 오는 거였어요. 그러면 감당이 안 되니까 그대로 실신을 하시는 거죠. 이런 일을 제가 세 번이나 겪었습니다."

막내아들 이성균 목사는 아버지하면 어린 시절 목격했던 이 장면이 가장 먼저 떠오른다고 했다. 자연 풍광이 절경인 전남 장흥군 안양면 운흥리에 있는 남도교회를 16년 동안 섬기다가 2016년 12월 할아버지가 세우고 아버지가 지킨 임자진리교회로 부임해 목회 중인 그는 풍채나 말투가 꼭 아버지를 닮은 듯했다. 이인재 목사와 이판일 장로가 그에게 들여다보인다. 때로 우리는 하나의 존재를 통해 다수의 존재를 체험하기도 한다. 매개는 혈연이었다. 할아버지 이판일 장로의 강직한 신앙은 아버지 이인재 목사에게 그대로 전달되었고, 아버지 이인재 목사의 올곧은 믿음은 세 아들과 세 딸에게 오롯이 계승된 것 같았다.

"어렸을 때 명절이 되면 친구들이 자기 친가에 가서 지내는 게 너무 부러웠어요. 저는 친가 어른들이 다 돌아가셔서 갈 수가 없었기 때문이죠. 세상 사람들 입장에서 보면 우리 집안은 예수 믿다 망해 버린 집안 아닙니까? 아버지는 할아버지 할머니 대신 장인 장모님께 잘하셨어요. 그래서 저도 외가를 자주 갔죠. … 이런저런 애환들이 참 많았지만 아버지는 모든 걸 혼자 감당하셨어요. 다른 사람과 대립한다든가 누굴 비방한다든가 하는 걸 한 번도 본 적이 없어요. 좋은 것은 남을 주고 안 좋은 건 내가 갖는 그런 분이셨죠. 내가 어렵고 불이익 당하는 건 참아내셨지만 남들에게 불편을 끼치거나 손해를 입히는 건 참지를 못하셨어요. 아버지는 상대방 입장을 가장 먼저 배려하는 진정한 평화주의자셨다고 생각해요."

제6장

태양의 섬,

임자도

　1969년 봄, 이인재 목사는 전장포교회를 떠나 압해도에 있는 압해제일교회에서 목회하게 되었다. 압해도는 읍사무소가 있는 곳을 중심으로 낙지 다리가 세 방향으로 뻗어 나가면서 바다와 갯벌을 누르고 있는 형상이라 하여 '누를 압(壓)' 자에 '바다 해(海)' 자를 써서 압해도라 불리게 되었다. 목포 북항에서 손에 잡힐 듯 가까운 거리에 있는 섬으로 신안군청이 위치한 행정의 중심지이지만 연륙교인 압해대교가 완공된 것은 얼마 전인 2008년이었다. 1969년 당시에는 임자도와 마찬가지로 목포에서 배를 타고 한참을 들어가야 하는 섬이었다. 하지만 압해도는 이인재 목사에게 매우 특별한 곳이었다. 아내의 고향이었기 때문이다.

　압해제일교회 건너편 언덕에 순복음 교단 소속의 한 교회가 들어서면서 신비주의 은사운동의 바람이 불어 많은 교인들이 이 교회로 옮겨가는 일이 벌어졌다. 이로 인해 교회는 일대 혼란에 빠지고 말았다. 압해제일교회에서 흔들림 없이 봉사하던 조광호 집사는 매형인 이인재 목사에게 도움을 요청하였다. 처남의 간곡한 부탁과 주변 지인들의 권유를 뿌리칠 수 없었던 이인재 목사는 어지러운 교회를 안정시킬 사명을 띠고 압해도로 건너가게 된 것이다. 상황이 상황이니 만큼 처가가 있는 압해도로 향하는 그의 발걸음이 가벼울 수만은 없었다. 그는 아버지 이판일 장로와 같은 목숨을 건 일생일대의 결단이 필요함을 깨달았다.

그해 10월 2일부터 11월 10일까지 40일 동안 그는 인천에 있는 마가의 다락방 기도원에서 금식기도에 돌입한다. 40일간 소금물만 마시면서 일절 곡기를 끊고 기도에 몰입한다는 것은 죽음을 각오하지 않으면 할 수 없는 일이었다. 모세가 여호와를 대면해 율법을 받을 때나 예수 그리스도가 공생애를 시작하기 전 사생결단의 의미로 40일 금식기도를 한 일이 있지만 보통 사람들로서는 여간해선 엄두조차 내기 힘들었다. 실제로 금식기도 중 자칫 잘못하다 생명을 잃는 경우도 있었다. 금식기도 기간 중인 10월 4일 토요일 새벽 이인재 목사는 '내 아버지 추모가'라는 제목의 가사를 지어 일기장에 기록했다. 이날은 음력 8월 23일로 그가 평생 닮고 싶었던 아버지 이판일 장로가 순교한 지 꼭 19년째 되는 날이었다.

내 아버지 가신 날이 그 몇 해나 되었는가
손을 꼽아 헤어 보니 어언 간에 열아홉 해
19년 전 이날 밤에 악당들의 인솔 하에
형장으로 끌려가신 그 모습이 참혹하다

1974년 5월 5일 어린이날 진리교회와 대기리교회 교인들의 야외연합예배가 열렸다.
두 교회의 교류와 연합은 임자도의 평화를 상징하는 것이기도 했다.

할머니를 등에 업고 온 식구를 앞세우고
어둠침침 새벽길을 한 발자국 다 발자국
십리나 된 머나먼 길 힘이 없이 걸으실 때
악당들은 채찍으로 빨리 가자 재촉했네

순교장에 다다라서 정성 다해 무릎 꿇고
하나님께 부르짖어 기도하며 하신 말씀
내 식구의 영혼들과 내 영혼을 받으시고
무리들의 하는 처사 용서하여 주옵소서

이와 같이 비올 때에 무자비한 악당들은
죽을 놈이 무슨 기도 필요하냐 욕하면서
달려들어 몽둥이로 머리부터 내리칠 때
주의 이름 부르시며 그 자리서 운명했네

계속해서 악당들은 남은 식구 12명을
이미 파둔 구덩이에 쓸어 넣고 짓밟으며
창으로써 무찌르고 흙으로써 덮을 적에
육체들은 매장되고 영혼들은 승천했네

가을 하늘 푸른 창공 반짝이는 저 별들아
희미하게 비추이는 이그러진 반쪽 달아

19년 전 이날 밤에 되어졌던 그 사실을
외로웁게 누워 있는 내 자신에 알려다오

내 아버지 내 어머니 내 할머니 내 동생들
못 다하신 그 성업을 계승하여 받들고저
이 몸 드려 충성 다해 희생제물 각오하여
내 모든 것 드리오니 주여 받아 주옵소서

중도에서 쓰러질까 염려되어 연단코저
이 성산에 찾아와서 40일간 금식기도
매달려서 구하오니 주여 새 힘 주시어서
승리롭게 맞이하도록 성령이여 도우소서

내 아버지 내 식구들 그 영혼이 낙원에서
이 자식을 위하여서 쉬지 않고 기도하리.
주의 이름 힘입어서 승리롭게 순교하신
내 아버지 뒤를 따라 나도 가려 하옵니다

죽기를 각오하고 40일 동안 금식하며 매달린 결과 그의 기도는 응답되었다. 하나님의 은혜로 두 교회가 서로를 인정하고 화합하는 길을 찾게 된 것이다. 그는 이후로도 몇 년 동안 압해제일교회의 안정과 성장을 위해 혼신의 힘을 다했다. 이즈음 그는 침술도 배웠다. 위낙 손재주가 뛰어났기에 실력도 일취월장했다. 배를 타고 가야만 하는 섬 지역은 이렇다 할 의료시설이 없어 몸이 아픈 노약자들은 여간 불편한 게 아니었다. 이인재 목사는 자신이 배운 침술로 여러 마을을 다니며 의료봉사를 시작했다. 아픈 몸도 알뜰히 살펴주고, 집안 형편도 두루 챙겨주면서 복음을 전하니 완고한 섬사람들의 마음이 눈 녹듯 녹아내렸다. 이렇게 몇 년간 아내의 고향 교회를 위해 헌신하던 그는 1972년 5월경 신안의 또 다른 섬인 자은도의 자은제일교회로 자리를 옮겼다. 그는 남들이 꺼리는 곳일지라도 주님과 교회를 위해 꼭 가야 할 곳이라면 언제든 미련 없이 짐을 싸서 길을 떠나는 야전사령관형 목회자였다.

아버지가 순교한 교회에서
은퇴하다

1974년 초에는 섬을 나와 목포시 대반동에 위치한 베다니교회에서 시무했다. 오랫동안 담임 목회자가 자리를 지키지 못한 교회였기에 어려움이 이만저만 아니었다. 이듬해 여름에는 인근에 있는 목포중앙교회 박정석 목사가 신병을 치료하기 위해 일본으로 떠나면서 대신 교회를 맡아줄 것을 부탁하였다. 이인재 목사는 이를 받아들여 목포중앙교회로 이동해 3년가량 교회를 섬겼다. 이 무렵 그의 자녀들은 목포에서 자취를 하며 학교를 다니고 있었다.

"아버지께서 다시 임자도로 들어가시기까지 목포에서 10년 정도를 살았는데, 이 기간 동안 이사를 열한 번이나 했습니다. 한 곳에서 채 1년도 살지 못한 셈이죠. 제가 국민학교 6학년 때부터 대학 들어갈 때까지 이사를 밥 먹듯 하면서 살았어요. 학교에서 가정생활 조사를 하면 이사 다닌 기록만 빼곡하지 가난한 전세살이 변변히 적어낼 게 없었습니다. 오죽하면 어린 제가 작은 초가집이라도 좋으니 내 집에서 오래오래 살았으면 좋겠다는 생각을 다 했겠습니까? 그때 너무 힘들었기 때문에 저는 지금도 가급적 한 곳에 오래 머무는 걸 좋아합니다. 자꾸 옮겨 다니면 저도 힘들지만 아이들도 고단하고 교인들도 어렵지 않겠어요?"

이성균 목사는 목포에서 살던 시절을 또렷이 기억하고 있었다. 정착을 모르는 떠돌이 목사 아버지를 둔 덕에 그의 형제들은 어려서부터 이삿짐 싸는 데는 일가견이 있었다고 한다.

증동리 출신으로 문준경 전도사를 통해 예수를 믿게 되어 한국을 대표하는 부흥사가 된 중앙성결교회 이만신 목사는 경기도 옥천에 교회를 개척하기 위해 준비 중에 있었다. 고향 후배인 이만신 목사는 이인재 목사에게 그 일을 맡아줄 것을 권유했다. 교회 개척과 건축에 남다른 달란트가 있던 이인재 목사는 이를 흔쾌히 수락하고 옥천으로 떠났다. 오랜만에 목수가 되어 직접 건축한 개척 교회가 바로 경기도 양평군 옥천면에 있는 옥천중앙교회다.

교회 건축을 마친 뒤 다시 목포로 내려온 그는 목포중앙교회에 있던 몇몇 신자들과 함께 교회를 개척하기로 결심하였다. 이윽고 구도심인 목포 오거리에 있는 식당 건물 2층에 세를 얻어 예배를 드리기 시작했다. 교회 이름은 평화교회였다. 그가 본래 평화주의자이기도 했지만 교회 건물 옆에 평화극장이 있었기 때문에 알기 쉽고 찾기 쉽게 평화교회라 부르게 된 것이다. 때는 1977년 12월 추운 겨울이었다. 오랜 연단으로 탄탄히 다져진 그의 목회 경험과 아버지를 본받기 위해 매진했던 신앙의 열정이 고스란히 투영되어 평화교회는 성장을 거듭했다. 그는 아내와 함께 목포 시내 구석구석을 돌아다니며 심방을 하고 복음을 전했다. 버스 요금 한 푼이라도 아끼기 위해 온종일 발품을 팔았음은 물론이다. 밤이면 교인들을 데리고 유달산 자락에 있는 기도처를 찾아 밤새도록 기도에 전념하는 일이 다반사였다. 몇 차례 이전을 하며 교회가 든든히 자리를 잡으면서 다른 교회들로부터 주목을 받게 되었다.

이때 임자진리교회에 여러 가지 사정이 생겨 새로운 목회자가 필요한 상황이 되었다. 그때까지 임자진리교회를 맡아 목회하던 교역자는 절친한 지기인 이공신 목사였다. 이인재 목사는 오랜 기도와 숙의 끝에 이공신 목사와의 협의를 거쳐 자신은 임자진리교회로 부임하고, 이공신 목사는 자신이 개척한 평화교회를 맡아 목회하기로 결정하였다. 가족들은 이인재 목사의 이런 생각에 선뜻 동의하기 힘들었다. 막내인 이성균 목사 역시 마찬가지였다.

"목포는 호남에서 광주 다음 가는 도시였고, 임자도는 신안에 딸린 작은 섬이었습니다. 섬에서 목회하는 분들은 자녀 교육 문제도 있고 해서 목포나 광주로 나오길 원했습니다. 목포나 광주에서 섬으로 들어가길 원하는 목사들은 거의 없었죠. 현실적으로 그게 인지상정이었던 겁니다. 게다가 당시 평화교회는 아버지가 각고의 노력을 기울인 결과 탄탄하게 자리를 잡아 날로 부흥하고 있었습니다. 아버지가 갖고 계신 사재도 다 교회에 쏟아 부은 상태였고요. 그런데 그걸 모두 포기하고 아무 조건 없이 다시 섬으로 들어가신 겁니다. 아버지는 그런 분이셨어요. 어떤 게 좋을지를 계산하거나 유불리를 따지는 분이 아니셨던 거죠. 할아버지께서 순교하신 고향 교회에서 목회를 마무리하고 싶은 마음이 간절하셨던 겁니다."

마침내 이인재 목사가 임자도로 돌아왔다. 아버지 이판일 장로가 순교한 지 33년만이자 그가 전장포교회를 떠난 지 15년만이었다. 어느새 그의 나이는 환갑에 이르러 있었다. 아버지가 순교할 때보다 훨씬 많은 나이에 아버지의 순교 정신이 깃들어 있는 임자진리교회 목사로 부임한 그의 심정은 뜨겁고 벅찼다. 진리선착장에는 많은 교인들이 나와 그를 반갑게 맞아주었다. 교인들 역시 그를 보며 이판일 장로를 다시 만난 듯 눈시울을 붉혔다. 1983년 10월 28일 그는 임자진리교회 제11대 교역자로 정식 부임했다. 이듬해 가을부터 임자진리교회에서는 이인재 목사의 인도로 이판일 장로 가족을 포함한 순교자들에 대한 추모예배가 드려졌다. 그때마다 이인재 목사의 두 눈에서는 뜨거운 눈물이 흘러내렸고, 그의 애절한 추모가를 듣는 교인들은 참아 왔던 울음을 터뜨리며 잊고 지낸 그날의 일들을 떠올렸다.

그가 강단에 서는 것 자체만으로도 교인들은 은혜를 받았다. 그는 이판일 장로의 아들이었으며, 사랑과 용서의 상징이었고, 임자진리교회의 살아 있는 역사였다. 그가 은퇴하기까지 임자진리교회에서 목회했던 10년은 임자진리교회 역사상 가장 많은 부흥이 이루어진 최전성기였다. 그때까지도 교회 출석을 거부하며 완고하게 버티던 마을 주민들이 이인재 목사가 왔다는 소식을 듣고 하나둘 예배당으로 발걸음을 옮기기 시작했다. 온 마을 주민들이 대부분 교인일 정도로 마을 공동체가 신앙 공동체로 변모했다. 그는 1985년 예배당을 증축하고 교인들이 매일 같이 마음 놓고 부르짖으며 기도할 수 있도록 지하에 기도실을 만들었다.

아버지 이판일 장로가 순교했던 임자진리교회 돌 예배당 앞에서 교인들과 함께한
이인재 목사. 그는 이곳에서 마지막 목회 열정을 불태운 후 은퇴했다.

1989년 5월 5일은 역사적인 날이었다. 진리 토박이인 강대필, 김성수, 강귀성 세 사람이 장로로 취임하게 된 것이다. 초대 장로인 이판일 장로가 순교한 이래 임자진리교회에는 장로가 없었다. 이공신 목사가 시무하던 1979년 타지에서 온 두 사람의 장로를 세웠으나 머지않아 다른 곳으로 이사를 가는 바람에 장로 자리는 다시 공석이 되었다. 이날 장로가 된 세 사람은 사실상 전후 최초로 세워진 고향 출신 장로였던 것이다. 이상금 집사 등 열한 명의 권사도 이날 같이 취임했다. 온 교인들이 팔을 걷어붙인 채 한바탕 잔치를 벌였다.

1990년 12월 13일에는 총회본부의 지원을 받아 예배당 앞쪽 마당에 순교기념탑을 세워 제막식을 거행했다. 이인재 목사는 기독교대한성결교회 순교자기념사탑위원회에서 마련한 봉헌문을 탑신 하단 정면에 새겨 넣고, 좌우측 기단에 스물네 명씩의 명단을 적어 넣은 뒤, 탑 꼭대기에 각각의 의미를 담은 다섯 개의 십자가를 세우는 등 설계부터 시공까지 모든 일을 인부 두세 명을 데리고 자신이 손수 작업했다. 어쩌면 그는 이 탑을 건립하기 위해 그때까지 목수로서 솜씨를 갈고 닦았는지도 모른다. 선착장을 바라보며 임자진리교회 예배당 앞에 우뚝 솟은 순교기념탑은 섬사람들의 뜨겁고 순수한 신앙을 떠올리는 거룩한 표징이 되었다.

어느덧 칠순을 맞은 이인재 목사는 1992년 5월 12일 원로목사로 추대되며 현역에서 은퇴하였다. 1954년 서울신학교에 입학한 지 38년만이었다. 이날 그는 이렇게 소회를 밝혔다.

"이 부락이 제가 출생한 부락입니다. 이 교회는 창립될 때부터 주일학교를 다니면서 제가 신앙을 갖게 된 교회입니다. 이 교회에서 신학교를 졸업했습니다. 9년 전 제 모교회인 이곳에서 마지막으로 성도님들과 힘을 합쳐 오늘날까지 목회하다가 원로목사가 되었다는 것은 참으로 감명 깊은 일입니다. 지금까지 제가 기도해 온 것은 정년퇴임 때까지 하나님이 함께하셔서 승리 가운데 최후를 마치게 해주옵소서, 하는 것이었습니다. 그런데 오늘 아침부터 기도가 바뀌었습니다. 앞으로 제 생명 하나님 앞에 부름 받는 그날까지 죽도록 충성하며 일할 수 있는 기회를 주옵소서, 죽는 날까지 힘써 봉사하겠습니다, 하는 것이 그 기도입니다."

화재로 전소된
돌 예배당

목회 일선에서 물러난 그는 목포로 이주했다. 이때부터 그는 한 곳에 머물지 않고 전국 어디든 그를 불러주는 곳이면 주저 없이 달려가 예배를 인도했다. 여기저기서 각종 집회 인도와 주례 요청이 끊이지 않았다. 평소 주변 사람들을 살피면서 좋은 것은 남을 주고 안 좋은 건 내가 갖는 삶을 살아온 덕분이었다. 피치 못해 자리를 비우거나 오랫동안 강단을 떠나 있을 경우가 생기면 그를 아는 목사들은 대부분 그에게 설교를 맡기곤 했다. 아무런 욕심도 없는 데다 어디서나 화해와 일치를 실천해 온 그였기에 안심할 수 있었던 것이다.

아버지는 자신이 용서해준 그들을 불쌍히 여겨 자주 돌아보며 울타리가 되어 주었고, 그들의 자녀들을 중매 또 주례까지 친히 맡아 축복하며 사랑을 베푸는 가운데, 그들 역시 아버지를 신뢰하고 따르며 어려운 일이 있을 때마다 의논하고 지도를 받는 신앙인들이 됨은 물론, 그들 중에서 많은 수의 집사와 장로까지 배출되는 열매를 거두었으니 이는 곧 사랑의 열매라 할 것이다. … 40여 년의 목회 생활 중에 여러 교회를 개척

설립했고, 여러 교회들을 증축 또는 건축하면서 잠시도 쉴 틈 없이 주를 위해 헌신적으로 살 수 있었음은 전적으로 하나님의 은혜와 도우심이었으리라. 아버지는 평생의 좌우명으로 '죽도록 충성하라'를 가슴에 품고 작은 일에나 큰일에나 혼신의 힘을 다하는 자세로 임하였으니 주님 앞에서 신실한 삶을 살기 위해 무던히 고뇌하고 몸부림치며 기도한 흔적이 역력함을 본다.

장로교단에서 목사 안수를 받은 뒤 미국 등에서 목회했던 큰아들 이성현 목사는 할아버지 이판일 장로의 일대기를 정리한 책 《생명의 불꽃》에서 아버지의 삶을 위와 같이 정리했다. 은퇴한 이인재 목사의 뒤를 이어 1992년 9월 7일 박성균 목사가 임자진리교회에 부임했다. 그는 젊고 패기 있는 목회자였다. 순교자의 피가 흐르는 교회, 오랜 역사에 걸맞게 나이 지긋한 어른들이 많은 교회, 교인들은 물론 주민들로부터도 존경을 받았던 이인재 목사가 시무하던 교회라는 부담감은 있었지만 그는 새로운 시대에 맞는 목회를 준비하고 있었다.

그로부터 5개월 정도 지난 1993년 2월 15일 월요일 오전 8시경이었다. 갑자기 예배당에서 불길이 치솟았다. 불길은 걷잡을 수 없이 예배당 전체로 번져 나갔다. 아찔한 순간이었다. 정신이상으로 집에서 요양을 하고 있던 어떤 청년이 지하 기도실에 들어가 몰래 불을 지른 것이다. 자신을 두고 매일 교회에 기도하러 가는 어머니에게 불만을 품고 저지른 짓이었다. 다급한 교인들은 양동이로 물을 퍼 나르고, 수도 꼭지에 호스를 연결해 물을 뿌려댔으며, 멀리 선착장까지 뛰어가 바닷물을 길어 오기도 했다. 하지만 어림없는 일이었다. 불꽃은 더욱 강렬히 타올랐다. 임자도 안에 목포소방서 임자전남의소대가 문을 연 건 2016년 봄의 일이다. 도시의 번듯한 소방서에 비하면 장비가 부족하긴 하지만 1993년 당시에는 그마저도 없었으니 섬 안에 불이 나면 그야말로 속수무책이었다. 목포에서 소방 헬기가 뜨거나 배를 타고 소방차가 도착할 때쯤이면 이미 불난 집이나 건물은 송두리째 타버린 뒤였다. 불과 30여 분만에 예배당은 전소되었다. 교인들과 주민들은 망연자실할 따름이었다. 하루아침에 날벼락을 맞은 격이었다. 아녀자들은 땅바닥에 주저앉아 하염없이 눈물만 흘리고 있었다.

임자진리교회 예배당은 아주 특별했다. 문준경 전도사가 진리에 교회를 개척한 뒤 1933년 봄 20여 평 규모의 자그마한 초가 예배당을 처음 건축한 이래 일제강점기와 해방, 6·25전쟁으로 이어지는 파란의 세월을 지나는 동안 빼앗기고 되찾기를 반복하다가 전후 10년만인 1963년 드디어 온 교인들의 정성과 뜻과 힘을 모아 돌을 하나하나 쌓아 올려 지은 아름다운 석조 예배당이 바로 임자진리교회 예배당이었던 것이다. 오랜 세월 자신들에게 안식처가 되어줄 번듯한 예배당을 짓는 게 소원이었던 진리마을 사람들은 언덕 위에 세워진 근사한 돌 예배당을 바라보며 활기차게 하루를 시작하고, 보람 있게 하루를 마감하곤 했다.

2012년 증도에 딸린 작은 섬 병풍도를 찾았을 때의 일이다. 증도 버지선착장에서 배를 타고 병풍도 보기선착장에 내려 굽이굽이 노두 길을 건너 병풍도, 대기점도, 소기점도를 지나자 맨 끝에 소악도가 나타났다. 그 외진 곳에도 교회가 있었다. 증도에 있는 열한 개 교회 중 가장 멀리 떨어져 있는 소악교회다. 당시 김은미 목사는 이런 이야기를 들려주었다.

"소악도랑 임자도는 아주 특별한 인연이 있당께요. 문준경 전도사님이 맨 처음 개척했던 임자도 진리교회는 1963년 이공신 목사님이 계실 적에 돌로 다가 겁나게 아름다운 예배당을 건축했어라. 그때 사용한 돌이 바로 소악도에서 실어 나른 돌이랑께요. 진리교회 성도들이 돛단배를 타고 소악도까정 와서 배에 돌을 잔뜩 싣고 임자도로 운반해 갔어라. 그 돌을 가지고 하나둘 예배당 벽을 쌓아 올린 것이제라. 온 교인들이 다 나서갔꼬 머리에 이고 등에 지고 어깨에 메고 그 무거운 돌을 날르느라 참말로 쎄 빠지게 고생혀 부렀당께라."

임자진리교회는 문준경 전도사가 신안 일대 섬 가운데 제일 먼저 개척한 장자 교회다. 그리고 소악교회는 증도 신앙공동체에서 가장 멀리 떨어져 있는 막내 교회라고 할 수 있다. 이 두 교회가 이런 인연으로 얽혀 있다는 건 결코 우연한 일이 아니라는 생각이 들었다.

진리선착장에서 임자진리교회까지 머리에 돌을 이고 걸어간다는 것은 상상만 해도 머리가 지끈거릴 정도로 먼 길이다. 남녀노소 모두가 나서 밤낮 없이 져다 나른 돌로 정성스레 쌓아 올린 예배당은 교인들의 피와 땀과 눈물의 오롯한 결정이었다. 그런 예배당이 순식간에 잿더미가 되었으니 그 황망함과 서운함을 어찌 말이나 글로 다 표현할 수 있었겠는가? 예배당 내부가 전부 목재로 지어져 아름답기는 하지만 화재에 너무 취약했던 게 단점이었다.

언제까지 화마가 쓸고 간 폐허를 바라보며 눈물만 흘리고 있을 수는 없었다. 예배당이 불에 탔을 뿐 교회가 쓰러진 건 아니었다. 예배는 계속되어야 했다. 교인들은 정신을 추스르고 박성균 목사를 중심으로 수습에 나섰다. 모두가 팔을 걷어 부친 채 불이 난 그날 교회 바로 옆에 있는 빈 집터를 빌려 비닐하우스를 세워 임시 예배처소를 마련했다. 박성균 목사는 화재 이후에 벌어진 일들을 2012년 4월 〈활천〉에 실린 글을 통해 이렇게 고백했다.

임시 예배처소에서 수요일 저녁예배를 드린 날, 한 성도가 봉투를 들고 사택으로 찾아왔다. 첫 번째 교회 건축헌금 일백만 원이었다. 나는 그날 그 첫 번째 건축헌금의 의미를 잊지 못한다. 그 헌금은 말 그대로 예수께서 말씀하셨던 과부의 두 렙돈의 헌금… 생활비 전부를 드린 헌금이었기 때문이다. 그때는 아직 세례교인도 아니었고 초신자였던 그녀가 5명의 자녀와 함께 가난한 삶을 힘겹게 살면서 자신의 생활비를 근근이 모아두었던 돈 자루를 모두 내놓았던 것이다. 나는 그녀의 형편을 알고 있었기에 마다했지만 한사코 내미는 그 마음에 눈물지을 수밖에 없었다. 그녀의 정성어린 헌금은 삶의 순교 그 자체였으니까….

그렇게 순교의 영성이 담긴 건축헌금이 씨앗이 되어 교회 건축이 시작되었다. 교회가 불타던 그달 마지막 토요일에 교회에서 결혼식이 예정되어 있던 커플이 있었다. 그 커플에겐 결혼식을 얼마 앞두고 결혼식장이 없어지는 어이없는 상황이 발생한 것이었다. 서둘러 결혼식장을 교회에서 면사무소 복지회관으로 옮기고 무사히 결혼식을 치렀지만 신혼

여행은 가지 못했다. 건축헌금으로 신혼여행 비용을 모두 드렸기 때문이다. 그때 신랑은 지금은 안수집사가 되었고, 그때 신부는 주일학교 교사가 되어 지금도 충성하고 있다. 그밖에도 구렁이를 잡아 헌금한 청년, 교회 건축 빚을 개인 명의로 대출했던 것을 어려운 상황에서도 자신 앞으로 돌려 이자와 원금을 감당한 한 분 장로와 집사… 그밖에도 여러 성도의 희생과 헌신을 통해 교회를 세워간 훈훈한 이야기는 교회의 역사로 기록되어 왔다.

다시 탄생한
붉은 벽돌 예배당

전화위복이라 했던가. 비 온 뒤에 땅이 더욱 굳어지듯 뜻하지 않은 환란 앞에서 온 교인들은 한마음 한뜻으로 똘똘 뭉치게 되었다. 전소된 예배당을 말끔히 치우고 쓸 만한 집기와 물품들을 정돈한 다음 검게 그을린 외벽 돌들을 깨끗이 닦아 쌓아 두었다. 박성균 목사는 장로, 집사들과 당회, 제직회를 수시로 열어 새 예배당 건축에 대한 의견을 수렴하였다.

"그때 우덜이 세웠던 중요한 원칙은 이런 것이었어라. 이왕 이렇게 된 바에야 신중허니 하자, 어설프게 이 지방 건축업자들헌티 일을 맡겨갖꼬 엉성한 예배당을 지어서는 안 된다, 이런 것이었지라. 그랑께 지대로 지어서 오래갈 교회를 맹글자, 그라고 순교기념교회답게 짓자, 이거이 원칙이었어요. 각자 수소문혀서 백방으로 알아봤지라. 그란디 어느 날 박 목사님이 공간건축이 어떻겠느냐 하시드만요? 그분이 서울 출신잉께 이왕이믄 서울에서 제일 가는 건축회사에서 하자는 거였어요. 우리는 시골 사람들이라 잘 모릉께 그러자 했지라. 그라믄 우리가 직접 찾아가서 상의해 보자, 요로콤 된 것이랑께요. 저랑 목사님이랑 약

국 허는 은퇴하신 노 장로님이랑 셋이서 서울로 올라갔어요. 아따 공
간사 건물이 참 대단허드만요."

진리 사거리에서 전기제품과 첨단기기를 판매하는 한국전자를 운영
하고 있는 김성수 장로는 예배당 건축 이야기가 나오자 바로 엊그제
일을 증언하듯 거침없이 옛날 일을 상기해 냈다. 그는 당시 건축위원
회에서 활동했던 실무 책임자였다. 남도의 외딴 섬에 사는 세 남자가
불이 난 교회를 다시 짓겠다며 무작정 상경하여 불쑥 공간건축을 찾
아간 일은 아무리 생각해도 웃음밖에 나오지 않는 일이었다. 1960년
한국 현대건축의 선구자인 김수근(金壽根, 1931~1986) 선생에 의해 창
립된 ㈜공간종합건축사사무소는 자유센터, 정동빌딩, 한국일보 사옥,
부여박물관, 올림픽 주경기장 등을 설계한 당대 최고의 건축사무소였
다. 천재 건축가 김수근 선생은 이미 세상을 떠나고 그때는 정종영 선
생이 대표 건축가로 활동하고 있었다. 서울시 종로구 계동에 있는 공
간건축 대표실에서 네 남자가 어색하게 조우했다.

"어떻게 오셨습니까?"

"저희는 전남 신안군 임자도에 있는 임자진리교회에서 왔습니다. 얼
마 전 우리 예배당이 화재로 전소되었습니다. 그래서 예배당을 다시
지으려고 이렇게 찾아뵙게 되었습니다."

"교회 건물이 얼마나 큰가요?"

"별로 크지 않어라. 시골 섬에 있는 쬐까난 교회지라."

"예산은 얼마나 책정해 놓으셨습니까?"

"예산은… 지금은 없습니다. 하지만 설계만 해주신다면 몇 년이 걸

리더라도 기필코 우리 교회가 힘을 모아 완공을 할 생각입니다. 예산이 얼마가 들든 감당할 수 있습니다."

"허허… 이것 참…. 목포나 광주에도 건축사무소가 많이 있을 텐데요?"

"우덜 교회는 6·25전쟁 때 순교자가 마흔여덟 명이나 나온 교회랑께요. 불이 나분 것은 안타깝지만 차제에 새 예배당을 최고로다가 짓고 싶어 요로콤 찾아온 것이어라. 당장은 예산도 없고 너무 멀어 불편허시겠지만 꼭 좀 설계를 부탁드리겠어라. 사정 좀 깊이 헤아려주시오."

"저희는 교회 건축을 해본 경험이 없습니다. 멀리서 오셨는데… 죄송합니다."

쉽게 되리라 생각한 건 아니었지만 서울까지 올라가서 현실의 높은 벽만 체험한 채 허탈하게 남행열차에 몸을 실은 세 남자는 어떻게 해야 좋을지 막막하기만 했다. 그런데 이들의 서울행이 그렇게 허무하게 끝나 버린 게 아니었다. 며칠 뒤 정종영 대표로부터 박성균 목사에게 연락이 온 것이다. 몇 가지 조건만 들어준다면 예배당 설계를 수락하겠다는 것이었다.

정종영 대표가 제시한 조건은 첫째 예배당 부지가 최소한 1,000평 이상일 것, 둘째 우리가 설계한 원안을 절대로 바꾸지 말 것, 셋째 감리까지 우리가 하도록 해줄 것, 이상 세 가지였다. 게다가 그는 설계는 무료니까 건축 실비만 준비하면 된다는 단서까지 덧붙였다. 정종영 대표는 임자도가 어디에 있는 섬인지도 몰랐고 크리스천도 아니었지만

48명의 순교자가 나온 교회라는 말에 설계를 맡는 것은 물론 비용까지 받지 않겠다는 파격적인 제안을 한 것이었다. 박성균 목사는 그렇게 하겠다며 즉석에서 그가 제시한 모든 조건을 수락했다.

"얼마 뒤에 공간건축 사람들이 파견을 나왔어라. 아따 정종영 대표란 양반이 참 별난 양반이드만요. 여름인디 구두를 벗응께 양말도 안 신었더랑께요. 따라온 사람들이 사장이고 그 양반이 조수 같았어라. 나는 그냥 속으로 웃었제라. 다섯 명이 왔는디 그날 하루 사이에 임자도를 다 돌아봤어라. 여기저기 산에도 올라가고 전부 둘러본 다음 우리가 설계하겠다고 결론을 내더라고요. 그라믄 설명을 쪼까 해주시오, 하닝께 이러더라고요. 여그는 임자진리교회를 싸고 주위에 산들이 있는디 그 산들이 다 완만하다, 그란디 교회도 조금 올라가 있응께 산 중에 하나다, 따라서 예배당도 자연 중의 하나로 여겨서 아담 허니 짓겠다, 이런 것이었어라. 지 생각에는 이 양반들이 맨날 도시에서 지정된 땅에 한정된 조건 하에서 이런저런 규제만 받아가며 건물을 지었기 땜시 마음대로 허기가 어려웠는디, 임자도는 그런 제한이 없응께 자유롭게 건물다운 건물, 지대로 된 작품 한나를 맹글어보고 싶었던 것 같아라."

김성수 장로는 뇌졸중으로 쓰러진 후 심장 수술까지 받는 와중에 기적적으로 회복되어 생업조차 미룬 채 예배당 건축에 매진했다. 그는 이때를 기념해 정종영 대표가 설계한 도면의 복사본을 아직도 소중히 간직하고 있다. 온 교인들의 기도와 협력 속에 시공 과정에서의 시행착오와 우여곡절에도 불구하고 1997년 말 새 예배당이 완공되었다. 불에 탄 예전 예배당의 돌들은 새 예배당 입구 바닥에 깔고 사이사이 잔디를 심음으로써 교인들의 피땀 어린 역사를 간직할 수 있게 했다. 2003년 5월 15일에는 비로소 새 예배당 봉헌식이 치러졌다.

봉헌예배가 드려질 당시 정종영 선생은 세상을 떠난 뒤여서 교회는 ㈜공간종합건축사사무소에 감사패만 전달하였다. 그는 생전에 임자진리교회 건축에 대해 이런 소회를 남겼다.

"마을 사람 거의 전부가 교회의 신도여서 신축되는 교회는 신도들의 기도하는 장소인 동시에 도서실로서, 식당으로서, 놀이터로서, 담소의 장소로서 다목적으로 활용되어지기를 기대하고, 마을 어느 방향에서도 손쉽게 진입할 수 있도록 하였으며, 마당을 중심으로 본당 및 기도실과 교육관과 식당, 사무실동의 세 개의 매스를 배치하였다. 중앙의 마당은 이 교회의 중심 공간으로 건물의 로비이며, 통로이며, 본당의 연장 공간이고, 또한 마을을 내려다보는 전망대이기도 하다. 각 매스는 마당을 둘러 있는 지붕을 덮은 연결 통로로 연결된다. 형태적으로는 주변에 점점이 흩어져 있는 농가들의 자잘한 매스를 배경으로 삼게 되고, 나지막한 산들이 있는 주변 환경과의 조화와 더불어 연차적인 공사가 가능하도록 하고, 더불어 도서지역의 어려운 시공 조건을 감안하여 건물의 매스는 단순한 기하학적 육면체가 반복되면서 쌓여나가는 형태를 만들었다. 1,000여 평의 대지에 200여 평의 크지 않은 교회는 지금 마을의 공동생활공간으로 쓰이고 있다. 사람들은 친밀감으로 묶어주고, 공간이 부족한 곳에 자유롭게 교감할 수 있는 넉넉함을 주는 것이 종교건축의 참 의미라고 생각한다."

당대 최고의 건축사무소인 ㈜공간종합건축사사무소의 정종영 대표가 설계한
현재의 임자진리교회. '건축은 빛과 벽돌이 짓는 시'라는 고 김수근 선생의 철학이
머나먼 섬 임자도에서 구현되었다. 예배당 입구로 향하는 바닥에는
전소된 옛날 예배당의 돌들을 깔아 두었다.

고난을 딛고 예배당은 다시 태어났다. 남도의 작은 섬에 외로이 세워졌던 임자진리교회는 이후 허다한 섬과 바다를 환히 비추며 우뚝 선 환상적인 빛의 교회가 되었다. '건축은 빛과 벽돌이 짓는 시'라고 말했던 김수근 선생의 유지를 받들어 공간건축에서는 임자도의 자연 풍광과 가장 잘 어울리는 단층 예배당을 유럽에 있는 성을 짓듯 정성껏 빚어냈다. 아침 햇살이 서서히 떠오를 때, 저녁놀이 바삐 바다로 달려 나갈 때, 임자진리교회 예배당의 수많은 붉은 벽돌은 태양과 만나 공작처럼 날개를 펼치며 한바탕 요란한 빛의 축제를 벌인다.

온 마을에 울려 퍼진
성탄절 새벽송

　2008년 11월 23일 인천 문학중앙교회에서 원수사랑상 수여식이 열렸다. 1980년 미국 로스앤젤레스에서 유니온교회를 개척해 목회하던 이정근 목사는 6·25전쟁 50주년이던 2000년 6월 25일, 미국인 참전 용사들을 초청한 자리에서 '원수 사랑 운동'을 천명했다. 이후 그는 원수사랑재단을 설립해 매년 6월 25일을 '원수 사랑의 날'로 지정하고 2년에 한 번씩 국내외 귀감이 되는 인물을 선정해 원수사랑상을 시상하고 있다. '사랑의 원자탄'으로 유명한 순교자 손양원 목사와 에콰도르 원주민에게 순교한 네이트 세인트 선교사가 이 상을 수상한 바 있다. 이날의 수상자는 이판일 장로였다. 원수들을 위해 눈물로 기도하며 순교한 그의 고결한 믿음은 아들 이인재 목사에게 그대로 이어져 온 가족과 성도들을 살해한 폭도들을 용서하고 신앙의 길로 인도함으로써 진정한 그리스도의 사랑을 실천했다는 평가를 받아왔다. 시상식에는 몸이 불편한 이인재 목사를 대신해 둘째아들 이성관 목사가 참석하였다.

　은퇴한 뒤에도 자유로운 몸으로 왕성하게 활동하던 이인재 목사는

2008년 9월 8일 86세를 일기로 아내가 먼저 하나님의 부르심을 받자 건강이 급격히 악화되기 시작했다. 그의 평생 동지였던 조점례는 자신의 입장이나 가족의 생계 그리고 자녀들의 교육과 장래 문제 등에 대한 고려 없이 오로지 교회와 성도들만을 위해 손해와 희생을 감수하며 살아온 남편을 격려하고 응원하면서 묵묵히 가정을 지켜낸 전사 같은 여자였다. 자기 몸을 위해 옷 한 벌이나 화장품 하나 사 본 적이 없던 그녀가 아니었더라면 이인재 목사는 오직 주님만 바라보며 그토록 뚜벅뚜벅 한길로만 걸어갈 수는 없었을 것이다. 옆에 있어주는 것만으로도 위안과 격려가 되던 사랑하던 아내가 노환으로 세상을 떠나자 이인재 목사는 깊은 상실감과 허망함에 빠져 들었다. 결국 그는 아내가 세상을 떠난 후 얼마 지나지 않아 그 뒤를 따라 하나님

성탄 전야에 예배당에 모여 찬양하는 학생들과 어린이들.

의 품에 안겼다. 이성균 목사는 이 과정을 누구보다도 안타깝게 지켜볼 수밖에 없었다.

"아버지는 정말 강건한 분이셨습니다. 저는 자라면서 우리 식구들이 병원에 입원한 걸 한 번도 본 적이 없어요. 그런데 어머니가 노환으로 돌아가시자 아버지 체력이 급격히 안 좋아지셨어요. 몸과 마음이 그만큼 약해지신 것이죠. 그러다가 88세 생신을 지낸 뒤 2주일 만인 2009년 2월 20일 금요일 새벽 3시 30분경에 목포 한국병원에서 별세하셨어요. 고난의 세월을 함께 이겨온 어머니가 계시지 않자 견디고 버텨내기가 꽤나 어려우셨던 것 같아요."

다음 날인 2월 21일 오전 10시 30분 임자진리교회에서는 이인재 목사의 천국환송예배가 드려졌다. 이때 전장포교회에서 목회하던 이영택 목사는 다음과 같은 추모사를 낭독했다.

"아무리 아름답고 평안한 바닷가에 살아도 우리는 사람으로부터 마음의 상처를 입게 됩니다. 상처가 너무 아파서 도대체 무엇을 어떻게 해야 할지 몰라 망연히 지내기도 합니다. 내게 상처 준 사람이 떠오르면 마치 불에 덴 사람처럼 머리가 온통 화끈거리고 제대로 숨 쉴 수 없는 지경까지 되기도 합니다. 당신은 아버지와 가족을 한꺼번에 잃은 그 큰불에 데고서도 어떻게 그렇게 평온하게 한 세상을 살 수 있었나요? 원수를 향한 사랑의 그 넉넉함이 어디에서 흘러나올 수 있었을까요? 지난 9월 임자진리교회에서 드려진 임자감찰 순교자 추모예배 때에 아버지와 성도들의 순교 사건을 증언하면서 당신께서는 돌아가신 선친이 그리워서 목이 메고, 이내 눈물을 흘리셨지요. 팔순을 훌쩍 넘긴 당신께서 아버지가 보고 싶어 흘리는 그 눈물은 메마른 우리의 마음에 내리는 푸근하고도 따스한 사랑의 봄비였습니다."

일생 동안 전심전력을 다해 받들고 섬겨온 교회에서 온 성도들의 눈물어린 송가와 헌화 속에 그는 자신이 가야 할 곳을 향해 조용히 마지막 길을 떠났다. 그리고 본인이 손수 단장했던 이흑암리 초입에 있는 가족묘지 맨 왼쪽에 먼저 간 아내와 함께 나란히 합장되었다.

그로부터 6년이 지난 2015년 크리스마스이브 저녁 임자진리교회 예배당에서는 성탄을 축하하는 교회학교 학생들의 연주와 발표가 이어졌다. 예쁘게 흰 티셔츠를 맞춰 입은 중고등부 학생들이 연단에 등장해 율동과 함께 '기쁘다 구주 오셨네' 찬송을 합창했다. 드럼과 전자오르간 연주 실력이 뛰어났다. 초등부 어린이들의 워십 '초대합니다'와 유치부 개구쟁이들의 '메리 크리스마스 주님 오신 날' 합창이 뜨거운 박수갈채 속에 이어졌다. 중고등부 학생들의 핸드벨 연주가 독특했다. 여럿이 빙 둘러서서 종을 흔들어 멋진 음악 한 곡을 연주해 내는 광경이 근사했다. 백발이 성성한 할머니 할아버지들은 쉴 새 없이 손바닥을 마주치며 파안대소했다. 쉽지 않은 여건에서도 많은 준비를 한 듯했다. 이들이야 말로 섬마을의 보석 같은 존재들이다. 이 아이들이 자라 어른이 되고, 노인이 되었을 때 교회는 어떤 모습으로 변해 있을까 궁금했다. 그렇게 세월이 흘러 한 세대가 가고 또 한 세대가 오는 동안 역사는 고목의 나이테처럼 수많은 이야기들을 한데 품고 녹이면서 켜켜이 쌓여 가는 것이리라.

새로 지은 예배당 내부는 여러 가지 사연을 간직하고 있다. 붉은 벽

돌로 둘러싸인 벽면과 천장에 매달린 전등은 모두 48개다. 6·25전쟁
때 희생된 교인 마흔여덟 명을 결코 잊지 않겠다는 뜻에서 실내를 환
하게 비추는 전등의 숫자를 48개로 맞춘 것이다. 중앙의 강단은 천장
을 통해 자연광이 들어오도록 설계되었다. 임자도의 태양 빛이 예배당
강단에 그대로 투영되는 것이다. 강단 뒤 십자가를 사이에 두고 오른
쪽 벽면에서 왼쪽 벽면 방향으로 요한복음 4장 말씀이 세로로 가득
채워져 있다. 돌 판에 새겨진 한글 서체가 이채로웠다.

성탄절 새벽송을 도는 젊은이들.
칠흑 같은 어둠 속에 캐럴이 울려 퍼지면 집주인이 나와
반갑게 손님들을 맞던 풍경은 도시에선 사라진 지 이미 오래다.

"아버지께 참으로 예배하는 자들은 신령과 진정으로 예배할 때가 오나니 곧 이때라. 아버지께서는 이렇게 자기에게 예배하는 자들을 찾으시느니라. 하나님은 영이시니 예배하는 자가 신령과 진정으로 예배할지니라. 아멘."

예배 때마다 수없이 듣던 말씀임에도 임자진리교회 예배당 안에서 문득 직면하게 된 이 말씀의 울림은 예사롭지 않았다. 글자 하나하나가 살아서 가슴 속으로 날아오는 것 같았다.

행사가 끝난 뒤에도 젊은 교사들과 학생들은 돌아가지 않고 예배당에 남아 뭔가를 준비했다. 새벽송을 돌 채비를 하는 것이었다. 서울에서도 1980년대까지는 성탄절 새벽이면 여기저기서 새벽송을 도는 젊은이들의 잔잔하면서도 흥겨운 캐럴을 들을 수가 있었다. 성탄 전야를 상징하는 대표적 장면 중 하나였던 새벽송은 이제 대도시에서는 좀처럼 찾아보기 힘들게 되었다. 그 정겨운 광경을 임자도에서 보게 된 것이다. 하지만 임자도에서도 몇 년 전부터 새벽송을 새벽에 하지 않고 크리스마스이브 저녁때 한다고 했다. 농사에 지치고 힘든 교인들을 새벽에 깨우는 게 미안해서 시간을 당기게 되었다는 것이다. 교사와 학생들은 다섯 개 조로 나뉘어 진리마을을 다 돌아야 했다. 마을에는 짙은 어둠이 내려앉은 지 오래였다.

"기쁘다 구주 오셨네~ 만백성 맞아라~"

교인 집 앞에서 찬송을 부르면 주인 내외와 아이들이 나와 반갑게 이들을 맞았다. 함께 찬송을 부른 뒤 서로 얼싸안고 축하와 격려를 나

누는 사이 집주인이 과자와 과일, 떡과 음료 등을 봉투에 담아 내왔
다. 한 남학생이 재빨리 이를 받아 커다란 자루 안에 담았다.

"고요한 밤~ 거룩한 밤~ 어둠에 묻힌 밤~"

출타 중이어서 불이 꺼져 있는 집에서는 조용히 찬송을 불렀다. 그
런 집도 문고리에 봉투 하나씩이 걸려 있었다. 집을 비운 게 미안해
먹을 걸 걸어두고 간 것이다. 저녁 내내 온 마을에서 캐럴이 울려 퍼졌
다. 이날 집집마다 돌며 모은 봉투들이 트럭으로 하나 가득이었다. 이
렇게 모아진 음식들은 성탄절 예배가 끝난 뒤 압해도를 방문해 고아
원에 전달한다고 한다. 나는 이날 밤 아무리 오랜 세월이 흐른다 해도
이 한없이 고요하고 평화롭고 풍요로운 모습만큼은 사라지거나 잊히
지 않고 영원히 이어질 수 있기를 간절한 마음으로 기도했다.

문준경의 수양딸
백정희 전도사와 재원교회

재원도는 임자도에 딸린 섬 가운데 가장 큰 섬이다. 하우리에서 보면 손에 잡힐 듯하지만 배를 타고 한 시간이나 가야 한다. 물길을 따라 에둘러 가야 하는 까닭이다. 그마저도 날씨가 좋지 않거나 파도가 심한 날은 배가 뜨지 않는다. 그렇지만 시간을 내서 꼭 한 번 방문해 볼 만한 섬이다. 재원도는 중국으로 가는 길목에 위치해 있다. 여기서 서북쪽으로 계속 항해하면 중국 상해가 나온다. 옛날 중국에 조공을 바치러 가려면 이 섬을 거치지 않을 수 없었다. 겨울철 풍랑이 심해 항해가 어려우면 날씨가 풀린 봄에 수송하기 위해 이곳에다 양곡을 보관했다. 그래서 섬 이름을 재원도(財源島)라 불렀다. 그러다가 나중에는 임자도 본섬으로부터 멀리 떨어져 있다는 뜻에서 재원도(在遠島)로 이름을 바꿔 부르게 되었다고 한다.

재원도는 서쪽으로 트인 만 주변부와 동쪽 해안 저지를 제외한 대부분 지역이 산지로 되어 있다. 동쪽 해안에 있는 재원마을, 서쪽 해안에 있는 예미마을 두 곳이 주민들의 생활 터전이다. 논농사가 되지 않아 고추, 상추 등 밭농사를 짓는 것이 전부다. 재원도가 주목을 받게 된 것은 해방 이후 임자도 타리파시가 쇠락의 길을 걷게 되면서부터다. 파시가 재원도로 옮겨온 것이다. 재원도 파시는 서남해안에서도 가장 늦은 1980년대 후반까지 남아 있었다. 움막 대신 가건물이 들어서고 바닷가에는 상회와 주점들이, 골목 안에는 하숙집들이 생겨났다. 여객선이 오가는 부두 인근이 파시가 열렸던 장소다. 주민들은 각지에서 모여든 선주들을 재워주고 먹여주며 돈을 벌었다. 주민들이 고기 잡는 기술을 익히기 시작한 것은 파시가 사라질 무렵이었다. 젊은이들이 타 지역의 고기 잡는 배를 타면서 어획 기술을 익힌 다음 파시가 쇠퇴하자 배를 인수했다. 그 덕분에 주민 대부분이 어업에 종사하게 되었다.

일본 동아대학의 최길성 교수는 《조선다도해여행각서(朝鮮多島海旅行

재원도 최초이자 유일한 교회인 재원교회의 옛날 기도처.

覺書》를 번역한 《일본 민속학자가 본 1930년대 서해도서 민속》이라는 책에 실린 자신의 논문 〈파시(波市)의 민속학적 고찰〉에서 1990년 재원도를 직접 방문 조사한 내용을 이렇게 정리했다.

6·25전쟁 이후 민어 파시가 형성되어 대성황을 이루었다. 파시 때에는 주로 외지인들이 몰려들어 주민의 몇 배의 인구가 된다. 다방과 상회를 비롯해 주점이 20~30여 채가 가건물로 들어서고, 아가씨가 2백여 명이나 된다. … 외지인들은 늦어도 9월초 하늬바람(갈바람)이 불면 철새처럼 사라진다. 다시 한산한 촌락이 된다. 마을에서는 청년회를 조직하여 술 취하여 고성방가하고 행패를 부리거나 함부로 소변을 보는 사람이나 부인을 희롱하는 것과 담배 피우면서 마을을 활보하는 색시 등을 단속하

현재의 재원교회. 한봉섭 목사 부부가 14년째 목회하고 있다.

문준경 전도사가 친딸보다 더 사랑하고 아끼던 제자인 백정희 전도사.
그녀는 은퇴할 때까지 재원교회에서 목회하며
섬마을 주민들을 가족처럼 섬기고 보살폈다.

었다. 일찍부터 기독교인이 많다. 기독교 성결교회 여 전도사(백정희 73세)가 인도하는 신자 20여 명이 있다.

문준경 전도사는 자신과 비슷한 처지인 백정희 전도사를 친딸보다 더 아끼며 곁에 두고 지냈다. 6·25전쟁 당시 어머니 같은 문 전도사를 하늘나라로 떠나보낸 백 전도사는 마지막 순간에도 백 전도사와 교인들을 살려달라면서 그들을 위해 기도하던 문 전도사를 생각하며 눈물로 하루하루를 보냈다. 이후 3년 동안 소복을 입고 고인을 애도하면서 새벽기도회를 마치면 눈이 오나 비가 오나 하루도 빠짐없이 문 전도사 묘소 앞에 가서 기도를 드렸다고 한다. 그녀는 문 전도사를 대신해 여러 섬마을을 찾아다니며 복음을 전하다가 재원도로 들어와 은퇴할 때까지 목회를 했다. 은퇴 후에는 퇴임 여교역자들을 위해 마련한 대전 성락원에서 생활하면서 매년 10월 5일이면 문 전도사를 추모하며 하루 종일 금식을 했다고 한다.

재원도는 문준경 전도사와 백정희 전도사 그리고 이판일 장로와 이인재 목사의 흔적이 남아 있는 곳이다. 선착장에서 방파제를 따라 오른쪽에 있는 마을로 접어들면 중앙슈퍼와 일억불슈퍼라는 거창한 이름의 간판을 내건 가게 두 곳을 지나게 된다. 한때는 파시로 불야성을 이루던 곳이다. 그 뒤에 경로당과 보건진료소, 치안센터 등이 모여 있고, 수백 년은 된 듯한 아름드리 팽나무 오른편으로 난 외길을 따라 산등성이 방향으로 가다 보면 후박나무 숲 사이로 재원교회가 나타난다. 야트막한 단층의 깨끗한 예배당이다. 개 한 마리가 낯선 손님을 반겨 맞았다. 이 교회에서 14년째 시무하고 있는 목회자가 바로 한봉섭 목사다.

"저는 2003년에 왔어요. 서울하고 부천에 살다가 목회자가 공석이니 잠깐만 도와달라고 해서 6개월 정도 있으려고 들어온 건데… 이렇게 오랫동안 살게 되었습니다. 벌써 내일모레면 은퇴할 나이가 되었네요. 자녀들은 서울과 부천에 있고 이곳에는 우리 부부만 살고 있어요. 재원도에는 주민들이 150명쯤 살고 계시고, 고기 잡는 배가 40~50척 정도 돼요. 일하느라고 전입한 선원들이 많죠. 토착 주민들은 스무 명 정도에요. 재원교회는 작은 교회지만 역사가 꽤 깊습니다. 옛날에 예미마을로 시집오신 분이 계셨는데, 눈물을 흘리며 교회를 세워 달라고 기도를 하셨대요. 마을 어른들 말씀으로는 그분이 이인재 목사님의 고모라고 하시더라고요. 나중에 기도가 응답되어 문준경 전도사님 등의 노력으로 예미마을에 기도처가 세워졌죠. 기록이 없어 정확치 않지만 교회 역사가 대략 80년은 되지 않을까 생각합니다."

선착장 왼쪽으로 난 가파른 산길을 따라 굽이굽이 지나다 보면 차를 돌릴 수 있을 만한 너른 공간이 나온다. 그 아래로 광활하게 펼쳐진 해변이 부채꼴 모양의 예미해수욕장이다. 오가기가 힘들어서 그렇지 어떤 해변보다 한적하고 깨끗하며 아름다운 곳이다. 차를 세워둔 공터에서 산기슭으로 조금 올라가면 오래된 후박나무 뒤로 옛 재원교회 예배당이 눈에 들어온다. 슬레이트 지붕 아래 마련된 방 두 칸에 각각 문 하나씩이 달려 있다. 예배당이라기보다는 기도처라고 하는 게 더 어울릴 것 같았다. 처음 마련된 기도처는 자그만 초가였을 것이다.

산자락에 위치한 이 외진 기도처에서 호롱불을 밝힌 채 여인네 홀로 눈물을 뿌려가며 기도하는 모습을 상상해 봤다. 그 기도 또한 목숨을 건 일사각오의 기도가 아니었을까.

예미마을로 시집온 여인은 이판일 장로의 손위 누이였다. 이판일 장로는 예수를 믿고 나서 재원도로 시집간 누이를 자주 찾아가 전도를 했다고 한다. 겨울이면 양식을 싸들고 가서 몇 달이나 지내다 오기도 했다. 결국 누이는 예수를 믿게 되었고, 함께 기도하던 중에 문준경 전도사와 의논 끝에 기도처를 세우게 된 것이다. 이인재 목사 역시 생전에 재원교회를 자주 방문했을 것이다. 이판일 장로는 누이를 위해, 이인재 목사는 고모를 위해 도움의 손길을 내밀어야 했기 때문이다. 예미마을과 재원마을 사이에 있는 야트막한 산이 아미산이다. 옛날에는 해안도로가 없었기에 이들은 산을 넘어 기도처까지 험한 길을 오가야만 했다.

경로당을 찾았다. 할머니들 여럿이 모여 채소를 다듬고 있었다. 모두 재원교회 교인들이었다. 할아버지는 한 분도 보이지 않았다. 궁금한 것 한 가지를 물으면 쉬지 않고 답변이 날아들었다. 대화가 계속되는 중에도 텔레비전에서는 끊임없이 연속극이 방영되고 있었다.

"문 전도사님도 글코 백 전도사님도 글코 참말로 곱고 단정허니 깨끗헌 분들이셨어라."

"백정희 전도사님이 늦게 오셨당께요. 문준경 전도사님 순교당한 뒤에 오셨어라."

"문 전도사님이 돌아가심서 나는 죽이되 이 사람은 죽이지 마라 했다 안 그라요?"

"백 전도사님이 시방 살아계시믄 우리 어머니랑 동갑잉께 100살은 넘었을 것이오."

"아따, 그렇게 밥 잡숫고 가시라 혀도 생전 밥도 안 잡숫고 가셨어라. 워째 그랬을까잉?"

"넘의 것은 일체 폐를 끼치지 않았응께 글제. 누구헌티 피해 안 끼칠라꼬 그랬어라."

"내헌티 양말을 사서 보냈어라. 고걸 신을 때마다 우리 백정희 전도사님 생각헌다니께."

"옷도 양말도 좋은 것 있으믄 아깝다고 안 입고 새것은 죄다 우덜 나눠주셨어라."

얼굴에 주름이 가득한 할머니들이 어린아이들처럼 이야기 속으로 빠져들었다. 우리들의 말로 인해 방안 가득 옛 사람들과 옛 추억들과 옛 사연들이 반딧불처럼 되살아나고 있었다.

검붉은 동백꽃이
바람에 뚝뚝 떨어지고

남도를 찾을 때마다 시선이 머무는 대상이 있다. 붉은 흙과 동백꽃이다. 다른 지방에도 붉은 기가 도는 흙이 있고, 동백나무 군락이 많이 있지만 남도의 적토와 검붉은 동백꽃은 유달리 가슴을 저미게 만든다. 특유의 핏빛이 주는 처연함이랄까 장엄미는 언제나 시선을 압도할 정도다. 순교의 현장에서는 더더욱 그렇다. 재원도에는 탁 트인 바다가 내려다보이는 언덕바지에 아름드리 동백나무 숲이 있다. 매서운 바닷바람에 동백꽃이 뚝뚝 떨어져 내리면 그것이 마치 순교자들이 흘린 피처럼 느껴져 한껏 숙연해진다. 임자진리교회 순교기념탑 주변에도 해마다 동백꽃들이 흐드러지게 피어난다. 이판일 장로와 순교자들이 복음을 지키기 위해 사투를 벌이던 수십 년 전에도 똑같은 흙 속에 동일한 꽃들이 만발했을 것이다.

이판일 장로는 평신도였지만 성직자로서의 소양을 갖추고 목회자의 역할을 충실히 감당했던 인물이다. 인천에서 사역하다 은퇴한 이인재 목사의 장녀 이성순 전도사는 아버지로부터 전해 들은 할아버지 이판일 장로의 남다른 소명과 열정에 대해 이런 이야기를 들려주었다.

"제가 네 살 먹었을 때 전쟁이 터졌어요. 저는 아버지와 함께 목포에 살고 있었죠. 할아버지께서 목포 정치보위부에 잡혀 왔다 다시 임자도로 들어가실 때 저를 데려가겠다고 하셨대요. 마침 저는 외가에 가 있었거든요. 그때 거기 없었기 때문에 제가 살아난 거예요. 워낙 어릴 때라 할아버지 모습은 기억이 나질 않아요. 다만 아버지 말씀으로는 할아버지께서 진리교회를 책임지고 맡아 예배를 인도하고 설교도 하고 그래야 했기 때문에 여건과 시간이 되면 목포로 나가서 성경학교 같은 데 들어가 공부를 하셨다고 해요. 북교동교회에서 하는 사경회에도 나가시고요. 지도자로서 실력을 갖추기 위한 프로그램에 자주 참여하신 거죠. 제가 어렸을 때만 해도 안방 벽에 이런 데 다니셨던 사진을 크게 인화해 액자에 걸어 놨었어요. 나중에 이사 다닐 때 사진첩을 잃어버려 이 같은 소중한 자료들이 다 없어졌죠."

여러 사람 가운데 우두머리를 '영수(領袖)'라고 한다. 장로교에서는 조직이 아직 갖춰지지 않은 교회를 이끌어가는 임시 직분 또는 그런 책임자를 영수라고 불렀다. 이판일 장로는 단순히 문준경 전도사나 다른 목회자들을 보좌하는 역할만 한 게 아니라 직접 책임지고 적극적으로 목회를 담당한 영수의 위치에 있었다. 그는 충분히 그럴 만한 자격을 갖춘 사람이었다. 그의 신앙은 언제나 순교를 각오한 신앙이었다. 누구보다 적극적으로 순교를 사모했다.

이판일 장로의 둘째딸이자 이인재 목사의 바로 아랫동생인 이이엽 권사는 생존해 있는 후손 중 가장 손윗사람이다. 1925년생인 그녀는 건강이 좋지 않아 서울의 한 요양시설에 머물며 자식들의 돌봄을 받

재원교회 뒤편 아미산 자락에 자생하는 동백나무 군락지.

재원교회에는 예전에 백정희 전도사가 친필로 쓴 예배일지가 남아 있다.
예배와 생활에 대해 상세히 기록한 이 일지 위로
붉은 동백꽃잎이 뚝뚝 떨어져 내린 장면이 처연하다.

고 있다. 인근에 있는 충무성결교회에서 주일예배를 드리고 딸의 부축을 받으며 들어서는 그녀를 만나 아버지에 관해 물었다. 일순 얼굴에 화색이 돌았다.

"나가 문 전도부인의 중매로 시집가서 증도에 살았어라. 전쟁이 나서 천지가 난리인디 그라게 우리 식구덜이 보고잡아 견딜 수가 없었지라. 시어무니가 니 가면 안 될 텐디 그리 갈라 하냐 허믄서 말리는디도 기어코 배를 구해 타고 돌고 돌아서 임자도에 들어갔당께요. 그때 나가 만삭이었어라. 허겁지겁 친정집으로 들어서는디 아부지가 날 보자마자 '문 전도부인 순교허신다더냐?' 하고 묻더라니께요. 딸자슥 걱정에 안부를 먼저 물어야 헐 턴디 그분은 오직 순교에만 관심이 있었던 것이지라. 식구덜 무사한 거 보고 다시 증도로 돌아왔지요. 아, 그란디 이틀 지나서 아부지와 자근아부지 식구덜 모두 변을 당허고만 것이지라. 나도 죽다 살아난 것이어라. 참말로 우리 아부지 맹키로 예수를 그렇게 진실허니 믿은 사람은 이 세상에 없을 것이오. 우리는 아부지 맨발 벗고 따라가도 도무지 못 따라 간당께요."

중국 연길에서 많은 교회를 개척하면서 탈북자들을 돕는 일을 하다 2012년 5월 27일 의문의 교통사고로 순직한 강호빈 선교사의 아내 이성심은 이인재 목사의 둘째딸이다. 그녀는 이인재 목사가 하나님의 부르심을 받기 직전 안식년을 맞아 한국에 들어와 아버지의 마지막 시간들을 곁에서 지켜봤다. 당시 아버지와 딸이 나눈 대화는 많은 것을 생각하게 해준다.

"아버지, 그동안 사시면서 가장 기뻤던 때가 언제였어요?"

이판일 장로의 둘째딸 이이엽 권사.
몸이 편치 않음에도 불구하고 아버지와 오빠 이야기가 나오자
얼굴에 화색이 돌며 눈망울이 초롱초롱해졌다.

"… 긍께 아버지 순교허시고 나서 순교기념교회로 내 손으로다가 직접 대기리교회를 지을 때가 가장 기뻤제. 아침에 해 뜨믄 느그 어머니랑 가서 왼종일 예배당 짓다가 밤중이 되믄 느그 어머니랑 찬송 부르면서 대기리에서 진리까정 걸어올 때가 젤로다가 좋았어."

"아버지는 평생을 어떻게 사셨어요?"

"어떻게 살기는… 힘든 일이 있으믄 힘든 거는 내가 허고 안 힘든 거는 상대방이 허게 하고, 짐이 있으믄 무거운 거는 내가 들고 가벼운 거는 남이 들게 하고, 어려운 일 있으믄 그거는 내가 허고 쉬운 일은 다른 사람이 허게 했지. 허허, 나는 그렇게 살았어."

이인재 목사의 자녀들은 어린 시절 아버지에게 불만이 참 많았다. 도통 욕심이 없고 남에게 양보만 하는 아버지를 이해할 수 없었던 것이다. 그 시절엔 미국 등 선진국의 정부와 교회로부터 구호물자와 선교물자가 쇄도했다. 일부 목사들은 이를 교회와 사회에 나누지 않고 몰래 빼돌려 개인적으로 사용하곤 했다. 하지만 이인재 목사에겐 어림없는 일이었다. 그는 창고에 물자를 넣어두고 열쇠를 다른 사람에게 맡겼다. 초콜릿이나 건빵을 먹고 싶은 어린 자녀들이 아무리 졸라도 교인들에게 나눠줄 때 똑같이 줄을 서서 자녀들도 공평히 받아가도록 했다.

"어렸을 때는 그게 그렇게 야속하고 원망스러웠어요. 하지만 어른이 되어 결혼해 아이 낳고 살다 보니 그런 아버지가 너무도 존경스럽고 자랑스러웠죠. 돌아가시기까지 틈만 나면 아버지께 축복기도해 달라고 졸랐어요. 그러면 아버지께서 제 머리에 손을 얹고 기도를 해주셨죠. 돌아가시기 얼마 전 마지막으로 우리한테 해주실 말씀 없냐고 여쭤봤어요. 말씀만 하시면 잊어버릴 것 같아서 종이에 써달라고 했죠. 힘겹게 써주신 말씀이 '순교자의 자녀로서 사명 감당하고 화목하여라.' 이것이었어요. 순교는 아버지에게도 평생의 화두셨던 거예요."

영남신학대학교 박성원 석좌교수는 순교의 의미가 어떻게 변해 왔는가를 이렇게 설명했다.

"순교를 지칭하는 '마르투스'란 용어가 처음에는 죽음으로써의 증언을 의미했는데, 박해가 끝나자 이 용어는 '아주 비범한 증언'을 지칭하는 말로 확대되었다. 즉 증언 때문에 육체적 고난을 받은 순교를 '적색 순교'라 한 반면 이렇게 금욕적 삶이나 수도자적 고행을 함으로써 그리스도를 따르는 모범을 보인 경우는 영적 완성이라 하여 소위 '백색 순교'라고 불렀다. 물론 죽음의 고통이 결정적인 순교로 인식되는 것은 물론이다."

박해의 시대에 복음을 지키기 위해 생명을 던진 순교를 적색 순교로, 박해의 시대 이후 그리스도의 말씀대로 실천하며 수도자적 고행을 감수한 채 살아간 경우를 백색 순교로 정의한 것이다. 이에 따르면 이판일 장로는 적색 순교, 이인재 목사는 백색 순교에 해당한다고 할 수 있다. 그러나 이판일 장로와 마찬가지로 이 땅의 적색 순교자들은 그 이전의 삶을 통해 백색 순교의 과정을 걸어온 경우가 대부분이다. 삶으로 드러난 신앙의 열매들이 순교로 마무리되었을 뿐이다. 박해의 시대가 저문 오늘날 우리가 이판일 장로의 '결단의 신앙'과 이인재 목사의 '인내의 신앙' 모두를 주목하고 따라야 할 이유가 바로 여기에 있는 것이다.

"밤나무와 상수리나무가 베임을 당하여도 그 그루터기는 남아 있는 것 같이 거룩한 씨가 이 땅의 그루터기니라 하시더라."(이사야 6장 13절)

일가족이 죽임을 당할 때 유일하게 남겨진 그루터기는 이인재 목사였다. 이판일 장로의 순교 영성은 그 그루터기를 통해 여섯 남매에게 이어졌다. 그 여섯 남매는 전부 목회자나 목회자의 아내가 되었다. 하나님의 위대한 역사와 섭리를 그 누가 헤아릴 수 있을 것인가?

이름 없이 빛도 없이 살다간
이 땅의 순교자들을 위하여

"광야와 메마른 땅이 기뻐하며 사막이 백합화 같이 피어 즐거워하며 무성하게 피어 기쁜 노래로 즐거워하며 레바논의 영광과 갈멜과 사론의 아름다움을 얻을 것이라. 그것들이 여호와의 영광 곧 우리 하나님의 아름다움을 보리로다. … 광야에서 물이 솟겠고 사막에서 시내가 흐를 것임이라. 뜨거운 사막이 변하여 못이 될 것이며 메마른 땅이 변하여 원천이 될 것이며 … 여호와의 속량함을 받은 자들이 돌아오되 노래하며 시온에 이르러 그들의 머리 위에 영영한 희락을 띠고 기쁨과 즐거움을 얻으리니 슬픔과 탄식이 사라지리로다."

임자도를 처음 둘러봤을 때 머릿속을 맴돌았던 건 이사야 35장 말씀이었다. 위대한 선지자 이사야가 민족의 멸망을 예견하고 경고하며 메시야 시대의 도래를 예언했던 말씀 가운데 유독 이 부분이 떠오른 것은 임자도의 자연과 역사가 이 말씀의 상황과 유사하다고 느꼈기 때문이다. 사면이 바다뿐인 남도의 외딴 섬 임자도. 마을과 마을이 기나긴 개펄과 바다로 갈가리 찢겨져 있던 고장. 농사에 적합지 않은 사막과 광야 같은 척박한 땅. 일제강점기와 6·25전쟁을 거치며 수

탈과 압제에 시달린 것도 모자라 수많은 목숨들이 처참하게 학살당해야 했던 비극의 현장. 그곳에 복음이 들어오고 강직한 예수쟁이들이 생겨나 순교의 피가 뿌려진 이후 광야에서 물이 솟고 사막에서 시내가 흐르는 것 같은 상전벽해가 일어난 것이다. 논농사 밭농사에 염전과 튤립까지 모든 것이 넉넉해진 임자도는 이제 어느 지역 못지않게 풍요로운 지방이 되었다. 슬픔과 탄식이 사라지고 기쁨과 웃음이 넘치는 고장이 되었다.

주기철 목사가 평양경찰서 유치장에 수감되어 있을 때 맞은편 감방에는 《죽으면 죽으리라》의 저자 안이숙이 갇혀 있었다. 박관준 장로와 함께 일본으로 건너간 그녀는 1939년 3월 24일 박 장로의 아들 박영창과 더불어 일본 제국의회에 들어가 종교단체법과 신사참배 강요를 규탄하는 유인물을 살포하는 거사를 치른 후 체포되어 국내에서 1개월 동안 옥고를 겪은 다음 평양에 머물며 신사참배 반대운동을 벌이던 중 1940년 5월 다시 체포당해 평양경찰서에 수감되어 있었다. 두 사람은 감방 안에서 수화로 많은 대화를 나누었다. 당시 안이숙을 비롯한 상당수의 기독교인들이 순교를 소망하며 순교자의 반열에 들게 해달라고 기도하고 있었다. 일제의 불의에 항거하기 위해 죽음마저 불사한 전사 같은 신앙인들이었다. 1944년 봄, 평양형무소에 수감된 옥중성도들의 피맺힌 절규는 밤낮으로 이어지고 있었다.

"오, 주여! 속히 우리를 하늘나라로 데려가 주시옵소서!"

그러나 이들 가운데 주기철 목사 등 몇 명만이 순교자의 길을 걸어 갔을 뿐 대부분의 옥중성도들은 해방과 동시에 풀려나 이후로도 상당 기간 각자의 삶을 이어가야 했다. 안이숙은 1968년 출간된 자신의 저서에 '실격된 순교자의 수기'라는 부제를 붙였다. 그토록 순교를 원했건만 하나님의 자격 심사에서 실격되어 이렇게 살아남아 수기를 쓰게 되었다는 의미였다. 실제로 그녀는 책 속에서 죽지 않고 살아난 데 대한 슬픔을 직설적으로 표현하였다.

나는 자격 부족으로 실격된 순교자다. 진실로 나는 내 주 예수님을 위해 죽기를 결심하고 나섰다. 그런데 나는 내 뜻을 이루지 못하고 기회를 잃었을 때 섭섭해서 몹시 울었다.

순교는 크리스천에게 있어 가장 영광스러운 죽음이다. 그러나 육체를 지닌 인간으로서 눈 한 번 질끈 감으면 얼마든지 살 길이 있음에도 불구하고 주님을 위해 자발적으로 죽음의 길을 선택한다는 건 결코 쉬운 일이 아니다. 안전하게 자신의 생명을 유지하고자 하는 건 모든 인간의 본능이기 때문이다. 설령 신앙의 힘으로 욕망을 억누른 채 순교를 각오하고 소망한다 하더라도 아무나 순교자가 될 수 있는 것은 아니다. 오직 하나님의 은혜와 섭리 가운데서만 이루어지는 게 순교다. 삶을 통해 신앙의 본질이 무엇인지를 보여주고, 희생을 통해 소명의 본질이 무엇인지를 증명한 의로운 예수쟁이들에게 임하는 하나님의 특별한 은총이 순교다. 순교자들에게 부여된 권위와 존경은 바로 여기에서 나온다. 기독교는 죽음의 종교다. 우리는 잘 죽기 위해 예수를 믿는다. 역설적이게도 생명은 죽음으로부터 나온다. 오늘날 한국 교회의 권위가 땅에 떨어지고, 소명이 갈 길을 잃은 것은 죽음을 불사하는 순교 영성이 사라지고, 잘 먹고 잘사는 일에 혈안이 된 축복의 구호만이 난무하기 때문이다.

"내가 진실로 진실로 너희에게 이르노니 한 알의 밀이 땅에 떨어져 죽지 아니하면 한 알 그대로 있고 죽으면 많은 열매를 맺느니라."(요한복음 12장 24절)

분명 예수님은 이렇게 말씀하셨건만, 우리는 죽지 않고 버젓이 살아남아 온갖 영화를 다 받아 누리면서도 더 많은 열매를 맺으려고 교회에 나오는 사람들이 부지기수인 까닭이다.

가톨릭교회에 비해 개신교회의 순교자들에 대한 연구와 사료 발굴이 지극히 미약하다. 그중에서도 평신도 순교자들에 대한 고증과 기념사업은 더욱 열악한 실정이다. 저서와 논문 출판은 물론 각종 추모 행사 등도 목회자들에 대한 것이 절대다수다. 한국기독교순교자기념관에 안치된 존영도 전체의 70퍼센트 이상이 목회자들의 것이다. 이 땅에는 이름 없이 빛도 없이 묵묵히 주님을 섬기다가 언제 어디서 하나님의 부르심을 받았는지도 알려지지 않은 채 하늘나라로 떠난 수많은 순교자들이 있었다. 그들은 좋은 학교를 다니지도 않았고, 부와 명예를 누리지도 않았으며, 교회에서나 사회에서나 이렇다 할 발언권도 없었던 사람들이다. 그러나 지금의 한국 교회는 그분들의 땀과 눈물과 피와 기도로 세워졌다고 해도 과언이 아니다. 소수 엘리트 순교자들에 대한 연구와 기념에만 몰두한 나머지 이들 무명 순교자들에 대한 그것이 소홀히 된다면 우리는 역사 앞에서 두 번 죄를 짓게 될 것이다. 그런 차원에서 이판일 장로와 그 가족 그리고 임자진리교회 성도들의 순교는 각별한 의미를 지닌다. 취재 과정에서 이판일 장로의 사진 한 장 제대로 남아 있지 않은 현실에 안타까운 마음을 감출 수가 없었다. 이에 대한 지속적인 연구와 발굴은 아무리 강조해도 지나치지 않을 것이다.

기독연구원 느헤미야 배덕만 교수는 2012년 4월 〈활천〉에 실린 '이판일 장로를 기억하라 배우라 그리고 따르라'라는 글을 통해 이판일 장로의 순교의 의미를 이렇게 해석했다.

이판일 장로는 신사참배를 강요하는 일제에 저항했습니다. 그는 배교를 강요하는 공산주의자들에 대항했습니다. 심지어 그의 발목을 잡는 아들과 담임 교역자의 간곡한 요청마저 거부했습니다. 하나님의 뜻에 반하는 일체의 것에 도전한 것입니다. 국가권력이든 세속이념이든, 물리적 폭력이든 감정적 유혹이든, 하나님의 뒤를 따르는 그에게는 용납할 수 없는 것이었습니다. 그렇게 그는 단호하게 주님의 뒤를 따랐습니다. 이것은 끊임없이 현실과 타협하며 세속에 동화하는 우리에게 무서운 죽비가 되어, 우리의 혼미한 영혼을 때립니다.

이판일 장로의 순교 배후에는 하나님 사랑과 이웃 사랑이라는 성결의 본질이 자리하고 있습니다. 그가 하나님을 사랑하지 않았다면, 자신의 신앙을 위협하는 일제와 공산주의자들에게 저항하지 않았을 것입니다. 그가 이웃을 사랑하지 않았다면 자신의 죽음을 기다리고 있는 임자도로 돌아가지 않았을 것입니다. 결국 하나님과 이웃에 대한 사랑으로 표현되는 성결의 도를 그가 추구했기 때문에, 죽음의 불을 향해 스스로 걸어갔던 것입니다. 죽음마저 성결을 향한 그의 열정을 막을 수 없었던 것입니다. 이것은 하나님에 대한 믿음과 성도간의 사랑이 약화되면서 빠른 속도로 추락하는 한국 교회에 절실히 필요한 역사적 교훈입니다. 비틀거리는 한국 교회를 살릴 길은 성결의 회복 외에 다른 해법이 없습니다.

一
부록

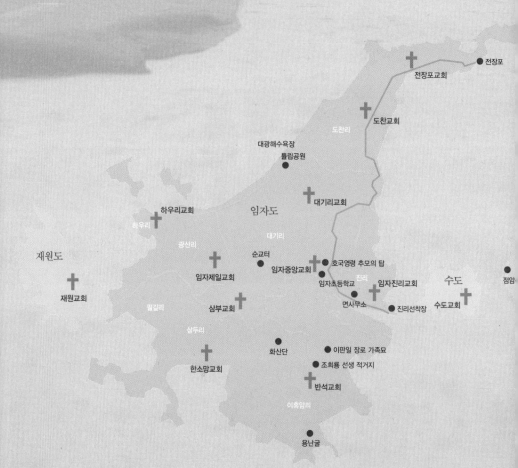

>>
임자도 일대
상세 지도

전장포
전장포교회

도찬교회
도찬리

대광해수욕장
튤립공원

대기리교회

하우리교회
임자도
하우리
대기리
광산리
순교터
임자중앙교회
재원도
임자제일교회
호국영령 추모의 탑
진리
임자초등학교
임자진리교회
수도
점암
재원교회
월길리
삼부교회
면사무소
진리선착장
수도교회

삼두리
화산단
이판일 장로 가족묘
조희룡 선생 적거지
한소망교회
반석교회
이흑암리

용난굴

임자도 여객선 운항 시간과 유의사항

구분	지도(점암선착장) → 임자도(진리선착장)	임자도(진리선착장) → 지도(점암선착장)
1회	07:00	06:30
2회	08:00	07:30
3회	09:00	08:30
4회	10:00	09:30
5회	11:00	10:30
6회	12:00	11:30
7회	13:00	12:30
8회	14:30	14:00
9회	15:30	15:00
10회	16:30	16:00
11회	17:30	17:00
12회	18:30	18:00
13회	20:00	19:30
14회	21:00	20:30
15회	22:00	21:30

• 요금은 성인 기준 일반 승객 1인당 3,200원, 현지 주민 1인당 2,600원 수준이다.

• 승객과 차량 승선 요금은 모두 왕복 요금이며, 임자도 진리선착장에서 지도 점암선착장으로 나올 때 매표소에서 한꺼번에 지불한다.

• 지도 점암선착장과 임자도 진리선착장을 오가는 여객선의 운항 시간은 약 20분이다.

• 지도 점암선착장 매표소와 임자도 진리선착장 매표소에서 승객과 차량의 승선권을 발매할 때는 여객선에 승선하는 사람 전원의 신분증(주민등록증이나 운전면허증 등) 혹은 사본이 있어야만 승선할 수 있다. 따라서 여행을 떠나기 전 반드시 신분증을 챙겨야 한다. 만약 신분증이 없다면 매표소 안에 있는 무인민원발급기를 통해 주민등록등본이나 초본을 발급받아 본인의 신분을 확인한 후에 승선권을 발매할 수 있다. 미성년자의 경우에는 이름과 생년월일만 확인하면 된다.

• 선박 운항 관리가 엄격해져 여객선 출항 5분 전부터는 승선권을 발급하지 않는다.

• 매번 날씨 변화에 따라 여객선 운항 여부가 결정되기 때문에 승선 전 반드시 매표소에 전화를 걸어 확인한 후 승선해야 한다. 지도 점암선착장 매표소(275-7304), 임자도 진리선착장 매표소(275-7303).

• 동절기인 12월부터 2월까지는 위 여객선 운항 시간표 중 15회 차 시간을 운항하지 않으며, 하절기인 3월부터 11월까지는 위 여객선 운항 시간표 중 14회 차 시간을 운항하지 않는다. 계절 별로 운항 시간표를 잘 참고하여 마지막 여객선을 놓치지 않도록 해야 한다.

• 지도와 임자도 사이에 있는 수도에는 여객선이 하루 6회 운항된다. 수도에 들어가려는 여행객은 매표소에 배 시간을 문의해서 해당 시간에 맞춰 여객선을 타면 된다.

• 임자도 튤립 축제 기간(4월)에는 관광객의 편의를 위해 여객선이 수시로 운항된다.

• 지도 점암선착장과 임자도 진리선착장 주변에는 화장실과 각종 식당, 편의점 등이 다양하게 들어서 있다.

임자도 여객선 차량 승선 요금

구분	차종	요금
오토바이	250cc 미만	6,000원
	250cc 이상	10,000원
승용차	경차	16,000원
	준중형	20,000원

승합차	경차	17,000원
	9인승 이하	21,000원
	15인승 이하	25,000원
	25인승 이하	58,000원
버스	35인승 이하	104,000원
	대형 리무진 버스	177,000원

• 화물차, 덤프트럭, 농기계, 중장비 등은 차종에 따라 요금이 다르니 승선 전 매표소에 문의해야 한다.

• 차량은 선착장에 도착하는 순서대로 줄을 섰다가 승무원의 지시에 따라 승선해야 한다.

대중교통 안내

임자도 내 버스: 진리선착장에서부터 마을 곳곳을 버스 2대가 번갈아 운행

임자도 내 택시: 275-2525, 6875, 8000, 2555 개인택시 운행

지도버스터미널: 275-0108

무안공용버스터미널: 453-2518

목포종합버스터미널: 1544-6886

광주종합버스터미널: 062-360-8114

신안군 문화관광과: 240-8357

재원도 여객선 운항 시간과 유의사항

구분	점암선착장 → 재원도	임자도 → 재원도	재원도 → 점암선착장
1회	08:10	08:20	09:30
2회	14:30	14:40	15:40

- 요금은 중형 승용차 1대와 승선 인원 2인 성인 기준 편도 28,300원 수준이다.

- 지도 점암선착장과 재원도 선착장을 오가는 여객선의 운항 시간은 약 1시간이다.

- 별도의 매표소나 승선권은 없으며, 여객선에 탄 다음 승무원에게 요금을 지불한다.

- 인적사항 등은 여객선에 탄 다음 승무원의 지시에 따라 별도 용지에 기입한다.

- 매번 날씨 변화에 따라 여객선 운항 여부가 결정되기 때문에 승선 전 반드시 선장에게 전화를 걸어
  확인한 후 승선해야 한다. 선장 신해호(휴대전화: 017-611-7648). 해광운수(283-9915).

- 재원도에는 식당이나 민박집은 없고, 작은 슈퍼마켓 두 곳이 있다. 일억불슈퍼(275-8062). 중앙슈퍼
  (275-2892). 슈퍼마켓 주인과 협의를 잘하면 혹 식사와 숙박이 가능할 지도 모른다.

- 재원도에는 은행, 주유소, 약국, 버스나 택시 등이 없으므로 필요한 현금을 준비해 가야 하며, 차를
  가지고 갈 경우 기름을 가득 채워 가야 하고, 비상 약품이나 용품 등을 반드시 챙겨 가야 한다.

- 비상시 연락처: 재원도 치안센터(270-0186), 재원도 보건진료소(275-0280)

주요 기관 안내

임자면사무소: 275-3004

임자파출소: 275-3112

목포해양경찰서 전장포출장소: 241-2630

목포소방서 임자전남의소대: 261-1119

임자보건지소: 275-3388

임자우체국: 275-2788

임자농협: 275-3018

목포대학교 수련원: 275-1700

신안군 청소년수련관: 246-9988

우봉 조희룡 기념관: 240-4041, 4043

임자해변 승마공원: 070-8285-2450

현대가정의원: 275-6777

유한약국: 275-8288

한국전자: 275-3075

태양세탁소: 275-7545

하나로마트: 275-3242

GS칼텍스 면민주유소: 275-3349

추천 숙소

임자펜션: 262-3388(대광해수욕장 인근)

하우리민박: 261-3285(하우리 바닷가)

튤립리조텔: 275-7550(대광해수욕장 인근)

방주펜션: 262-0400(대광해수욕장 인근)

파라다이스펜션: 010-2688-2656(하우리 바닷가가 보이는 산 중턱)

추천 식당

우가식당: 275-0799(비빔밥, 갈비탕, 한우 요리)

신안가든: 262-8585(회와 탕 종류)

닭사랑: 275-3160(닭 요리와 우렁된장찌개)

서울식당: 275-3038(제철 재료 백반)

대광비치랜드: 275-7237(식당과 민박 겸업)

옥류관 중화요리: 275-5177, 5171

펍스 바비큐 치킨: 275-1237

임자도에 있는 12개 교회 주소

교회 이름	주소	교단	전화	담임 목회자
대기리	임자면 한틀길 206-1	기성	275-0885	황현수 목사
도찬	임자면 도찬길 80-4	기성	275-1121	강행민 목사
반석	임자면 이흑암길 332	기성	261-9285	신동환 목사
삼부	임자면 임자서길 406	예장	262-0183	강백원 목사
수도	임자면 수도길 14(수도)	예장	275-8045	이준봉 목사
임자제일	임자면 장동길 33-20	예장	261-2562	추광식 목사
임자중앙	임자면 임자로 216-10	예장	275-3102	임효성 목사
재원	임자면 재원길 50(재원도)	기성	275-2903	한봉섭 목사
전장포	임자면 전장포길 825	기성	275-0191	오부영 목사
임자진리	임자면 진리길 25	기성	275-5323	이성균 목사
하우리	임자면 독우길 160	예장	261-4584	서기열 목사
한소망	임자면 삼두길 69-3	기성	262-7156	강지관 목사

단행본

기독교대백과사전 편찬위원회, 《기독교대백과사전》, 기독교문사, 1984

김수진 지음, 《6·25전란의 순교자들》, 대한기독교서회, 2004

김수진 지음, 《한국 교회를 섬겨온 장로열전》, 쿰란출판사, 2014

김영회 지음, 《섬으로 흐르는 역사》, 동문선, 1999

류재하 편저, 《북교동교회 80년사》, 북교동교회, 2004

목포수산업협동조합, 《목포수협사(1937~1995)》, 태화출판사, 1996

문준경 전도사 전기간행위원회 편, 《섬마을의 순교자》, 기독교대한성결교회 출판부, 1985

박문석 지음, 《바로잡은 문준경 역사와 사상 그리고 열매》, 기독교대한성결교회 출판부, 2012

박섭례 지음, 《임자도엔 꽃 같은 사람만 가라》, 리토피아, 2009

박성원·이응삼 엮음, 《구름 같은 증인들의 빛과 그림자》, 창과현, 2009

안이숙 지음, 《죽으면 죽으리라》, 기독교문사, 2009

역사편찬위원회 편, 《기독교대한성결교회 총회록(1929~1942)》, 기독교대한성결교회 출판부, 2015

유승준 지음, 《천국의 섬, 증도》, 홍성사, 2012

에틱 박물관 엮음, 최길성 옮김, 《일본 민속학자가 본 1930년대 서해도서민속》, 민속원, 2004

이다니엘 편저, 《생명의 불꽃》, 요한출판사, 1996

이성봉 지음, 《말로 못하면 죽음으로》, 생명의말씀사, 1993

이현갑 편저, 《순교자 문준경》, 도서출판 청파, 1990

주승민 지음, 《순교자 문준경의 신앙과 삶》, 킹덤북스, 2010

진수철 지음, 《순교열전》, 한국기독교순교자유족회, 1997

크레펀 편집부, 《신안 임자도 여행》, 크레펀, 2014

논문

김승·김연수, 〈조선시대 전래의 파시와 어업근거지 파시의 비교연구〉, 《수산연구 22호》, 2005. 4

진실·화해를 위한 과거사정리위원회, 〈무안군 적대세력에 의한 희생사건〉, 2009. 2. 16

진실·화해를 위한 과거사정리위원회, 〈신안지역 적대세력에 의한 희생사건〉, 2009. 11. 17

진실·화해를 위한 과거사정리위원회, 〈신안 광주지역 민간인 희생사건〉, 2010. 5. 18

기타

문준경, '荏子島敎會 復興記', 〈활천〉 177~178호, 1937

박문석, '특집 순교자 이판일 – 멘토와 한날 순교한 이판일', 〈활천〉 701호, 2012. 4

박성균, '특집 순교자 이판일 – 잔잔한 파도처럼 소리 없는 바람처럼, 임자진리교회에 흐르는

순교영성', 〈활천〉 701호, 2012. 4

배덕만, '특집 순교자 이판일 – 이판일 장로를 기억하라 배우라 그리고 따르라', 〈활천〉 701호, 2012. 4

신영춘, '이판일 장로 순교지 순례의 후감', 〈활천〉 703호, 2012. 6

이성관, '특집 순교자 이판일 – 이판일의 짧은 연대기', 〈활천〉 701호, 2012. 4

이종무, '임자진리교회의 기둥 순교자 이판일 장로 ①~⑤', 〈한국성결신문〉, 2008. 11.

15~12. 20

임봉순, '도서순례 – 하의도 방면(6) 태이어장', 〈동아일보〉, 1928. 8. 17~18

KBS TV 〈한국인의 밥상〉 229회, '고기떼, 마을을 만들다 – 남도 해상파시', 2015. 8. 6

여주교회 이성관 목사/ 임자진리교회 이성균 목사/ 임자진리교회 강대필 장로·강대석 장로·김성수 장로·이의전 장로·진완선 집사/ 무안 김석오 목사/ 임자노인요양공동생활가정 이계엽 권사·정안숙 권사/ 대기리교회 황현수 목사/ 전장포교회 오부영 목사·고종섭 집사/ 재원교회 한봉섭 목사/ 임자제일교회 박석순 집사/ 임자도노인연합회 박차규 회장/ 임자면사무소 윤창수 계장/ 증도 김성환 목사/ 문준경전도사순교기념관 김헌곤 관장·박현우 목사/ 증동리교회 김상원 목사/ 대초리교회 안정환 장로/ 화도교회 최인식 목사/ 목포북교동교회 이정엽 권사·고정웅 장로/ 목포대학교 도서문화연구원 최성환 교수/ 목포수산업협동조합 양내옥 상무/ 서울 충무교회 이이엽 권사/ 이인재 목사 장녀 이성순·차녀 이성심/ 서울신학대학교 신학대학원 주승민 교수/ 도봉성결교회 황명식 원로목사/ 한국기독교100주년기념재단 김경래 장로/ 예수아카데미 임병진 목사

태양을 삼킨 섬

Lee, Pan-Il, His Son Lee, In-Jae
and The Martyrs of Imja Island

2017. 8. 21. 초판 발행
2018. 1. 30. 2쇄 발행

지은이 유승준
사진 김혜경
펴낸이 정애주
국효숙 김기민 김의연 김준표 김진원 박세정
송승호 오민택 오형탁 윤진숙 임승철 임진아
정성혜 차길환 최선경 한미영 허은
펴낸곳 주식회사 홍성사
등록번호 제1-499호 1977. 8. 1.
주소 (04084) 서울시 마포구 양화진4길 3
전화 02) 333-5161
팩스 02) 333-5165
홈페이지 www.hsbooks.com
이메일 hsbooks@hsbooks.com
페이스북 facebook.com/hongsungsa
양화진책방 02) 333-5163

ISBN 978-89-365-0347-5 (03230)